Diogenes Taschenbuch 24563

de
te
be

Spannende Weihnachtsferien

Ausgewählt von
Shelagh Armit

Diogenes

Nachweis am Schluss des Bandes
Covermotiv: Illustration von Eyvind Earle, ›Flock of Birds‹

www.diogenes.ch
120/20/44/1
ISBN 978 3 257 24563 9

Inhalt

MICK HERRON

Die üblichen Weihnachtsmänner

Whiteoaks, so hieß es in den Broschüren, war nicht einfach nur ein Einkaufszentrum. Es war FREIZEITSPASS FÜR DIE GANZE FAMILIE, DAS RUNDUM-SHOPPINGERLEBNIS UNTER EINEM DACH. Es war ein UNIVERSAL-OUTLETCENTER IN BESTLAGE – ULTRAPRAKTISCH FÜR DEN ULTRAMODERNEN KUNDEN. Hier vermählten sich QUALITÄT UND DESIGN ZU ERSCHWINGLICHEN PREISEN. Whiteoaks war ein stattlicher KONSUMTEMPEL. Womöglich sogar D-A-S EINKAUFSPARADIES. Ziemlich sicher war es jedenfalls der Ort, an dem GROSSBUCHSTABEN IHRE LETZTE RUHE FANDEN.

Ebenjener Ort befand sich in den Ausläufern einer der nordwestlich von London gelegenen Trabantenstädte und wirkte aus der Luft betrachtet wie ein riesiger Oktopus aus Glas und Stahl, den man kopfüber in die Landschaft geworfen hatte. Zwischen dessen ausgestreckten Tentakeln gab es Spielplätze und Grünanlagen und öffentliche Bedürfnisanstalten und an beiden Haupteingängen je ein Parkhaus, in dem zusätzlich zum Üblichen ein Einparkservice, Allradspureinstellung, Fahrzeugdiagnose sowie Gratis-Reifenluft und ein Last-Minute-Bürgeramt angeboten wurde. Die Sammelhäuschen für Einkaufswagen – zur schnelleren Orientierung mit bunten Wimpeln markiert – befanden sich in exakt den Abständen, die Marktforschungsergebnissen zufolge am benutzerfreundlichsten waren, und wurden von Einkaufswagenzusammenschiebern pflichteifrig betreut. Von zehn Minuten vor Dämmerung bis zehn Minuten nach Tagesanbruch war das gesamte Areal in ein zart oranges Licht getaucht und das leise Summen der Überwachungskameras eine ständige Erinnerung daran, dass Ihre Sicherheit Whiteoaks am Herzen liegt. In einer von Hecken abgeschirmten Ecke schließlich, zwischen dem centereigenen Umspannwerk und einer von vier Laderampen für den Frei-Haus-Service – vielleicht dem einzigen Fleckchen in diesem Komplex, auf das der Begriff »barrierefrei« nicht zutraf –, lungerte verstohlen eine Reihe Recyclingcontainer wie ein Memento mori für die Konsumgesellschaft.

Von innen war Whiteoaks die reinste Kathedrale der Neuzeit, der Schnäppchenjagd im Einzelhandel geweiht. Es gab eine Gastromeile, einen Bekleidungsboulevard und eine Entertainmenthalle, es gab ganze Flügel, die auf Haushaltsgeräte (»Hier wird jeder Haushaltswunsch erfüllt!«), Wellness (»Ganzkörperbräune innerhalb von Minuten!«) oder Finanzdienstleistungen (»Kreditablöse sofort – lassen Sie sich jetzt beraten!«) spezialisiert waren. Es gab eine Chaussee für Sportartikel, einen Spazierpfad für Gartenbedarf, ein regelrechtes Hatton Garden für Juweliere. Kein Franchise-Unternehmen unter der Sonne, das nicht vertreten gewesen wäre, und selbst solche, die noch als Geheimtipp galten, besaßen hier bereits mehrere Filialen. In den Feinkostgeschäften von Whiteoaks gab es Zuckerwerk von überall her, aus dem nahen Abbotsbury ebenso wie aus dem fernen Żywocice, und in den Regalen der Buchhandlungen stand jeder Autor, den sich die Leser nur wünschen konnten, von Bill Bryson bis Jeremy Clarkson. Der Kunde, der Whiteoaks satthat, möchte man behaupten, hat wohl auch bedingungslose 0%-Finanzierung satt. Im Sommer ergoss sich das Licht von den geschwungenen, schwebenden Geschossdecken und im Winter ebenso. Auch die Temperatur war reguliert und somit konstant dieselbe, und das galt im Übrigen für alle Bereiche. In Whiteoaks konnte man im Winter Himbeeren kaufen und im Juli Lametta. Saisonale Sortimentsvariation war unerwünscht, weil sie Impulskäufe unnötig ausbremste.

Was allerdings nicht heißen sollte, dass in Whiteoaks der Jahresverlauf ignoriert wurde, vielmehr teilte man die Monate so ein, dass sie ganz auf die Bedürfnisse der Kundschaft zugeschnitten waren. So sicher wie Vatertag auf Muttertag folgte, so unumstößlich wie Harry Potter Kürbisfratzen wich, so verging auch die Zeit, und deren unaufhaltsames Voranschreiten spiegelte sich als Auf und Ab in einem endlosen Flussdiagramm wider.

Denn im Kalender des Rundum-Shoppingerlebnisses gibt es nur siebzehn große Festivitäten.

Und die größte von allen ist Weihnachten.

***

In Whiteoaks schlich sich Weihnachten langsam, unterschwellig heran, mit dem leisen Rascheln einer Papiergirlande Anfang September und dem Widerklang von Schlittenglöckchen zum nahenden Oktober. Die Rentiere ließ man jedoch mit beinahe heiligengleicher Zurückhaltung erst los, wenn Halloween komplett abgewickelt war. Aber danach gab es kein Halten mehr. Vollen Nutzen aus dem Grundriss schlagend verfügte der Einkaufskomplex über ganze acht weihnachtliche Fotokulissen – eine pro Tentakel, und in jeder gab es die ganze Palette an Schlitten, Säcken, Wichteln, Schneeflocken, freundlichen Eichhörnchen und aufgeschreckten Häschen bis hin zu (zunächst überraschenden, aber von Verkaufsförderungsexperten auf Herz und Nieren geprüften) sprechenden Zebras. Und natürlich gab es für jede Fotokulisse einen eigenen Weihnachtsmann. Besser gesagt wurde jede zu gleichen Teilen von einem rotierenden Stamm von Weihnachtsmännern bespielt, denn die acht Weihnachtsmänner, die das Whiteoaks-Weihnachtsgremium jedes Jahr einstellte, hatten innerhalb kürzester Zeit ausgeknobelt, dass keiner von ihnen die gesamte zweimonatige Dienstzeit auf dem Kurzwaren-Abstellgleis verbringen oder, schlimmer noch, der vollen Lärm- und Stress-Breitseite in der Kampfzone Spielwaren allein ausgesetzt sein wollte, während ein anderer sich auf der Gastromeile einen lauen Lenz machte und von den umliegenden Franchisenehmern mit Kuchen und Cappuccino verwöhnt wurde. Daher hatten die Weihnachtsmänner von sich aus ein kompliziertes, aber praktikables Schichtsystem entwickelt, in dem alle zwei Stunden rotiert wurde; dreimal am Tag wechselten sie also die Kulisse und teilten somit das Schöne und das Schäbige gerecht untereinander auf. Dieses System funktionierte zur allgemeinen Zufriedenheit und so gut, dass die ersten acht Weihnachtsmänner, die das Weihnachtsgremium eingestellt hatte, die einzigen Weihnachtsmänner blieben, die Whiteoaks je benötigte und die Jahr für Jahr zurückkehrten, sich in ihre Kostüme warfen, die Bärte anklebten und mit einer beeindruckenden Bilanz von 83 % fast nie ausfällig gegenüber Kindern wurden, deren Eltern sich in Hörweite befanden.

Das Weihnachtsmann-Dasein war kein einfaches. Der Job war nichts für Memmen. Und auch wenn die üblichen Weihnachtsmänner sich nicht immer hundertprozentig an die Vorschriften hielten, so erfüllten sie doch bei Gott ihren Zweck!

Und jedes Jahr, wenn ihre Pflicht getan war – nachdem die Läden an Heiligabend die Rollgitter heruntergelassen hatten und Whiteoaks vorbereitend für den Ansturm nach den Feiertagen in Schlummer fiel –, trafen sich die Weihnachtsmänner im Besprechungsraum neben der Kommandozentrale des Sicherheitsdienstes und entspannten sich bei einem Büfett, das die ansässigen Händler ihnen zum Dank gestellt hatten, tauschten bis in die frühen Morgenstunden Geschichten von der Front aus und genossen ganz einfach die Abwesenheit von Kindern.

Doch so entspannt es dabei auch zuging, die Bärte nahmen sie nicht ab. Und die roten Mäntel behielten sie ebenfalls an. Und nie sprachen sie einander anders denn als »Weihnachtsmann« an; genau genommen hätten sie das nicht einmal gekonnt, wenn sie gewollt hätten, denn obwohl sie im echten Leben womöglich Freunde und Nachbarn waren – vielleicht im gleichen Pub Bier tranken oder regelmäßig den gleichen Bus zum gleichen Fußballstadion nahmen –, blieben sie im Dienst doch stets in ihrer uniformierten Rolle, und so hatten sie es schon immer gehalten. Angefangen hatte das Ganze im Spaß, was sich allerdings schnell zum Brauch verhärtete. Und kurze Zeit später war es bereits fest als Aberglaube zementiert gewesen. Im Umgang mit Kleinkindern und hyperaktiven Dreikäsehochs erlitten die Weihnachtsmänner oft himmelschreiende, unhygienische Würdelosigkeiten, was sie auf eine Art zusammenschweißte, die sich kaum ein normaler Mensch vorzustellen vermag, aber auf jeder anderen Ebene waren sie einander wildfremd. Und damit waren sie allesamt vollauf zufrieden.

Bis eines Tages ...

Das Büfett war in jenem Jahr besonders üppig. Es gab Würstchen im Schlafrock und schüsselweise Chips, es gab Schinken in Scheiben und Fisch in Stäbchen, es gab Reissalat und alles Mögliche auf Cocktailspießchen, Mince Pies und Mini-Plumpuddings. Es gab eine riesige Platte mit Truthahnsandwiches. Es gab Weihnachtspizza: dick belegt, knusprig und mit extraviel Käse. Es gab acht Pappteller und achtmal Plastikbesteck. Es gab acht rote Servietten mit lustigem Rudolph-Muster. Und, am allerwichtigsten: mehrere große Flaschen Brandy und acht Weinbrandschwenker.

Nach und nach trafen die Weihnachtsmänner ein. Whiteoaks hatte zwar seine Pforten geschlossen, aber trotzdem: Es gehörte sich einfach nicht für zwei Weihnachtsmänner, zusammen in der Öffentlichkeit gesehen zu werden.

Der erste, der ankam, schenkte sich einen Brandy ein, stürzte ihn hinunter, schenkte sich einen zweiten ein und nahm sich ein Truthahnsandwich. »Ho, ho, ho!«, rief er, als die Tür hinter ihm aufging.

»Genau, ho, ho, ho!«, gab der hereingekommene Weihnachtsmann zurück. Auch er steuerte direkt auf den Brandy zu. »Was für ein Tag«, stöhnte er. »Was. Für. Ein. Tag.«

»Heiligabend.«

Sie nickten wissend. Das Wort hatte eine Bedeutungsschwere, die ein Nicht-Weihnachtsmann niemals würde nachvollziehen können.

»Weißt du, was mir heute passiert ist? Ich war –«

»Ho, ho, ho!«

»Ho, ho, ho!«, gaben sie zurück, als ein weiterer Weihnachtsmann eintrat.

Was dem Weihnachtsmann auch immer zugestoßen war, es ging im allgemeinen Trubel der aufgehenden Türen und Begrüßungen und Glasbefüllungen unter. Joe vom Sicherheitsdienst schaute auch kurz vorbei, wollte aber nicht auf einen Drink bleiben.

»Nehmt nachher den Notausgang, ja? Ich lasse euch den Generalschlüssel hier, damit der Alarm nicht losgeht. Werft ihn einfach in den Briefkasten, wenn ihr fertig seid.«

»Alles klar«, sagte der Weihnachtsmann. Joe legte den Schlüssel auf den Tisch. »Frohe Weihnachten, Joe.«

»Frohe Weihnachten, Weihnachtsmänner. Und trinkt mir nicht zu viel Brandy.«

»Ho, ho, ho!«

Joe ging.

Und der Weihnachtsmann kam. »Ho, ho, ho!«, rief er.

»Ho, ho, ho!«

»Mein lieber Scholli. Heiligabend, was?«

Ja, Heiligabend, waren sie sich alle einig.

Bald war der Raum voller Weihnachtsmänner, die sich

ums Büfett scharten, jeder mit einem Glas oder einem Teller in der Hand, und die meisten von ihnen redeten eifrig durcheinander:

»Was für ein Rotzbengel! Frech wie Oskar sitzt der auf meinem Knie und fragt doch allen Ernstes: Wenn du der echte Weihnachtsmann bist, warum sind denn dann deine Rentiere aus Plastik?«

»Also sag ich: Das ist wie bei *Dr. Who*. Der Tardis, du weißt schon. Innen größer als außen. Das ist bei meinem Schlitten genauso. Deswegen passen da auch die ganzen Geschenke rein.«

»Ich hab kein Glas.«

»Und ich zu ihr: Natürlich brauchst du keinen Kamin, Schätzchen. Ich hab immer 'nen Zauberschornstein dabei. Rauf aufs Dach damit, zack, fertig. Da waren die Tränen aber in null Komma nichts getrocknet, das sag ich dir. Den Spruch kannste haben, wenn du willst. Für Weihnachtsmann-Kollegen natürlich zum Nulltarif!«

»Ich hab kein Glas.«

»Der nächste verflixte Wichtel, der mir erzählt, dass der Mantel vom Weihnachtsmann ja eigentlich grün sein müsste, wird von mir –«

»Hallo!«, rief der Weihnachtsmann. »Ich hab kein Glahas!«

Die Gespräche der Weihnachtsmänner verstummten.

»Tja, dann hat wohl einer zwei«, sagte der Weihnachtsmann heiter. »Am Anfang waren jedenfalls acht da.«

»Aber es hat keiner zwei«, sagte der Weihnachtsmann. »Deswegen ja.«

»Weswegen ja?«

»Wir sind nicht zu acht«, sagte der Weihnachtsmann. »Wir sind zu neunt.«

Da ging ein weihnachtlich erschrockenes Ächzen durch die Reihen.

»Ha!«, machte der Weihnachtsmann. »Äh, ich meine: Ho! Da hast du dich bestimmt verrechnet.«

»Wohl kaum. Zähl doch selbst nach.«

Die Weihnachtsmänner fingen an zu zählen.

Dann redeten sie wieder alle durcheinander.

»Aber …«

»Was …?«

»Ich …«

»Ho …!«

Schließlich brachte der Weihnachtsmann die Versammlung zum Schweigen, indem er mit seinem Glas auf den Tisch klopfte. »Tja«, sagte er, »sieht so aus, als müsste ich mich beim Weihnachtsmann entschuldigen. Einer von uns ist wohl ein Hochstapler.«

»So tun, als wäre man der Weihnachtsmann!«, rief der Weihnachtsmann wütend. »Wo kommen wir denn da hin?«

Die anderen Weihnachtsmänner schauten ihn an.

»Äh, also, ihr wisst schon, was ich meine.«

»Am besten«, sagte der Weihnachtsmann, »machen wir schnell einen Anwesenheitscheck.«

»Und wie stellst du dir das vor? Du sagst ›Weihnachtsmann‹ und wir sagen ›Anwesend‹?«, fragte der Weihnachtsmann. »Oder vielleicht doch lieber ›*Präsent*‹? Na? Der war gut, oder?«

»Nein, so nicht«, sagte der Weihnachtsmann. »Ich meine, jeder von uns sollte genau aufzählen, wo er heute war. Der

Weihnachtsschwindler muss ja einen Ablauf haben, der nicht aufgeht.«

»Guter Plan«, räumte der Weihnachtsmann ein. »Wer fängt an?«

»Also, ich war heute Morgen auf der Gastromeile«, sagte der Weihnachtsmann. »Dann in der Elektronik. Nein, Quatsch, im Freizeitbereich. Danach war ich –«

»Du kannst als Zweites gar nicht in der Elektronik gewesen sein«, sagte der Weihnachtsmann. »Da war *ich* nämlich in der zweiten Schicht.«

»War ich ja auch nicht, sag ich doch«, sagte der Weihnachtsmann. »Dann Freizeit, dann –«

»Ich war als Letztes in der Freizeit«, sagte der Weihnachtsmann. »Davor war ich in der Bekleidung und davor bei Büchern. Oder war das gestern?«

»Muss heute gewesen sein«, nuschelte der Weihnachtsmann, der sich gerade ein Würstchen im Schlafrock in den Mund gestopft hatte. »Die Route hatte ich nämlich gestern.«

»Ach, das hat doch alles keinen Zweck«, sagte der Weihnachtsmann. »Können wir jetzt mal alle mit dem Gewusel hier aufhören?«

»Wenn wir alle *mit dem Gewusel* aufhören«, sagte der Weihnachtsmann, »dann frisst uns ja der Weihnachtsmann, der gerade am Büfett steht, alles weg.«

Allgemeine Zustimmung. Einige der misstrauischeren Weihnachtsmänner füllten sich schleunigst die Teller auf.

»Wir brauchen Ordnung«, sagte der Weihnachtsmann. »Wir brauchen Klarheit. Jeder schreibt seine Schichten von heute auf.«

»Genau«, sagte der Weihnachtsmann und griff an ihm vorbei nach einem Sandwich. »Wir machen eine Liste.«

»Ja, ja, mit Listen kennen wir Weihnachtsmänner uns ja aus, was?«, murmelte der Weihnachtsmann.

»Das hab ich gehört.«

»Hat irgendwer mal Zettel und Stift?«, fragte der Weihnachtsmann in die Runde.

Niemand hatte Zettel und Stift.

»Da steckt doch ein Weihnachtswichtel dahinter«, sagte der Weihnachtsmann. »Ich sag's euch!«

Die Wichtel hatten bei den Weihnachtsmännern keinen guten Stand. Andauernd stifteten sie Unruhe, fingen Streit an und ergingen sich in untraditionellem Geplänkel.

»Warum ziehen wir nicht einfach unsere Kostüme aus? Um zu schauen, wer wir wirklich sind?«, schlug der Weihnachtsmann vor.

»Und was soll das bitte schön bringen?«, erkundigte sich der Weihnachtsmann gereizt.

»Ich mein ja nur«, murmelte der Weihnachtsmann in seinen Bart.

»Nein, der Weihnachtsmann hat schon recht«, sagte der Weihnachtsmann. »Wenn wir unsere Kostüme ausziehen würden, wäre ganz schnell klar, ob unter uns ein Wichtel ist.«

»Hier zieht keiner sein Kostüm aus«, bestimmte der Weihnachtsmann barsch. »Das wäre … also, das wäre einfach nicht richtig!«

»Hmm«, machte der Weihnachtsmann. »Würde nicht ein Weihnachtswichtel, der gleich enttarnt wird, *genau das* sagen?«

»Ich hoffe, damit meinst du nicht das, was ich jetzt denke«, sagte der Weihnachtsmann in drohendem Tonfall.

»Jetzt beruhigt euch mal alle wieder«, sagte der Weihnachtsmann. »Es ist doch völlig offensichtlich, dass keiner von uns ein Weihnachtswichtel ist. Dafür haben wir alle einen viel zu wohlgeformten Bauch.«

»Eben«, stärkte ihm der Weihnachtsmann den Rücken. »Und überhaupt, die Wichtel haben doch ihre eigene Feier. Die ziehen zusammen durch die Clubs.«

Die Weihnachtsmänner durchfuhr ein Schaudern.

»Wahrscheinlich bringt es nichts, wenn wir den Hochstapler bitten, sich zu melden, was?«, sagte der Weihnachtsmann. »Auf Amnestie-Basis sozusagen. Er kann ja gerne bleiben und sich am Büfett bedienen.«

»Echt jetzt?«, fragte der Weihnachtsmann. »Oder meinst du in Wirklichkeit, dass wir ihn alle Mann vermöbeln, wenn er die Hand hebt?«

Der Weihnachtsmann stöhnte auf. »Glaubst du, jetzt meldet er sich noch?«

»Oh«, machte der Weihnachtsmann. »Ja. Ja, verstehe. Das hätte ich nicht sagen sollen, was?«

Kollektiv nahm man sich von Büfett und Brandy nach. Der Weihnachtsmann ohne Glas improvisierte mit einem hastig ausgekratzten Trifle-Schälchen, wobei ihn – darauf wies er mit Nachdruck hin – sein Zuspätkommen nicht automatisch zum Hochstapler machte. Im Gegenteil: Dass er den weitesten Weg gehabt hatte, von ganz hinten im Gartenbedarf, war doch eigentlich *der* Beweis, dass er ein Original war, und außerdem sprach es für eine hohe Arbeitsmoral. Da in seine Schale dreimal so viel hineinpasste wie in ein Glas und er sie mit doppeltem Tempo leerte, pflichteten die anderen Weihnachtsmänner ihm bei und setzten ihn dann auf einen Stuhl.

»Also«, sagte der Weihnachtsmann zu guter Letzt, »hat sonst noch jemand eine Idee?«

Die Weihnachtsmänner drucksten herum.

Schließlich meldete sich ein Weihnachtsmann zu Wort: »Könnte vielleicht …«

Schweigen legte sich über die Runde wie ein Tuch über einen Wellensittichkäfig.

»Ja?«, sagte der Weihnachtsmann erwartungsvoll.

»Könnte vielleicht …«, sagte der Weihnachtsmann, »also, könnte dieser Hochstapler vielleicht der *echte* Weihnachtsmann sein?«

Ein etwas anderes Schweigen legte sich nun über die Runde.

»Knalltüte«, sagte der Weihnachtsmann halblaut.

»Das hab ich gehört.«

»Es gibt keinen Weihnachtsmann«, entgegnete der Weihnachtsmann.

»Also, ich zähle neun.«

»Keinen *echten* Weihnachtsmann, meint der Weihnachtsmann.«

»Wer weiß denn schon –«

»Stopp!«, unterbrach ihn der Weihnachtsmann. »Sag jetzt bloß nicht: Wer weiß denn schon, was echt ist und was nicht! Solchen Schwachsinn kann ich echt nicht ab!«

»Ich wollte nur sagen«, fuhr der Weihnachtsmann fort, »dass unser Freund ja nur *glauben* müsste, er wäre der echte Weihnachtsmann, um der echte Weihnachtsmann zu sein.«

Die Weihnachtsmänner dachten nach.

»Das ist doch jetzt genau das, was du *nicht* sagen solltest«, schimpfte der Weihnachtsmann.

»Nein, das ist was ganz anderes.«

»Und überhaupt«, setzte der Weihnachtsmann an.

»Und überhaupt *was*?«

»Wenn es wirklich einen echten Weihnachtsmann gibt –«

»Falls!«

»– oder auch nur jemanden, der *glaubt*, der echte Weihnachtsmann zu sein –«

»Womit er ein Kandidat für die Klapsmühle wäre«, murmelte der Weihnachtsmann.

»– warum um alles in der Welt sollte er dann nach Whiteoaks kommen?«

Die Weihnachtsmänner dachten nach.

»Warum denn nicht?«, fragte der Weihnachtsmann.

»Na, weil es ein ekelerregender, geschmackloser, grauenhafter Ort ist«, sagte der Weihnachtsmann. »Darum!«

Die Weihnachtsmänner fuhren entsetzt zusammen.

»Da habt ihr's!«, sagte der Weihnachtsmann. »Ich hab's ausgesprochen!«

»Psst!«

»Leise!«

»Nicht!«

Einer nach dem anderen schauten die Weihnachtsmänner zur Tür der Kommandozentrale des Sicherheitsdienstes nebenan, wo eine Monitorwand summte und wo – möglicherweise – subversive und ketzerische Meinungsäußerungen zur späteren Überprüfung aufgenommen wurden.

»Schon gut. Wir sind die Letzten hier.«

Die Weihnachtsmänner entspannten sich.

»Außerdem ist es die Wahrheit.«

Ein herrlich schuldbewusstes Raunen ging durch die Weihnachtsmännerrunde wie ein Winterwind über eine Schneewehe.

»Na jaaa …«

»Na ja, schon.«

»Na ja, stimmt eigentlich.«

Die Weihnachtsmänner nickten, einer nach dem anderen. Es stimmte. Whiteoaks war *grauenhaft*, es sei denn, man mochte es, wenn entfesselter Kommerz riesengroß geschrieben und jede Franchise-freie Individualität dem Erdboden gleichgemacht wurde, ehe sie Wellen schlagen konnte. Das Dumme war nur, dass die Weihnachtsmänner wenige Alternativen hatten, was ihren Arbeitsplatz betraf. Die Geschäfte in der Stadt, in denen sie früher den Weihnachtsmann gespielt hatten, waren mit der Eröffnung von Whiteoaks allesamt pleitegegangen.

»Aber versteht ihr denn nicht?«, sagte der Weihnachtsmann. »Genau deswegen würde er doch kommen!«

»Wie jetzt?«, fragte der Weihnachtsmann.

»Warum sollte der Weihnachtsmann sich damit aufhalten, ein Waisenhaus oder ein Kinderkrankenhaus oder, was weiß ich, ein Heim für Straßenkinder zu besuchen«, sagte der Weihnachtsmann, »wenn es doch *Sinn und Zweck* des Weihnachtsmanns ist, da hinzugehen, wo er gebraucht wird?«

»Nach Whiteoaks? Ha!«

»Ho!«

»Meinte ich doch!«

»Na klar«, beharrte der Weihnachtsmann hartnäckig. »Guckt euch Whiteoaks doch mal an. Ein seelenloser Kommerztempel. Der würde Weihnachten nicht mal erkennen, wenn ein Zwei-zum-Preis-von-einem-Sticker draufkleben würde. Der schreit förmlich nach dem Weihnachtsmann, Himmeldonnerwetter noch mal!«

»Aber Whiteoaks hat doch schon acht Weihnachtsmänner«, sagte der Weihnachtsmann. »Uns. Die üblichen Weihnachtsmänner.«

Ein flehentlicher Ton hatte sich in seine Stimme geschlichen.

»Aber eben nicht den *echten* Weihnachtsmann«, sagte der Weihnachtsmann leise. »Einen Weihnachtsmann, der ihm mal zeigt, dass Profit nicht alles ist.«

»Dass Geld allein nicht glücklich macht.«

»Dass Geben schöner ist als Nehmen.«

»Dass Ware ohne Kassenbon nicht umgetauscht werden kann.«

Die Weihnachtsmänner stutzten.

»Ups, tut mir leid«, entschuldigte sich der Weihnachtsmann. »Ich war gedanklich schon woanders.«

Da verstummten die Weihnachtsmänner.

Der Weihnachtsmann nahm die letzte volle Flasche vom Tisch und ließ sie herumgehen. Einer nach dem anderen füllten die Weihnachtsmänner feierlich ihr Glas. In über die Jahre perfektionierter Choreographie goss jeder exakt die richtige Menge ein (bis auf den Weihnachtsmann, der exakt die dreifache Menge eingoss), dass die Flasche am Ende bis auf den letzten Tropfen geleert war. Dann beäugten sie einander grimmig.

»Wenn ich noch einem einzigen Rotzbalg ›Fröhliche Whiteoaks-Weihnachten‹ wünschen muss …«, begann der Weihnachtsmann.

»… oder noch einem einzigen Erziehungsberechtigten aufsagen muss, wo jedes Feiertagsbedürfnis befriedigt wird …«, fuhr der Weihnachtsmann fort.

»… oder noch ein einziges Mal erklären muss, dass die Geschenke nur für Kinder mit offiziellen Wertmarken sind …«, ergänzte der Weihnachtsmann.

»… ich weiß gar nicht, was ich dann machen würde«, gestand der Weihnachtsmann.

Aber alle waren sie sich einig, dass es dabei wohl den einen oder anderen Fausthieb für die Wichtel setzen würde.

Ein Weihnachtsmann nach dem anderen erhob sein Glas, ein Weihnachtsmann nach dem anderen leerte es. Dann knallten sie ihre Gläser auf den Tisch, in eine akkurate Reihe aus acht Weinbrandschwenkern und einem Trifle-Schälchen.

»Also«, sagte der Weihnachtsmann, »muss ich den nächsten Schritt noch erklären?«

»Ich glaube, wir sind uns alle einig«, sagte der Weihnachtsmann.

»Alle für einen?«, fragte der Weihnachtsmann.

»Einer für alle«, erwiderte der Weihnachtsmann.

»Ein Weihnachtsmann muss tun …«, sagte der Weihnachtsmann.

»… was ein Weihnachtsmann tun muss«, pflichtete ihm der Weihnachtsmann bei.

»Was ich tue, ist etwas viel, viel Besseres …«, begann der Weihnachtsmann.

»… ach, Mensch, ich weiß nie, wie der weitergeht«, sagte der Weihnachtsmann nach kurzem Zögern.

»Meine Herren«, sagte der Weihnachtsmann. »Auf in die Fotokulissen!«

Der Fall, der als ›Die große Whiteoaks-Weihnachtsplünderung‹ in die Geschichte einging, wurde nie aufgeklärt. Wer auch immer diesen tollkühnen Coup eingefädelt hatte, musste irgendwie in den Besitz eines Generalschlüssels gelangt sein, der nicht nur den Zutritt zu jedem Ladenlokal auf jeder Etage in jedem Flügel des Einkaufskomplexes erlaubte, sondern ebenso das Ausschalten aller Alarmanlagen und Überwachungskameras. Und da Geschäftsführer dazu neigen, ihre Verluste aus Versicherungsgründen eher zu hoch einzuschätzen, blieb zudem unklar, wie viel genau gestohlen worden war. Die polizeilichen Ermittlungsergebnisse legten jedoch nahe, dass sehr große Säcke im Spiel gewesen sein mussten.

Ebenso wenig gab es eine offensichtliche Verbindung zwischen dem dreisten Raub und den sehr großen Säcken, die am Weihnachtsmorgen vor der Tür erstaunlich vieler Kinderkrankenhäuser, Waisenhäuser und Heime für Straßenkinder in den umliegenden Orten standen. In den Säcken waren Spielzeug und Spiele und Bücher und Kleidung und Essen und Trinken und Sportartikel und unzählige DVDs und Handys und Wii-Spielkonsolen und ein paar kleine Nähsets und allerlei Schönheitsprodukte und Broschüren mit praktischen Tipps zur Kreditablöse, der Flüssigmachung von Kapitalanlagen und der Einrichtung von Treuhandfonds sowie das eine oder andere Gartengerät und ein paar braune Samtbeutelchen, die wiederum randvoll mit nicht direkt unbezahlbarem, aber doch sicher recht teurem Schmuck waren. Dies alles machten die Direktoren und Vorsteher und Oberschwestern der betroffenen Einrichtungen rasch zu Geld, das sie dann wiederum nutzten, um Treuhandfonds einzurichten, damit sichergestellt war, dass alle kommenden Weihnachten für ihre Schützlinge auf angemessen festliche Weise begangen werden konnten. Außerdem gaben sie damit sich selbst eine kleine Gehaltserhöhung, weil ihre Arbeit wertvoll war und nicht ausreichend gewürdigt wurde.

In Whiteoaks selbst kam das Einzige zum Vorschein, was einem Hinweis auch nur annähernd glich, als einige Wochen später die Recyclingtonne abgeholt wurde, die bis obenhin mit Valentinstagskarten vollgestopft war. Als der Müllwagen sie von ihrem Platz hob, kullerte ein großes rotweißes Bündel dahinter hervor. Bei näherer Betrachtung bestand dieses aus neun Weihnachtsmannmänteln und neun Weihnachtsmannmützen.

Und acht falschen weißen Rauschebärten.

VIVECA STEN

Weihnachtsmord auf Sandhamn

Die Sonne glitzerte auf der dünnen Schneedecke, die über dem Hafen von Stavsnäs lag. Am Kai wartete eine große Waxholmfähre mit herabgelassener Gangway. Die Fähre trug denselben Namen wie das Ziel ihrer Fahrt – Sandhamn.

Maria Samuelsson blieb an der Gangway stehen und sah sich um. Weißer Raureif überzog die dicken Tampen, mit denen das Schiff am Bug vertäut war, und aus dem Mund des Matrosen, der die Tampen einholte, dampften Atemwolken.

Fast alle der achtzig Leute zählenden Gruppe waren bereits an Bord gegangen. Die ganze Firma hatte sich nach Sandhamn im Stockholmer Schärengarten aufgemacht, um im berühmten Värdshus, dessen Anfänge ins Jahr 1672 zurückreichten, ihre Weihnachtsfeier zu begehen. Es war nur noch eine Woche bis Heiligabend, und die Stimmung war erwartungsvoll und ein bisschen überdreht, fast wie bei einer Schulklasse, die einen Ausflug macht. Überall wurde gelacht, gekichert und geschwatzt, und das herrliche Winterwetter schmälerte die Vorfreude auch nicht gerade.

Mit einem letzten Blick über den Hafen ging Maria an Bord. Sie stieg die Treppe zum Oberdeck hinauf, wo bequeme Clubsessel vor den Panoramafenstern dazu einluden, den herrlichen Ausblick über den winterlichen Schärengarten zu genießen. Erwartungsvoll lächelnd ließ sie sich an einem Tisch nieder, an dem bereits Peter Järborn saß, ihr Chef. Er war der Sohn des Firmengründers und hatte das Unternehmen ein paar Jahre zuvor von seinem Vater übernommen. Ihm gegenüber saßen der Verkaufsleiter Lasse Konrad und dessen Assistentin Yvonne Grandin.

Wie spendabel von Peter, die gesamte Belegschaft zu einem Weihnachtsessen im Schärengarten einzuladen, dachte Maria. Das war bestimmt nicht billig. Aber die Geschäfte waren dieses Jahr gut gelaufen. Der Umsatz war um zehn Prozent gestiegen, und für die meisten Mitarbeiter würde es wohl eine kleine Bonuszahlung geben.

Mit der rechten Hand kontrollierte sie den Sitz der Spange, die ihr halblanges, braunes Haar zusammenhielt. Auch wenn dies ein Ausflug an den Rand des Schärengartens war, galt es, auf die äußere Erscheinung zu achten. Als Peters Sekretärin und rechte Hand musste sie repräsentativ sein, und sie wusste, dass sie gut aussah, meistens wurde sie auf Mitte dreißig geschätzt, obwohl sie über vierzig war.

Bei strahlendem Sonnenschein legten sie am Dampfschiffkai von Sandhamn an. Einladende Ruhe lag über den falunroten Häusern, die den Hafen säumten. Alles war tief verschneit, nur das Hafengelände selbst war geräumt, und die Weihnachtsdekorationen der Geschäfte erinnerten daran, dass in acht Tagen Heiligabend war.

Linker Hand tauchte das rote Clubhaus des KSSS auf, und entlang der Strandpromenade lagen zahllose Sportboote an Land, abgedeckt mit verschneiten Planen. Es waren nur wenige Leute zu sehen, aber auf der Insel lebten ja auch nur rund hundertzehn Einheimische, soweit Maria wusste.

»Warst du schon mal hier?«

Gun, die Buchhalterin, unterbrach sie in ihren Gedanken, als sie da so stand und den Hafen betrachtete.

»Nein, du?«

Gun nickte.

»Schon oft. Es ist wirklich schön hier. Wir fahren jeden Sommer her, Kalle und ich. Es ist schon Tradition geworden, einmal im Jahr auf Sandhamn ein Picknick zu machen. Wir nehmen unsere Badesachen mit und gehen an den Trouvillestrand, das ist der wunderbarste Sandstrand im ganzen Schärengarten.«

»Ja, es ist herrlich.« Lasse Konrad mischte sich in das Gespräch ein. »Ich bin oft hierhergesegelt, nichts geht über Sandhamn an einem schönen Julitag.«

»Segelst du viel?«, fragte Maria.

Sie kannte Lasse nicht sehr gut. Er war seit etwas über einem Jahr bei ihnen, abgeworben von einer Konkurrenzfirma, um den Verkauf anzukurbeln. Anscheinend machte er seine Sache gut, denn der Umsatz war gestiegen. Sicher, die Zeiten waren schlecht, aber ihr Unternehmen – ein Großhandel für Büromaterial, der kleine und mittlere Firmen belieferte – spürte davon nichts. Papier und Büroklammern wurden eben immer gebraucht, da konnten die Firmen nicht viel einsparen, selbst wenn die Geschäfte nicht so gut liefen.

Lasse lächelte breit.

»Jeden Sommer. Es gibt nichts Schöneres, als die Leinen

loszumachen und Kurs aufs offene Meer zu nehmen.« Er nickte so nachdrücklich, dass seine langen Nackenhaare flogen. »Ich habe mein ganzes erwachsenes Leben lang ein Segelboot gehabt.«

Seine Frisur hätte besser zu einem der geschniegelten Typen vom Stureplan gepasst als zu einem grauhaarigen Verkaufsleiter in den Fünfzigern, dachte Maria. Er meinte wohl, er sähe damit jünger aus. Und charmant war er ja, das konnte sie nicht leugnen. Er trug keinen Ehering, und sie hatte auch nichts von einer festen Beziehung gehört.

»Klingt verlockend«, sagte sie lächelnd.

Die ganze versammelte Gruppe ging hinüber zu Sandhamns Värdshus, das im östlichen Teil des Hafens lag. Das gelbe Holzgebäude war nicht zu verfehlen, und als sie die Eingangstür öffneten, wehten ihnen herrliche Düfte entgegen, die an die bevorstehenden Feiertage erinnerten.

Das ganze Lokal war festlich geschmückt, mit schönen Kränzen in den Fenstern. Die brennenden Kerzen unterstrichen die Weihnachtsstimmung, und das lange »Julbord«, das mitten im Raum gedeckt worden war, ließ den Gästen das Wasser im Mund zusammenlaufen. Da drängten sich alle Arten von eingelegten Heringen neben kugelrunden Hackbällchen und »Janssons Versuchung«, dem typischen Auflauf. Auf einem kleineren Tisch standen verschiedene Käsesorten bereit. Maria spürte plötzlich, wie hungrig sie war, das Frühstück lag immerhin schon eine ganze Weile zurück.

»Maria«, rief Peter, »hast du die Tischordnung dabei?«

»Natürlich.«

Sie kramte in ihrer Tasche und zog rasch einige A4-Blätter hervor. Peter hatte darauf bestanden, dass sie eine Tischordnung erstellte, damit die Leute, die sowieso immer die Mittagspause zusammen verbrachten, nicht auch hier zusammensaßen. Nach einer Weile waren alle Kollegen gemäß Marias Liste platziert.

»Lasse«, rief sie, um das Stimmengewirr zu übertönen, »du sitzt hier, neben Gun.«

Sie meinte einen Anflug von Enttäuschung auf Lasses Gesicht zu sehen, ehe er mit galantem Lächeln den Stuhl für seine Tischdame hervorzog. Die sechzigjährige Buchhalterin war wohl nicht gerade die, die er sich selbst ausgesucht hätte. Vermutlich hätte er sich lieber zu einem der hübschen Mädchen aus dem Kundendienst gesetzt, aber an einem solchen Tag konnte er ruhig auch mal zurückstecken. Außerdem war Gun unterhaltsam und schlagfertig.

Maria nahm schräg gegenüber von Gun Platz, sie hatte Adam als Tischnachbarn, einen lustigen Dreißigjährigen, der einer ihrer Handelsreisenden war und sicher ein angenehmer Gesellschafter. Das hatte sie sich gegönnt, da sie ohnehin die Tischordnung machen musste. Außerdem saß Lasse schräg gegenüber, und auf einmal war sie ein kleines bisschen aufgeregt.

Nach einer Stunde war die Lautstärke hoch und die Stimmung ausgelassen. Alle waren bester Laune, wozu sicher auch der großzügige Ausschank verschiedener Schnäpse beitrug. Der hauseigene Aquavit oder »Skärgårdssup«, wie er genannt wurde, fand begeisterten Zuspruch.

Guns Wangen waren gerötet, sie wirkte richtig aufgedreht. Gerade beugte sie sich vertraulich zu Lasse hinüber, der offenbar nichts mehr gegen seine Tischnachbarin einzuwenden hatte.

»Na komm, Gunnie«, sagte er und grinste sie an. »Prösterchen!«

»Ich sollte eigentlich nicht mehr«, wehrte sie kichernd ab, griff aber nach ihrem Glas und trank gehorsam, auch wenn sie die Hälfte übrig ließ.

»Schmeckt mit jedem Glas besser«, lachte sie.

»Wie lange bist du eigentlich schon in der Firma?«

Sie schüttelte den Kopf.

»Viel zu lange. Mit achtundzwanzig hab ich angefangen, und jetzt bin ich sechzig.« Ein fast verlegenes Lächeln huschte über ihr Gesicht.

»Dann bist du ja quasi die Seele des Geschäfts«, sagte er belustigt. »Finde ich klasse. Gibt es eigentlich irgendwas in der Firma, was du nicht weißt?«

Sie kicherte wieder.

»Wahrscheinlich nicht.«

»Gut, wenn jedenfalls einer den Durchblick hat. Ich wünschte, ich hätte ihn.«

Lasse winkte eine Serviererin heran und griff nach zwei vollen Schnapsgläsern. »Heute machen wir es uns mal richtig gemütlich. Den hier musst du probieren, das ist mein Favorit. Feuerwasser. Hoch die Tassen!«

Guns Gesicht verzog sich zu einer Mischung aus Entsetzen und Entzücken, aber sie nahm das Glas und kippte den Schnaps hinunter. Rundherum wurde das Gemurmel lauter, und an einem der anderen Tische stimmte Peter ein bekanntes Trinklied an, bei dem alle mitsangen.

»Alles okay?«

Maria warf einen schrägen Blick zu Gun hinüber. Es schien ihr nicht besonders gutzugehen. Ihr Blick war glasig, und sie schwankte leicht auf ihrem Stuhl.

»Wie fühlst du dich?«, fragte Maria leise. Sie saßen seit Stunden am Tisch, und die Wärme und der Schnaps zeigten Wirkung.

»Mir geht's gut«, nuschelte Gun. »Hab nur ein bisschen viel getrunken.«

Maria lächelte sie an. »Das gibt sich wieder. Gleich kommt der Kaffee.«

»Kann sein.« Gun nickte und wurde plötzlich ganz grün im Gesicht.

»Komm mit zur Toilette«, sagte Maria und stand auf. »Vielleicht geht es dir besser, wenn du dir das Gesicht mit kaltem Wasser wäschst.«

Als Gun zehn Minuten später von der Toilette kam, sah sie immer noch unglücklich aus, so als hätte sie nach all dem Essen und Trinken ein schlechtes Gewissen.

Maria wartete vor dem Waschraum auf sie. Sie lehnte mit dem Rücken an der Wand und musterte ihre Kollegin besorgt, als Gun die Tür öffnete.

»Wie ist es jetzt?«

»Geht schon wieder. Ich sollte es wirklich besser wissen, ich altes Weib. Ich weiß gar nicht, was in mich gefahren ist. Wahrscheinlich habe ich mir in der letzten Zeit zu viele Sorgen gemacht …«

Sie zuckte mit den Schultern, eine kleine, hilflose Geste.

Maria sah ihre Kollegin forschend an.

»Was meinst du? Worüber machst du dir Sorgen?«

Gun wippte auf den Fersen und machte ein unglückliches Gesicht.

»Jetzt ist sicher nicht der richtige Zeitpunkt, um darüber zu reden.«

Maria legte tröstend einen Arm um Guns Schulter.

»Mir kannst du es sagen. Wenn du möchtest.«

»Irgendwas stimmt nicht …«

Gun verstummte.

»Was stimmt nicht?«

Maria beugte sich vor.

»Ich weiß nicht …« Gun schwieg wieder. »Ach, vielleicht bilde ich es mir auch ein. Vergiss es einfach.«

Maria gab nicht auf. »Jetzt sag schon, was dich bedrückt.«

Gun stellte sich dicht neben Maria und raunte: »Die Zahlen im Jahresabschluss stimmen nicht. Ich habe den Fehler gesucht und bin auf eine Menge merkwürdiger Rechnungen gestoßen.« Sie blickte Maria ängstlich an.

»Rechnungen?«, wiederholte Maria. »Was denn für Rechnungen?«

Gun drehte sich abrupt um.

»Ich brauche frische Luft. Ich gehe mal einen Moment vor die Tür.«

Mit unsicheren Schritten steuerte sie auf den Ausgang zu.

»Möchtest du, dass ich mitkomme?«, rief Maria ihr nach.

Gun schüttelte den Kopf.

»Ich gehe lieber allein. Vergiss einfach, was ich gesagt habe, es war nichts.«

Maria folgte ihr mit dem Blick. Es sah Gun nicht ähnlich,

so viel zu trinken, aber heute wirkte sie unruhig und nervös. Was hatte sie mit merkwürdigen Rechnungen gemeint? So schlimm konnte das doch wohl nicht sein?

Nachdenklich ging sie zurück ins Restaurant und setzte sich wieder. Peters Platz war leer, aber die Stimmung am Tisch schlug hohe Wellen. Einen Meter weiter stieß Lasse mit zwei Vertretern an. Er wirkte ziemlich betrunken, sein Gesicht war rot, und er konnte schon nicht mehr deutlich sprechen.

Maria fühlte sich auch nicht mehr ganz nüchtern und beschloss, auf den Kognak zum Kaffee zu verzichten. Für heute reichte es mit dem Alkohol.

Gun ging mit unsicheren Schritten über den verharschten Schnee. Warum hatte sie nur so viel getrunken? Das tat sie sonst nie. Aber die Sorgen ließen ihr keine Ruhe, sie hatte schon mehrere Nächte lang wach gelegen und gegrübelt.

Plötzlich musste sie sich an einem Laternenmast festhalten, weil sich in ihrem Kopf alles drehte. Doch die kalte Luft tat ihr gut, nach einer Weile begann sie sich besser zu fühlen. Sie ließ den grauen Mast los und atmete ein paarmal tief durch.

Der lange Betonkai lag stumm vor ihr. Es war schon ziemlich dunkel, und das Licht, das aus den Fenstern des Restaurants fiel, reichte nicht weit, stattdessen herrschte eine dumpfe Winterdämmerung. Aber nach dem langen Essen war es richtig befreiend hier draußen. Es tat gut, den Lärm und die Wärme im Värdshus hinter sich zu lassen.

Gun trat näher an die Kante des Hafenbeckens heran und blickte hinunter aufs Wasser. Wenn sie sich recht erinnerte, lagen hier immer die Lotsenboote. Noch war der Hafen nicht zugefroren, aber lange konnte es bei dem derzeitigen Frost nicht mehr dauern. Es war vollkommen windstill, und sie ahnte ihr Spiegelbild auf der dunklen Wasseroberfläche ein paar Meter unter ihr.

Plötzlich hörte sie ein scharfes Geräusch und blickte sich erschrocken um.

War da jemand?

»Wann geht unser Schiff?« Peter war zurückgekommen und hatte sich wieder an den Tisch gesetzt. Jetzt sah er fragend zu Maria, die gerade ihren Kaffee ausgetrunken hatte.

»Um fünf.«

Maria war die Rolle der inoffiziellen Reiseleiterin zugefallen. Der starke Kaffee hatte sie ein wenig nüchterner gemacht, und sie sehnte sich nach einem erfrischenden Spaziergang, ehe es Zeit für die Rückfahrt wurde.

»Hast du Lasse gesehen?«, fragte Peter, als sie nach ihrer Jacke griff.

Sie schüttelte den Kopf. Die meisten Tische waren halb leer, anscheinend hatte eine ganze Reihe von Kollegen das Bedürfnis gehabt, nach dem üppigen Essen und dem Trinkgelage ein wenig frische Luft zu schnappen. Gun war auch noch nicht wieder zurück.

»Seit einer ganzen Weile nicht mehr, vielleicht einer Stunde.« Sie sah auf die Uhr und erhob sich. »Ich kann ja mal in den anderen Räumen nachsehen, bevor ich nach draußen gehe.«

Maria sah sich in dem schönen alten Gebäude um. Nach Angaben des Personals war das Gasthaus seit 1672 in Betrieb, und von den Wänden hallte der Flügelschlag der Geschichte wider.

Sie ging die halbe Treppe vom Speisesaal hinunter und sah ein Schild, auf dem stand, dass vor ihr der Dahlberg'sche Raum lag, einer der ursprünglichen Teile des alten Gasthauses. Sie schaute hinein auf die dunklen Balken, die die niedrige Decke trugen. Es war gepflegt und gemütlich, aber doch aus einer anderen Ära.

Maria schloss die Augen und versuchte sich vorzustellen, wie es hier vor mehreren Jahrhunderten ausgesehen haben mochte. Damals trafen sich hier die Lotsen, um sich einen Schnaps oder zwei zu genehmigen, ehe es Zeit war, den großen Segelschiffen den Weg nach Stockholm zu zeigen.

Längst vergangene Zeiten.

Direkt daneben lag die Herrentoilette, und kurz entschlossen öffnete sie die Tür einen Spalt und rief hinein:

»Lasse, bist du hier?«

Sie hörte ein Murmeln und wich einen Schritt zurück.

»Lasse«, rief sie noch einmal. »Bist du das? Ist alles in Ordnung?«

Langsam wurde die Kabinentür entriegelt und geöffnet. Lasse Konrad saß auf dem Klodeckel und sah sie schlaftrunken an. Seine Augen waren gerötet, und seine Haare standen zu Berge.

»Hast du hier auf der Toilette geschlafen?«, rief Maria aus.

Ein dümmlicher Ausdruck glitt über sein Gesicht.

»Wie spät ist es?«

»Gleich Viertel nach vier, Das Schiff geht um fünf.«

Er erhob sich mühsam und versuchte, sein zerrauftes Haar zu glätten. Dann schnitt er eine verlegene Grimasse.

»Du brauchst ja keinem zu verraten, wie du mich hier vorgefunden hast.«

Sie schüttelte den Kopf und zog sich zurück. Peinlich, sich derart vollaufen zu lassen, dass man auf dem Klo einschlief, aber sie hatte nicht vor, es den Kollegen zu erzählen. Plötzlich verstand sie überhaupt nicht mehr, warum sie ihn noch vor wenigen Stunden attraktiv gefunden hatte.

»Ich sage nichts«, versprach sie und ging.

Es war herrlich, an die frische Luft zu kommen, obwohl sich die Dunkelheit inzwischen auf die Insel herabgesenkt hatte. Zum Glück hellte der Schnee die Umgebung ein klein wenig auf. Die vereinzelten Straßenlaternen gaben nicht viel Licht, und Maria bekam eine Ahnung davon, wie einsam es hier manchmal für die Inselbewohner sein musste.

Mit schnellen Schritten ging sie am Clubhaus des KSSS vorbei und einen steilen Hang hinauf. Er führte zu einem Aussichtspunkt, von dem man einen herrlichen Blick aufs Meer hatte. Trotz der Dunkelheit war schräg gegenüber die Silhouette des Turms auf Korsö zu erkennen. Am Himmel funkelten ein paar vereinzelte Sterne, und am Horizont blinkte ein Leuchtfeuer. Es war deutlich kälter geworden, sicher zehn Grad unter null, aber Maria blieb dennoch eine ganze Weile stehen und genoss die Stille.

Ein fernes Tuten ließ sie zusammenzucken.

Sie warf rasch einen Blick auf ihre Armbanduhr und sah, dass die Fähre in wenigen Minuten ablegen würde. Du lieber Himmel! Im Laufschritt eilte sie zurück zum Hafen.

Nur wenige Sekunden vor dem Ablegen stieg sie an Bord des weißen Fährschiffs.

Der Matrose an der Gangway warf ihr einen vielsagenden Blick zu. »Da haben Sie aber Glück gehabt«, sagte er, als sie an ihm vorbeilief. »Eine Minute später, und Sie hätten ans Festland schwimmen müssen.«

Maria sank auf den erstbesten Sitzplatz, und noch ehe sie wusste, wie ihr geschah, fielen ihr die Augen zu. Erst als sie in Stavsnäs anlegten, wachte sie auf, um gleich darauf im gecharterten Reisebus wieder einzuschlafen.

Als Maria am Montagmorgen in die Firma kam, merkte sie sofort, dass etwas nicht stimmte.

Ihre Kollegen unterhielten sich mit gedämpften Stimmen, und in der Kaffeeküche standen zwei Fremde. Maria hatte ausnahmsweise verschlafen, deshalb war sie die Letzte, die an diesem Tag ins Büro kam.

Sie ging zu Peter, der mit dem Rücken zu ihr am Fenster stand, und berührte ihn leicht an der Schulter.

»Ist was passiert? Wer sind die Leute?«

Er drehte sich um, und sie las in seinem Gesicht, dass er schlechte Nachrichten hatte.

»Das sind zwei Polizisten. Sie sind wegen Gun hier. Gun ist ertrunken.«

Maria schlug sich die Hand vors Gesicht.

»Ertrunken?«, wiederholte sie mit schwacher Stimme.

Er nickte und schluckte, ehe er fortfuhr:

»Auf Sandhamn. Sie haben ihre Leiche im Hafenbecken gefunden. Sie ist am Freitag nicht nach Hause gekommen, und Samstagmorgen hat ihre Familie sie als vermisst gemeldet. Sie haben mich gleich angerufen, als sie anfingen, nach Gun zu suchen.«

»Wie furchtbar.«

Maria sah wieder vor sich, wie Gun das Lokal verließ. Danach hatte sie sie nicht mehr gesehen. Sie war einfach davon ausgegangen, dass Gun mit ihnen zurückgefahren war, genau wie alle anderen. Übersättigt und müde, hatte sie nicht darüber nachgedacht, wo ihre Kollegin sein mochte.

»Die Polizei glaubt, dass sie auf dem Kai spazieren gegangen, dabei ausgerutscht und ins Wasser gefallen ist. Das ist eiskalt, man erfriert binnen weniger Minuten.«

Maria merkte, wie ihre Augen sich mit Tränen füllten.

Die arme, arme Gun. Die arme Familie.

Die Kirche war bis auf den letzten Platz gefüllt. Fast die gesamte Firma war zur Beerdigung gekommen. In wenigen Tagen war Silvester, und die Adventsleuchter, die noch in den Kirchenfenstern standen, erinnerten daran, dass der Dezember eine Zeit der frohen Feste sein sollte, und nicht eine Zeit, um Abschied für immer zu nehmen.

Als die Orgel die ersten Töne des Chorals »Härlig är jorden« anstimmte, brach Maria in Tränen aus.

Gun war eine beliebte Kollegin gewesen, eine treue Seele, die fast jeden in der Firma kannte. Wie traurig und ungerecht, dass das, was ein fröhlicher Weihnachtsausflug der Belegschaft hätte sein sollen, mit einem so tragischen Unglück endete.

Zum hundertsten Mal machte sie sich Vorwürfe, dass sie nicht mitgegangen war, als Gun das Lokal verließ. Aber sie hatte doch nicht ahnen können, dass es so schlimm kommen würde. Wie hätte sie das ahnen können?

Lasse Konrad spürte, wie seine Augen feucht wurden.

Er hatte Gun gemocht, sie war vom ersten Tag an freundlich zu ihm gewesen, und er erinnerte sich noch, wie ausgelassen sie auf Sandhamn gewesen war. Sie hatten richtig viel Spaß zusammen gehabt, hatten Witze gemacht und gelacht. Obwohl sie schon sechzig war, hatte sie Humor besessen, das hatte sie wirklich, die gute Gun.

Deshalb war es auch so ein Schock gewesen, als er zufällig hörte, wie sie zu Maria sagte, dass sie sich Sorgen wegen ein paar merkwürdiger Rechnungen mache.

Er wusste genau, welche Rechnungen sie meinte. Das waren die fingierten Rechnungen, die sein heimlicher Kompagnon der Firma gestellt hatte. Lasses Aufgabe war es, dafür zu sorgen, dass diese Scheinrechnungen gegengezeichnet wurden, möglichst von jemand anderem als ihm selbst, um keinen Verdacht zu erregen.

Das System hatte viele Jahre lang funktioniert und ihm einen Lebensstil ermöglicht, den er sich mit seinem Gehalt nie hätte leisten können, obwohl er relativ gut verdiente. Er hatte viele verschiedene Führungspositionen innegehabt und jedes Mal ein System eingeführt, um Scheinrechnungen ins Unternehmen einzuschleusen, die bei der Menge der sonstigen Rechnungen nicht auffielen.

Bisher war er nie entdeckt worden. Aber Gun hatte sich nicht täuschen lassen. Er hatte ihre Spürnase unterschätzt, das musste er zugeben.

Er wischte sich eine wütende Träne ab, die ihm über die

Wange rollte. Aus den Augenwinkeln bemerkte er, dass Maria, die einige Bankreihen entfernt saß, ihn mitfühlend ansah. Sie weinte auch und knüllte ein Taschentuch in den Händen.

Guns Tod war notwendig gewesen, aber traurig war es schon, dass sie hatte sterben müssen.

Er war ihr leise hinaus in die Dunkelheit gefolgt, als sie das Värdshuset verließ. Sie war hinunter zur Tullbryggan gegangen, und er war unmittelbar hinter ihr gewesen. Als sie auf den Kai hinaustrat, waren nur ein paar schnelle Schritte und ein kräftiger Stoß nötig. Die Dunkelheit hatte ihn perfekt verborgen, und in der näheren Umgebung war kein Mensch zu sehen gewesen.

Er hatte befürchtet, jemand könnte sie schreien hören, aber die Wellen waren über ihr zusammengeschlagen, ohne dass sie einen Laut von sich gab. Innerhalb weniger Sekunden war sie untergegangen. Wahrscheinlich war sie zu betrunken gewesen, um zu begreifen, was mit ihr passierte. Jedenfalls hatte sie sich nicht retten können.

Danach war er ungesehen wieder ins Värdshus gegangen und hatte die Toilette aufgesucht. Er hatte sich aufs Klo gesetzt und die Augen zugemacht. Die Anspannung und der Alkohol sorgten dafür, dass er einnickte. Als Maria ihn entdeckte, hatte er bereits eine ganze Weile geschlafen.

Noch eine Träne tropfte auf seine Wange. Er hatte Gun wirklich gemocht. Aber jetzt war es wohl Zeit, die Firma zu wechseln. Sich einen neuen Job in einem Unternehmen mit einer weniger gründlichen Buchhaltung zu suchen.

Er zog ein Taschentuch hervor und schnäuzte sich. Dann holte er tief Luft und stimmte in den Choral ein.

ULRICH KNELLWOLF

Tod in Sils Maria

Schlegel hatte sich auf das Schlimmste gefasst gemacht. Was er jetzt sah, übertraf jedoch alles bei Weitem. Wo um Himmels willen hatte seine Tochter nur ihren Verstand gelassen? Und, fügte er mit fast noch größerem Bedauern hinzu, den Geschmack?

Sie hatte ihm Mitte Januar geschrieben, dass sie dieses Jahr nicht allein ins Engadin kommen werde. Noch im Neujahrsbrief, als sie ihm für die Perlenohrringe dankte, die er ihr zu Weihnachten geschickt hatte, schrieb sie nur von einer Überraschung, die er bald erleben werde. Er hatte gleich vermutet, dass es eine Männergeschichte sei, und diesmal eine ernsthafte, wenn Lilian schon davon redete. Bisher hatte sie über dergleichen Dinge strikt geschwiegen. Hie und da war er auf Spuren von Männern in ihrem Leben gestoßen. Zum Beispiel letztes Jahr, als er geschäftlich in London zu tun gehabt und zwei Nächte in Lilians Wohnzimmer auf der Couch geschlafen hatte. Er hatte sich beim Rasieren geschnitten und in ihrem Toilettenschrank ein Pflaster gesucht. Dabei hatte er nicht nur ein komplettes Rasierzeug gefunden, sondern auch ein Paar Manschettenknöpfe, schöne übrigens. Der Mann schien Geschmack zu haben.

Hätte Lilian keine Freunde gehabt, hätte ihn das beunruhigt. Immerhin war sie siebenundzwanzig, und er nahm nicht an, dass die Stelle bei Brown & Masters, der internationalen Literaturagentur, spezialisiert auf strategische Studien, sie bis an ihr Lebensende ausfüllen werde. Er zog es vor, über die private Seite ihres Lebens nicht zu viel zu wissen. So freute er sich jedes Jahr auf die zehn Tage Skiferien, die sie miteinander im Engadin verbrachten.

Wer den älteren Herrn und die junge Frau beobachtete, wie sie miteinander am Tisch saßen, sich lachend unterhielten, wie er manchmal liebevoll mit seiner Hand über die ihre strich oder sie küsste, konnte sie für ein Liebespaar halten. Chef und Sekretärin etwa, die ein paar verliebte Tage miteinander Ferien machten. Und doch waren sie Vater und Tochter, er, Wirtschaftsjurist mit Praxis an bester Zürcher Adresse, und sie, wie gesagt, in London lebend, seit sie siebzehn war.

Sie hatten sich erst spät näher kennengelernt. Kurz nach Lilians Geburt war Schlegels Ehe am Ende gewesen. Er hatte auf alle Ansprüche auf das Kind verzichtet. Seine Frau war mit der Tochter nach Genf gezogen und hatte einen südamerikanischen Millionär geheiratet, von dem sie inzwischen wieder geschieden war. Die Tochter wurde in ein teures Internat im Engadin geschickt, wo sie bis kurz vor der Matura blieb. Dann meinte die Mutter, sie müsse besser Englisch lernen und brachte sie nach London.

Den Vater hatte Lilian in all den Jahren nicht ein einziges Mal zu Gesicht bekommen, nur sein Geld, das pünktlich eintraf. Dann brachte die Post eines Tages im Dezember einen Brief von ihm mit der Frage, ob sie nicht Lust hätte, Anfang Februar für einige Tage mit ihm zum Wintersport nach Sils Maria zu fahren. Für die Kosten, inklusive Flug, komme er selbstverständlich auf.

Die Ferien gelangen rundum. Seitdem betrachtete Lilian ihren Vater als einen Freund, den sie jedes Jahr im Winter an den zugefrorenen Engadiner Seen wiedersah und von dem sie sich zehn Tage lang verwöhnen ließ.

Schlegel gestand sich ein, dass bei dem Urteil über seinen möglichen Schwiegersohn eine Portion Eifersucht mit im Spiel war. Er nahm sich daher vor, sich durch seine Gefühle nicht zum Narren machen zu lassen. Dennoch wollte er nicht glauben, dass an dem niederschmetternden Eindruck von dem Freund seiner Tochter nur gekränkte Männlichkeit schuld war.

Aus Lilians Brief wusste er, dass der Mann und er fast gleich alt waren. Schlegel war dreiundsechzig, und der, der sein Schwiegersohn werden sollte, war vierundsechzig. Er empfand das fast als Blutschande. Aber er wollte sich den alten Lüstling, wie er ihn in Gedanken nannte, erst einmal anschauen, bevor er ein Urteil fällte.

Alles andere, was Lilian schrieb, hätte ihm als Vater eigentlich nur recht sein können. Der Mann war kein Nobody. Sir Geoffrey Bell war alleiniger Inhaber des traditionsreichen Londoner Verlagshauses Highway, Fitzwater and Bell und geschäftlich, was Schlegel herauszufinden nicht schwerfiel, mit bedeutenden Firmen, vorzugsweise Banken, verbunden. In der Grafschaft Kent besaß er Cottingham Castle, ein respektables Anwesen mit einem Herrenhaus aus der Zeit Elizabeths I. Bells Vermögen wurde auf eine dreistellige Zahl von Millionen Pfund geschätzt. Sir Geoffrey war seit drei Jahren geschieden. Seine Ehe mit einer der wenigen international bekannten Polospielerinnen war kinderlos geblieben.

Dies alles klang nicht schlecht. Nur dass er vierundsechzig war, ein Jahr älter als er selbst, fand Schlegel als Lilians Vater pervers.

Auf der Fahrt ins Engadin hatte er heftig und tapfer gegen die abscheulichen Bilder gekämpft, die in ihm aufsteigen wollten. Seine Tochter mit einem Greis im Bett. Zittrige Hände, die ihr junges Fleisch streichelten. Lilian, einen arteriosklerotischen Idioten im Rollstuhl schiebend.

Er unterdrückte die Bilder mit Gewalt. Im Hotel, wo er seit Jahrzehnten bekannt war, schritt er mit Todesverachtung an der Tür des Doppelzimmers vorüber, hinter der vom nächsten Abend an seine Tochter mit dem alten Mann das Bett teilen sollte. Bei seiner telefonischen Rückfrage in London hatte sie ausdrücklich auf einem Doppelzimmer bestanden.

Was Schlegel nun aber um zwölf Uhr mittags auf dem Bahnhof von St. Moritz zu Gesicht bekam, war schlimmer als alles, was er sich in den schlimmsten Albträumen ausgemalt hatte. Zuerst stieg Lilian aus dem Zug. Sie war noch schöner geworden mit ihrem hellbraunen Haar und einer Figur, die jedem Mann den Atem rauben konnte. Glück macht schön, dachte Schlegel. Aber dann folgte ein dicker kleiner Mann, mindestens anderthalb Kopf kleiner als Lilian, mit einem Kugelbauch auf kurzen Beinen und nach außen gerichteten Plattfüßen. Halslos hockte ein runder Schädel auf den Schultern, halb kahl und in der Mittagssonne schweißig glänzend. Eine Nase wie eine Kartoffel, der Mund dicklippig, wie zum Austernschlürfen geformt.

Bald merkte Schlegel, dass der Mann auch noch redete, als verschlänge er Austern um die Wette. Sir Geoffrey steckte in einem Pelzmantel, der aus ihm einen übergewichtigen Säugling machte.

Was war nur in Lilian gefahren? So fragte sich Schlegel und ging auf die beiden zu. Und sogleich merkte er, dass alles anders geworden war.

Früher hatte Lilian ihn zur Begrüßung auf den Mund geküsst. Jetzt bekam er nicht mehr als zwei flüchtige Wischer auf die Wangen.

Die Hand des Mannes fühlte sich an wie ein grätenloser Fisch. Schlegel sah auf die Würstchenfinger hinunter und bemerkte manikürte Nägel, die wie aufgesteckte Pailletten von den Fingerenden abstanden. Während der folgenden Tage vermied er es, diese Hände zu berühren. Ihm war, als könnte er sich an ihnen mit einer heimtückischen Krankheit anstecken.

Er hatte ein Taxi bestellt, das außerhalb des Bahnhofs auf sie wartete. Lilian eilte voraus, Sir Geoffrey folgte, neben Schlegel herwatschelnd. Er stieß ihn an und machte mit seinen Pesthänden eine Bewegung, als streichle er ihr über den Po. Dann führte er die Finger der rechten Hand an den aufgeworfenen Mund und schmatzte so widerlich, dass Schlegel übel wurde.

Die Fingerspitzen an den Lippen und dazu das Schmatzen wiederholten sich an diesem Abend bis zum Erbrechen. Einmal galt es dem Zimmer, insbesondere den Betten, dann dem Wein, dem Hauptgang des Nachtessens und, besonders widerlich, dem jungen italienischen Kellner.

Nach dem Essen tranken alle drei in der Halle einen

Whisky. Aber Schlegel wollte es so schnell wie möglich hinter sich bringen und sagte, er nehme an, sie seien müde von der langen Reise. Er freue sich, erwiderte Sir Geoffrey schlürfend, auf das Zimmer und das Bett, und führte schon wieder unter Grunzen und Schmatzen die Wurstzipfel der rechten Hand an den Mund.

Bisher war der Augenblick vor Lilians Zimmertür beim Gutenachtsagen für Schlegel etwas vom Schönsten in den Ferien gewesen. Er hatte einen Kuss auf die Lippen bekommen, die warme Nähe seiner Tochter gespürt und ihr Parfum gerochen.

Heute gab es nichts als eine flüchtige Wangenberührung links und rechts und »Gute Nacht«, dazu die schleimige Vorfreude der dicken Witzfigur. Schlegel eilte verzweifelt in sein Einzelzimmer, während er sich vorstellte, was der Gnom jetzt mit seiner Tochter anstellte.

Als er in dieser Nacht wach im Bett lag und an der Grenze zum Verrücktwerden mit einem Teil seiner selbst stritt, der nicht aufhören konnte, wie eine Pornographiedruckerei die scheußlichsten Bilder zu produzieren, beschloss Schlegel, Sir Geoffrey umzubringen. Es gab nur diesen Weg, um Lilian vor dem Unglück ihres Lebens zu bewahren. Wie er es tun wollte, wusste er noch nicht. Aber es musste in diesen Tagen geschehen, bevor das Verhängnis unabwendbar war.

Im hellen Licht des Morgens fragte er sich, ob er in der Nacht die Tragweite seines Entschlusses auch richtig abgewogen habe. Er nahm sich vor, zuerst die beiden zu beobachten und dann zu entscheiden. Er musste wissen, ob es Lilian mit dem Feisten wirklich ernst war. Wäre es doch möglich, dass es sich um eine vorübergehende Verirrung handelte.

Aber nicht eine Spur davon war zu erkennen. Im Gegenteil. Lilian und ihr englischer Gartenzwerg gingen, wann immer es sich machen ließ, Hand in Hand, und Schlegel kam sich vor wie ein Hund, der zuschauen muss, wenn sich seine angebetete Herrin von einem Wüstling knutschen lässt. Sogar beim Essen warfen sich die beiden verliebte Blicke zu und küssten sich zwischendurch immer wieder. Schlegel verging der Appetit.

Als er am dritten Tag einen Augenblick lang mit seiner Tochter allein war – sein zukünftiger Schwiegersohn musste plötzlich zur Toilette, und Schlegel kam sofort der Verdacht auf ein Prostataleiden – versuchte er, ihr auf den Zahn zu fühlen. Lilian aber lachte, legte ihm die Hand auf den Arm und sagte: »Eifersüchtig? Aber, aber, Papa.« Darauf flirtete und schmuste sie noch unverschämter mit diesem großbritannischen Schweinchen Dick.

Schlegel war sich im Klaren, dass er seiner Tochter wehtun würde. Aber er sagte sich, dass der kurze, tiefe Schmerz viel leichter zu ertragen sei als ein endlos verzweifeltes Leben. Diese Überlegungen stärkten ihn in seinem Entschluss. Es galt nur noch, einen günstigen Augenblick abzuwarten.

Bis dahin wurden ihm die Tage zur Qual. Die weiß schimmernden Bergketten verwandelten sich vor seinen Augen in den hingestreckten Körper seiner Tochter, und die Wolken am Himmel waren Sir Geoffreys lüsterne Finger, die darüber hinstrichen.

Jedoch, als schlage plötzlich Hitze in Kälte um, war für

ihn alles bald nur noch eine Frage der Technik. Er lud Sir Geoffrey zu Spaziergängen ein, wenn dieser nicht Lilian zum Skilift begleitete. Er versuchte so, sein Vertrauen zu wecken. Das war nicht schwer. Sir Geoffrey tat, als wären sie zwei Verschworene, und behandelte Schlegel, obwohl dieser ein Jahr jünger war, mit der einem Schwiegervater gebührenden, etwas mitleidigen Pietät.

Nach einer Woche endlich ergab sich die Gelegenheit. Das strahlende Hoch brach zusammen. Schneefall war angesagt. Schlegel hatte eben erst Sir Geoffrey dazu bewogen, ein Paar Langlaufski zu mieten und sich unter seiner Führung – Lilian zog Abfahrt vor – auf die einfachsten Loipen zu wagen. Der Engländer stellte sich zuerst sehr ungeschickt an, aber Schlegel ließ nicht nach. Schließlich schien Sir Geoffrey am Skilaufen sogar Gefallen zu finden, und sei es nur, um seiner Braut mit seinen sportlichen Leistungen Eindruck zu machen. Beim Nachtessen erzählte er, Fingerspitzen an den Lippen, mit schlürfender Begeisterung von seinen Abenteuern und wünschte, am nächsten Tag unbedingt wieder auf die Loipe zu gehen.

Um halb zwölf brachen sie nach einem reichlichen Frühstück auf. Die Sonne war nicht zu sehen, die Wolken hingen tief. Doch als Sir Geoffrey das Gesicht verzog, nahm ihn Schlegel bei der Ehre. Sie brauchten unendlich lange, bis sie im Fextal waren. Der Dicke dampfte wie eine überhitzte Lokomotive, spielte aber den Tapferen, und Schlegel stachelte ihn unentwegt an, indem er alle zehn Minuten fragte, ob sie nicht umkehren sollten. Sir Geoffrey wäre sogar bereit gewesen, den Mount Everest auf Langlaufskiern zu besteigen. Im Restaurant am Ende des Fextals waren sie fast die einzigen Gäste. Der Engländer war am Ende seiner Kraft, und Schlegel fragte sich bereits, ob es überhaupt noch besonderer Vorkehrungen bedürfe, um sich seiner zu entledigen.

Doch Sir Geoffrey wollte sich um nichts in der Welt unterkriegen lassen. Eifrig löffelte er die Gerstensuppe, trank Veltliner dazu und schließlich zum Kaffee einen doppelten Grappa, den Schlegel ihm aufdrängte, indem er ihn davor warnte.

Auf dem Rückweg schneite es in großen Flocken, als fielen Leintücher vom Himmel. Froh, fünf, sechs Meter Loipe vor sich zu erkennen, glitten sie vorwärts, Sir Geoffrey voran, Schlegel, ihn antreibend, hinterher.

Wein und Grappa wirkten. Schon auf halbem Weg beim Gasthaus Sonne war Sir Geoffrey ein Wrack, wollte Station machen, aber Schlegel ließ nicht locker. Ein Glück, dass keiner der Pferdeschlitten dastand, Sir Geoffrey hätte keinen Schritt mehr getan.

Unterhalb des Gasthauses lenkte Schlegel ihn vom breiten Weg ab nach rechts. Zehn Minuten später standen sie dort, wo ein Fußweg von der Loipe abzweigt und durch ein Tobel nach Sils hinunterführt. Zu sehen war nichts. Außer dem dichten Schneefall, der jeden der beiden wie in eine Kabine aus Milchglas einschloss.

»Dies ist eine Abkürzung, nicht ganz einfach, aber wir können den Weg nicht verfehlen«, rief Schlegel, wohl wissend, dass kein Mensch auf Langlaufskiern heil hinunterkam.

»Nehmen wir sie«, keuchte Sir Geoffrey, hörbar erleichtert.

»Dann fahren Sie voraus! Frisch drauflos! Es passiert schon nichts.«

Und der Dicke fuhr. Sofort entwickelte er eine Geschwindigkeit, die ihm jede Herrschaft über die Bretter nahm. Vor ihm lag, unsichtbar im Schneefall, der Abgrund. Die Schussfahrt schien ihm zu gefallen. Schlegel sah noch, wie er verwegen die Arme hob, und hörte einen grunzenden Jauchzer.

Dann kamen die Felsabstürze. Schlegel sah nichts mehr, hörte nichts. Kein Krachen, nichts. Alles war verschneit.

Er ließ sich Zeit. Er schaute nicht nach, sondern kehrte auf die Loipe zurück und war eine halbe Stunde später in Sils. Er erkundigte sich nach dem Polizeiposten. Eine weitere Stunde verging, bis eine Patrouille sich im Schneesturm aufmachte, um das Tobel abzusuchen. Sir Geoffrey wurde gefunden, ein Sack voll zerschlagener Knochen und schrecklich entstellt.

Lilian erstarrte, als sie von Furtschellas zurückkam und Schlegel ihr das Unglück so schonend wie möglich mitteilte. Sie zog sich sogleich auf ihr Zimmer zurück. Später musste sie der Polizei einige Fragen beantworten. Sie tat es mit einer Fassung, die Schlegel erschreckte. Nachdem sie eine Kleinigkeit zusammen gegessen hatten, begleitete er sie bis an die Zimmertür. Zum ersten Mal in diesen Ferien bekam er einen Kuss auf die Lippen.

Lilian wollte den Leichnam nicht sehen. Sie wünschte, dass er kremiert und die Urne nach London überführt werde. Sie bat ihren Vater, die Formalitäten für sie zu erledigen. Sie selber reiste sogleich ab. Schlegel, ganz väterlicher Jurist, begleitete sie zum Bahnhof in St. Moritz. Bei der Abfahrt des Zuges winkten sie einander verhalten zu. Er kehrte ins Hotel zurück.

Schlegel brauchte zwei Tage, um alles zu ordnen. Jeden Tag rief er dreimal in London an, um sicher zu sein, dass Lilian keine Dummheit beging. Am dritten Tag buchte er für den Abend einen Flug von Zürich nach London. Er wollte seine Tochter jetzt nicht allein lassen. Dann fuhr er auf dem Beifahrersitz des schwarzen Leichenwagens nach Chur, wo Sir Geoffreys sterbliche Überreste eingeäschert wurden. Man fragte ihn, ob er die Urne gleich mitnehmen wolle. Er verneinte, schrieb die Londoner Adresse auf und bezahlte die Speditionskosten im Voraus. Er fuhr weiter nach Zürich. In seiner Praxis gab es nichts als die üblichen Briefe. Er hatte das Taxi warten lassen und war deshalb schnell zu Hause. Frau Ingold, seine Haushälterin, kondolierte und fragte, ob er etwas zu essen wünsche. Er schüttelte den Kopf.

»Holen Sie meinen Flugkoffer. Ich muss zu ihr.«

Frau Ingold hatte die Post säuberlich auf seinen Schreibtisch gelegt. Links die Zeitungen, in der Mitte die Drucksachen, rechts die persönlich adressierten Briefe. Nichts von Bedeutung darunter. Im Telefax lag ein Brief. Auf Englisch. Er erkannte Lilians Handschrift sofort. Seine Hände zitterten, als er danach griff. Er las.

»Mein geliebter Papa,

ich teile Dir mit, dass ich heute ein Gespräch mit Geoffreys Anwalt hatte. Er bestätigte mir, was ich schon wusste, dass Sir Geoffrey mich für den Fall seines Ablebens als Alleinerbin eingesetzt hat. Du brauchst Dir folglich um Deine Tochter keinerlei Sorgen mehr zu machen.

Ich danke Dir, dass Du für mich ein Problem gelöst hast, ich war sicher, dass Du es tun würdest.

Ich kenne Frau Ingold gut genug, um zu wissen, dass sie sich nicht am Telefax zu schaffen macht; außerdem kann sie ja kein Englisch. Dennoch: Verbrenn den Brief im Kamin, wenn Du ihn gelesen hast. Kommst Du zu den Bestattungsfeierlichkeiten? Sie finden am Mittwoch nächster Woche in St. Paul's statt.

Herzlich und mit einem Kuss

Deine Tochter Lilian«

Schlegel schaute auf. Frau Ingold hatte im Kamin Feuer angemacht. Er nahm das Blatt Papier, warf es hinein und wartete, bis es verbrannt war. Dann rief er die Haushälterin.

»Ich fliege doch erst nächste Woche. Was, sagten Sie, gibt es zum Nachtessen?«

HENRY SLESAR

Der Mann, der Weihnachten liebte

Als Lev Walters die ihn weckende Hand seiner Frau an der Schulter spürte, zweifelte er nicht daran, dass es wegen des Babys war. Mann!, dachte er, jetzt käme sein Sohn vielleicht doch noch Weihnachten zur Welt! Seit Wochen schon redeten sie über diese Möglichkeit, wobei sie sich fragten, ob John Alexander Walters wohl sehr viel dagegen hätte, seinen Tag mit einem berühmteren Geburtstagskind zu teilen. (Sie kannten das Geschlecht des Babys, weil Elly eine Fruchtwasseruntersuchung hatte vornehmen lassen. Sie war zweiunddreißig, und es war ihr erstes Kind, warum also ein Risiko eingehen?) Doch als Lev endlich ganz wach war, was diesmal länger als sonst dauerte, weil er bis zwei Uhr morgens Geschenke eingepackt hatte, war ihm klar, dass nicht die Wehen der Grund für den Weckruf waren. Elly hielt das Telefon in der linken Hand. Das hatte immer nur eins zu bedeuten, denn Lev Walters war Polizist.

Captain Ab Peterson beantwortete seine erste Frage, noch ehe er sie gestellt hatte. »Nein, Sam ist nicht da. Auf der Interstate hat es einen Unfall gegeben, in den drei Wagen verwickelt sind – zu viel Eierpunsch, nehme ich an. Ich habe hier nur Lutz und den Kleinen, und keiner von beiden hat genug Grips für die Sache.«

»Was für eine Sache?«, fragte Lev.

»Jemand ist spurlos verschwunden, wie weggezaubert«, sagte Ab. »Ein Mann namens Barry Methune. Wohnt in der Holly Road. Letzte Nacht.«

»Du willst mich wohl auf den Arm nehmen«, sagte Lev. »Vor Ablauf von mindestens achtundvierzig Stunden gilt niemand offiziell als vermisst.«

»Dieser Typ ist aus seinem eigenen Bett verschwunden, und seine Frau ist ganz schön hysterisch deswegen. Er hat zwei Kinder – sie haben noch nicht mal ihre Geschenke ausgepackt, und Daddy ist einfach weg … Rede wenigstens mal mit der Frau, okay? Sie wohnt nur zehn Minuten von dir entfernt. Sieh zu, dass du sie beruhigst, bis Sam zurück ist, ja? Tust du das?«

Lev wusste, dass er es tun würde, trotz Ellys verzogenem Mund. Der Stadt Lewisfield standen nur sechs Polizeibeamte zur Verfügung, und Feiertage waren immer ein Problem, sowohl aus logistischer wie auch emotionaler Sicht. Am schlimmsten war Weihnachten. Für das Privileg, am 25. Dezember zu Hause bleiben zu dürfen, hatte Lev zwei Urlaubstage hingegeben, und nun stand er da, zerrte sich die Socken hoch, stolperte in seine Hose und schickte sich an, irgendeiner Hausfrau die Hand zu halten, weil ihr Ehemann Weihnachten wahrscheinlich zu ausgiebig begossen hatte und jetzt nicht mehr wusste, wo er wohnte.

»Bleib nicht so lange weg«, sagte Elly. »Ich möchte das Baby nicht ohne dich kriegen.«

»Ohne mich hättest du's gar nicht zuwege gebracht«, sagte Lev.

Er näherte sich ihr, so weit es ging, um sie zu küssen.

Lev Walters hatte seine gesamten vierunddreißig Jahre

in Lewisfield verbracht und zugesehen, wie sich seine Stadt wie ein Tintenfleck ausgebreitet hatte, um schließlich der Vorort einer benachbarten Großstadt zu werden. Das Wachstum hatte dem Ort Wohlstand gebracht, dem Gemeinwesen aber geschadet. Außerdem waren neue Wohngebiete entstanden, und die Holly Road gehörte dazu – Häuser wie Ausstechförmchen mit briefmarkengroßen Rasenflächen.

Weihnachten hatte der Straße noch eine andere Art von Gleichförmigkeit aufgezwungen. Fast an jeder Tür hingen Kränze, und in fast jedem Fenster leuchteten oder blinkerten Weihnachtsbäume. Aber als Lev mit seinem Kombi in die Auffahrt zum Haus der Methunes einbog, fing auch er an zu blinkern. Hätte es einen Wettbewerb um das am weihnachtlichsten geschmückte Haus in Lewisfield gegeben – die Methunes hätten mit Sicherheit den ersten Preis gewonnen. Auf dem Rasenstück vor dem Haus stand ein Pferdeschlitten in Originalgröße, auf dem ein Weihnachtsmann aus Plastik die Zügel von vier Plastikrentieren hielt. In der Nase des einen glühte ein winziges rotes Lämpchen. Auf der Terrasse stand eine fast lebensgroße Weihnachtskrippe aufgebaut, deren bunte Lichterketten dem Jesuskind ein gelbsüchtiges und den es Anbetenden ein grünes, orangefarbenes oder blaues Aussehen verliehen. Sämtliche Regenrinnen und Fallrohre waren von Lichterketten gesäumt, ebenso die Fenster und die Haustür. Auf dem Rasen standen zwei mit Lichtergirlanden geschmückte Bäume, aber keiner von ihnen konnte es mit dem im Haus aufnehmen, einem stattlichen Zweimeterexemplar, das, mit jedem nur denkbaren Schmuck behängt, aus einem Durcheinander bunt eingewickelter Päckchen emporragte, die noch alle unausgepackt waren.

»Hier mag jemand Weihnachten«, murmelte er, als Mrs. Methune ihn einließ.

»Mein Mann«, sagte die Frau und unterdrückte ein Schluchzen. »Das macht es ja so schrecklich. Dass das ausgerechnet heute passieren konnte!«

»Dass was passieren konnte?«, fragte Lev.

Sie war eine dünne, hübsche Frau mit straff zurückgenommenem Haar und leicht vorstehenden Zähnen, was ihr ein liebenswertes, kaninchenartiges Aussehen gab. Glücklicherweise hatte sie dunkle Augen und einen strengen Mund, obwohl die Ersteren verweint waren und der Letztere zuckte.

»Wir sind erst nach Mitternacht ins Bett gegangen, Barry und ich. Die Kinder gehen normalerweise so gegen neun schlafen, aber sie waren so aufgeregt, dass wir ihnen erlaubten, bis zehn aufzubleiben. Das ließ uns noch ein paar Stunden, um all die Geschenke aufzubauen. Wir waren beide ganz erschöpft, das ist klar, aber Barry war glücklich, so glücklich, wie er es immer zu dieser Zeit des Jahres ist. Er liebt Weihnachten so sehr, dass er bereits am 26. Dezember anfängt, das nächste Weihnachtsfest zu planen, davon bin ich felsenfest überzeugt.«

»Wann sind Sie aufgewacht?«

»Um sieben. Ich hatte den Wecker gestellt, weil ich nicht zu lange schlafen wollte; ich wusste, dass Dodie und Amanda – das sind meine beiden kleinen Töchter – in aller Frühe auf sein und darauf brennen würden, ihre Geschenke auszupacken. Ich war durchaus nicht überrascht, als ich sah, dass mein Mann bereits aufgestanden war. Normalerweise schläft Barry zwar sehr fest, aber das war schließlich der schönste Morgen des ganzen Jahres für ihn …«

»Ihr Schlafzimmer ist oben?«

»Ja. Ich warf einen Morgenrock über und kam hier runter, und wie ich gedacht hatte, waren die Kinder schon unten, schüttelten ihre Päckchen und versuchten zu erraten, was der Weihnachtsmann ihnen gebracht hatte. Das meine ich übrigens wortwörtlich. Dodie ist fünf, und Amanda ist noch nicht ganz sieben, und sie glauben noch an den Weihnachtsmann, oder zumindest gelingt es ihnen sehr gut, so zu tun als ob … Daran hatte Barry so viel gelegen … dass sie glauben.« Sie schluckte einen schluchzenden Laut hinunter. »O mein Gott, ich spreche von ihm in der Vergangenheit! Sagen Sie mir, dass ich das nicht muss – bitte!«

»Sie müssen das nicht«, sagte Lev mit überzeugender Festigkeit. »Es gibt für das Verschwinden Ihres Mannes Dutzende von möglichen Erklärungen, Mrs. Methune, und die Chancen, dass er innerhalb der nächsten paar Stunden durch diese Tür hereinspaziert kommt, stehen phantastisch.«

»Ich habe versucht, wenigstens *eine* Erklärung zu finden«, sagte sie. »Nur eine einzige, an die ich mich klammern kann. Aber es will mir einfach keine einfallen!«

»Schön, dann will ich es mal versuchen. Er ist aufgewacht, und plötzlich fiel ihm ein, dass er eins der Geschenke im Büro gelassen hatte. Da dachte er, er könnte sich schnell ins Auto setzen –«

»Nein«, sagte die Frau scharf. »Das hat er nicht getan. Wir haben zwei Autos, seinen Ford und meinen kleinen

Mazda. Sie stehen beide in der Garage. Zu Fuß ist er auch nicht ins Büro gegangen, es liegt in der Stadt, in Dayton. Er leitet eine kleine Firma für Ärztebedarf. Er besitzt zwar ein Motorrad, aber das ist auch hier.«

»Er könnte ein Taxi gerufen haben. Das ist doch nicht unmöglich, oder?«

»Mitten in der Nacht? Warum sollte er das tun?«

Lev wusste es auch nicht. Aber er fuhr fort, Vermutungen anzustellen.

»Vielleicht hat ihn jemand abgeholt. Wenn nun ein Auto vorgefahren wäre, ohne dass Sie es gehört hätten, so müde, wie Sie waren, in tiefem Schlaf?«

»Das ist ja noch schlimmer. Von einem Auto abgeholt! Wer saß am Steuer? Wohin sind sie gefahren?« Er wollte gerade antworten, aber sie ließ ihn nicht zu Wort kommen. »Sie denken an eine andere Frau, nicht wahr? Sie denken, dass er sich ausgerechnet Heiligabend ausgesucht hat, um mit einer anderen Frau durchzubrennen! Großer Gott, wie können Sie so was sagen!«

Lev machte sie nicht darauf aufmerksam, dass er es gar nicht gesagt hatte, schon deswegen nicht, weil ihm der Gedanke durch den Kopf gegangen war.

»Na gut«, sagte er. »Hören wir auf, Vermutungen anzustellen, und halten wir uns an die Tatsachen. Seine Sachen zum Beispiel.«

»Die sind alle hier«, sagte Mrs. Methune. »Jedenfalls kommt es mir so vor. Ich führe keine Bestandsliste von Barrys Sachen und er nicht von meinen. Aber ich weiß, dass er fünf Anzüge hat, die alle noch im Schrank sind. Er besitzt drei Koffer, und die sind auch noch, wo sie immer waren.

Würde er durchbrennen, ohne zumindest seine Zahnbürste einzustecken? Die ist auch da.«

Lev räusperte sich, denn er wollte sichergehen, dass sie ihn richtig verstand.

»Ich habe eine Reihe solcher Fälle bearbeitet, Mrs. Methune. Ehemänner, die so was vorhaben, können ganz schön raffiniert sein. Da war ein Typ, der gab alle seine Sachen über einen Zeitraum von mehreren Monaten in die Reinigung und ließ sie sich dann an eine neue Adresse liefern. Ehe seine Frau spitzkriegte, was da ablief, war praktisch sein ganzes Zeug aus dem Haus.«

»Aber ich habe Ihnen doch gerade gesagt ...«

»Ja, ja, ich weiß. Seine Sachen sind alle hier. Aber einige Männer sind bereit, sich eine komplett neue Garderobe zuzulegen, wenn sie ein neues Leben beginnen ...« Er fühlte sich hundsmiserabel, kaum dass der Satz raus war.

»Vielleicht wollte Barry mich wirklich verlassen«, sagte die Frau, und ihr Blick umflorte sich. »Ich weiß es nicht. Er hat es sich jedenfalls nie anmerken lassen. Aber seine Kinder? Seine geliebten kleinen Mädchen? Und ausgerechnet Weihnachten, an dem schönsten Tag ihres Lebens?« Sie schüttelte so heftig den Kopf, dass sie das Gummiband abschüttelte, mit dem sie ihr Haar zurückgehalten hatte. Es kam frei und fiel in einem sanften braunen Durcheinander um ihr Gesicht. Jetzt sah sie noch jünger und hübscher aus, und Lev durchschauerte plötzlich ein Zweifel, der ausgesprochen unheimlich war. Wo war Barry Methune? Welches Weihnachtsgespenst hatte ihn von so einer Familie weggezaubert?

Es wurde drei Uhr nachmittags, ehe Lev die Gegend

verließ, und ihm fiel plötzlich schwer auf die Seele, dass er noch nicht einmal Elly angerufen hatte, um zu hören, was ihre Wehen machten. Er überschritt auf dem Rückweg die Geschwindigkeitsbegrenzung und vertraute darauf, dass seine Dienstmarke ihn rausreißen würde. Glücklicherweise wurde er nicht angehalten. Noch glücklicher war der Umstand, dass Elly gar nicht zu Hause gewesen war, sondern beim Friseur. Sie entschuldigte sich bei ihm. Lev verzieh ihr großmütig.

Als er ihr von dem Fall Methune erzählte, identifizierte sie sich sofort mit dem Opfer, wie sie das immer tat.

»Wenn du jemals so was mit mir machst, Bulle, dann kratze ich dir die Augen aus.«

»Aber wir wissen ja gar nicht, was Methune gemacht hat. Seine Frau weiß es nicht, und seine Nachbarn auch nicht.«

»Du hast mit ihnen gesprochen?«

»Ich habe die halbe Straße befragt. Niemand hat Methune das Haus verlassen sehen, niemand hat mitten in der Nacht ein Fahrzeug gehört. Ich hab sogar mit seinen Kindern geredet, zwei kleinen Mädchen mit Gesichtern wie die liebe Sonne. Wenn du mir so eins machtest, hätte ich nicht das Geringste dagegen.«

»Du kriegst einen Jungen, hast du das vergessen?«

»Das sagst du schon die ganze Zeit, bloß wann?«

Ellys Antwort klang wehmütig. »Nicht zu Weihnachten, so wie es aussieht … Sag noch mal, wie war das? Der Mann ist nicht jedes Weihnachtsfest zu Hause?«

»Ja, so hat es mir seine Frau erzählt. Er beschäftigt nur einen einzigen Vertreter in dieser Firma für Ärztebedarf, die er da hat, und wenn Feiertage sind, dann machen sie abwechselnd Dienst. Aber er entschädigt sich für die verpassten Festtage, indem er sich jedes zweite Jahr wahnsinnig ins Zeug legt. Er gibt ein Vermögen für Weihnachtsdekorationen aus, bringt Tage damit zu, alles herzurichten. Er kauft tonnenweise Geschenke und packt jedes Geschenk selbst ein. Er leiht sich nicht einfach nur ein Weihnachtsmannkostüm, er hat sich eins machen lassen. Er schickt Weihnachtskarten an alle Leute, die er nur irgendwie kennt, und auch an ein paar, die er kaum kennt ... Es ist der glücklichste Tag seines Lebens, und er ist nicht da, um ihn zu erleben.«

Um sechs klingelte das Telefon. Elly nahm den Hörer in der Küche ab, wo sie gerade einen Lammbraten zubereitete. Sie kam heraus, bedachte ihren Mann mit einem gespielt argwöhnischen Blick und fragte: »Und wer, bitte schön, ist Pola Methune?«

»Heißt sie so mit Vornamen?«, sagte Lev. »Ich hab sie nie danach gefragt.«

Er nahm das Telefon und hoffte zu hören, dass Polas herumschweifender Gatte zurückgekehrt und wieder Weihnachten in das Heim der Methunes eingezogen sei. Aber ihre ersten Worte waren in ein Schluchzen gehüllt, und Lev wusste, dass sein Festessen würde warten müssen.

Auf der Fahrt zurück zum Haus der Methunes grollte er vor sich hin. Er hätte Pola nie seine Privatnummer geben, sondern sie ans Präsidium verweisen sollen, da hätte sich dann Sam Reddy mit dem Problem befassen können. Er fühlte sich als Opfer seiner eigenen Gefühlsduselei. Wenn das dabei herauskam, wenn man »Familienvater« war, dann wusste er nicht so recht, ob er Gefallen daran fand.

Es wurde bereits dunkel, als er die Holly Road erreichte.

Er spürte, dass die Lichter, die die Häuser schmückten, auch etwas Wehmütiges an sich hatten. Morgen würden sie erloschen sein, Weihnachten war fast vorüber. Barry Methune würde nun 364 Tage warten müssen, ehe er seiner Weihnachtsfreude Ausdruck verleihen konnte. Aber würde er ihr jemals wieder Ausdruck verleihen?

Pola begrüßte ihn hohläugig und mit gedämpfter Stimme. Dodie und Amanda jedoch setzten dazu einen Kontrapunkt. Kreischend vor Lachen wälzten sie sich auf dem Wohnzimmerteppich in einem Wust von Schachteln und Geschenkpapier. Offensichtlich hatte Pola beschlossen, ihnen ihre Geschenke nicht länger vorzuenthalten, auch wenn ihre eigenen ungeöffnet blieben.

»Ich weiß, was Sie mir erklärt haben«, sagte sie. »Dass es Vorschriften gibt, ab wann jemand als vermisst gilt, dass man warten muss ... Aber gibt's denn gar nichts, was Sie tun könnten?«

»Ich habe bereits einiges getan«, sagte Lev. »Ich habe, nachdem ich Sie heute Morgen verlassen hatte, die Leute in der Nachbarschaft befragt. Außerdem habe ich die Unfallberichte überprüft, die Krankenhäuser am Ort, das Leichenschauhaus. Mit negativem Ergebnis, was Sie sicher freuen wird zu hören. Aber haben Sie denn getan, worum ich Sie gebeten habe?«

Wenn möglich, sah sie jetzt noch unglücklicher aus. »Ja«, sagte sie. »Ich habe Barrys Papiere durchgesehen. Ich habe sogar alle seine Taschen durchsucht. Es war mir ganz schrecklich. Es hatte so was ... Misstrauisches.«

»Haben Sie irgendetwas gefunden?«

»Nein. Wenigstens nichts, was mir etwas gesagt hätte.«

»Wären Sie bereit, mich auch einmal schauen zu lassen?«

»Von mir aus ... Ich habe alles in eine Schachtel getan. Zusammen mit seinem Adressbuch. Abgesehen von einigen geschäftlichen Nummern ist es genauso wie meins.«

»Erlauben Sie mir trotzdem, dass ich es mir ansehe«, sagte Lev. »Und wenn Sie Fotos von Ihrem Mann haben, die auch.«

Sie drehte sich um und ging die Treppe hinauf – mit den schleppenden Schritten einer um zwanzig Jahre älteren Frau.

Während er wartete, beobachtete er die beiden kleinen Mädchen. Sie waren inzwischen mit sich selbst und ihrer eigenen Weihnachtsbeute beschäftigt. Die ältere – Amanda? – schien mit einem Spielzeug nicht zurechtzukommen und fand, dass er ein leidlicher Vaterersatz sei. Sie brachte es ihm und drückte es ihm in die Hand.

»Wie spielt man damit?«, fragte sie. »Kannst du's mir zeigen?«

Lev sah es sich an. Es war eins von diesen elektronischen Spielen, ein Fußballspiel. Es bestand aus einem Bildschirm mit dem Spielfeld darauf und zwei Knöpfen, auf jeder Seite einer. Der eine kontrollierte den Sturm, der andere die Verteidigung. Aber als er auf die Knöpfe drückte, passierte gar nichts.

»Vielleicht sind die Batterien alle«, sagte er.

Erleichtert, dass er es hier mit einem einfacheren Problem zu tun hatte, suchte er zwischen den verstreuten Geschenken herum und fand eine kleine silberfarbene Taschenlampe. Tatsächlich steckten darin Batterien der gleichen Größe, und diese funktionierten. Das kleinere Mädchen –

Dodie – hatte nichts dagegen, dass er sich an ihrem Geschenk zu schaffen machte; sie schien sich nicht besonders dafür zu interessieren. Lev fand es selbst auch ein wenig merkwürdig, einem kleinen Mädchen eine Taschenlampe zu schenken. Oder auch ein elektronisches Fußballspiel, wenn man darüber nachdachte.

Dummerweise reagierte das Spielzeug nicht auf seine neue Kraftquelle. Als Pola Methune wieder herunterkam, eine weiße Pappschachtel in der Hand, sah sie Amandas enttäuschtes Gesicht und fragte, was los sei.

»Wissen Sie noch, wo Sie das hier gekauft haben?«

»Ich habe es gar nicht gekauft, sondern Barry. In einem Spielzeugladen in der Nähe seines Büros, in der Broad Street. 900 Broad, im Wyatt Building.«

»Ich werd's schon finden«, sagte Lev. »Ich fahre hin und tausche es um, wenn Sie möchten.«

»Das ist furchtbar nett von Ihnen. Genau das hätte Barry auch getan.«

Neue Tränen drohten, und Lev lag viel daran, seine Untersuchung abzuschließen. Er sah Barry Methunes Papiere durch und musste dessen Frau darin zustimmen, dass sie harmlos waren und keinerlei Aufschlüsse gaben. Außerdem stellte sich heraus, dass Methune kamerascheu sein musste. Es gab nur ein einziges Foto von ihm, und das war vermutlich zu alt, um von Nutzen zu sein. Der Schnappschuss zeigte einen dicklichen jungen Mann, dessen dunkles, lockiges Haar sich an den Schläfen bereits lichtete. Er hatte Fältchen um die Augen, eine breite Nase und ein Lächeln, das aussah, als wäre es eine Dauereinrichtung.

In dieser Nacht lag Lev schlaflos neben seinem Mount

Eleanor, wie er Elly nannte, und studierte die Schlafzimmerdecke. Seine Frau wollte wissen, woran er dachte.

»Ich dachte gerade über ihre Geschenke nach«, sagte er.

»Wieso, was hat sie denn gekriegt?«

»Nicht ›ihre‹ Einzahl. ›Ihre‹ Mehrzahl, wie in ›kleine Mädchen‹.«

»Ach, du meinst das Fußballspiel.«

»Und eine Taschenlampe.«

»Ja und?«

»Es kommt mir einfach ein bisschen komisch vor, das ist alles.«

»Inwiefern komisch?« In Ellys Stimme lag ein Anflug von Aggression. »Weil keine Puppen oder Kochherde oder Nähetuis dabei waren?«

»Ach weißt du, das kann durchaus dabei gewesen sein, ich habe ja nicht alle Geschenke gesehen.«

»Aber das Fußballspiel macht dir Kopfzerbrechen, weil es ein Männersport ist, nicht wahr?«

»Es ist heute schon zu spät für feministische Polemik.«

»Ich sag dir nur das eine«, entgegnete Elly, »wenn John Alexander alt genug ist, kaufe ich ihm eine Puppe.«

»Krieg erst mal ein Baby«, sagte Lev und drehte sich auf die Seite.

Eine halbe Stunde später war er noch immer wach und grübelte darüber nach, wo der Mann, der Weihnachten liebte, geblieben sein mochte.

Am nächsten Morgen schrieb er seinen Bericht, und Ab Peterson las ihn mit zusammengekniffenen Augen. *»Cherchez la femme«*, sagte er. »Hast du schon mal daran gedacht?«

»Ich habe daran gedacht«, sagte Lev müde.

Mittags aß er mit Sam Reddy in einem Lokal in Lewisfield und erzählte ihm von dem Fall, mit dem eigentlich er sich hätte befassen sollen. Wie Ab Peterson hatte auch Sam eine Theorie.

»Selbstmord«, sagte er kurz und bündig. »Diese munteren Typen verbergen immer irgendetwas. Vielleicht mochte er Weihnachten in Wirklichkeit gar nicht. Vielleicht deprimierte es ihn.«

»Aber wo ist dann die Leiche?«

Sam zuckte mit den Achseln. »Wie wär's mit dem Reservoir? Von der Holly Road hätte er gut zu Fuß dorthin gehen können, es liegt kaum eine Meile von dort entfernt. Vielleicht trinken die Leute weiter im Süden in diesem Augenblick Wasser mit Methune-Geschmack.«

Er gluckste leise in seinen Kaffee, ganz unbeeindruckt von Levs angeekeltem Gesichtsausdruck.

Lev fuhr nicht mit Sam ins Präsidium zurück, sondern ließ sich in Dayton vor McReadys Spielzeuggeschäft absetzen. Er hatte Amandas nicht funktionierendes Spiel bei sich und präsentierte es dem Mann hinter dem Ladentisch.

»Was ist los damit?«

»Abgesehen davon, dass es nicht funktioniert, nichts.«

Das Benehmen des Mannes ähnelte dem eines ruinierten Pfandleihers.

»Haben Sie einen Kassenzettel?«

»Nein«, sagte Lev. »Jemand anders hat es gekauft.«

»Wie soll ich dann wissen, dass es hier gekauft wurde?«

»Ich gebe Ihnen mein Wort«, entgegnete Lev. Zu seiner

Ehre sei gesagt, dass er nicht seine Dienstmarke für sich bürgen ließ.

»Ich weiß nicht«, sagte der Mann. »Es kostet schließlich 49,50 Dollar. Ich bin schon öfter reingelegt worden. Wenn Sie's mir beweisen, gebe ich Ihnen ein anderes.«

»Ach, zum Teufel«, sagte Lev und langte nach seiner Brieftasche. Dann besann er sich eines anderen und sagte: »Vielleicht ist mit einer Kreditkarte bezahlt worden. Könnten Sie nicht mal nachsehen? Der Name ist Methune, Barry Methune.«

»Können Sie ihn beschreiben?«

Lev tat sein Bestes. Zu seiner Genugtuung nickte der Ladenbesitzer schließlich.

»O ja, ich glaube, ich kenne den Typ. Ich glaube, er war letzte Woche hier. Ich schaue mal nach.«

Fünf Minuten später kam er zurück – mit einer Rechnung für ein elektronisches Fußballspiel, eine Minitaschenlampe und zwei Captain-Wango-Strahlenpistolen.

»Ich bin sicher, es ist der Typ, der diese Sachen hier gekauft hat. Das Ganze hat nur einen Haken. Er heißt nicht so, wie Sie gesagt haben. Sein Name ist Munsey, Benjamin Munsey. Seh'n Sie selbst.«

Er reichte Lev das Rechnungsformular, und trotz der blassen Durchschrift waren Name und Unterschrift deutlich genug. Munsey, Benjamin Munsey. Lev schüttelte den Kopf. »Das ist er nicht«, sagte er. »Irrtum.« Aber trotzdem sei er davon überzeugt, dass das defekte Spiel hier gekauft worden sei. Er wolle Ersatz, und er verliere langsam die Geduld. Er habe Wichtigeres zu tun, sagte er. »Und wenn Sie's genau wissen wollen, ich bin Polizist.« Er seufzte, als er das sagte – es verstieß gegen ein Prinzip. Aber es wirkte. Der Ladenbesitzer zuckte mit den Achseln und gab ihm ein funktionierendes Exemplar des elektronischen Fußballspiels.

»Und ich sage immer noch, dass es der Bursche ist«, grunzte er. »Um Weihnachten rum kommt er drei-, viermal hierher und probiert alles Mögliche aus. Der Typ ist ein richtiger Weihnachtsfreak.«

Levs Hand erstarrte auf der Türklinke.

»Könnte ich die Rechnung noch mal sehen?«

Die Unterschrift war eindeutig, *Benjamin Munsey*. Die Adresse war 18 Skyblue Lane, Sycamore Village, eine Vorstadtenklave ungefähr dreißig Meilen nördlich von Dayton.

»Danke«, sagte er.

Er stand auf dem Bürgersteig und dachte über diese sicher zufällige Übereinstimmung nach. Zwei Männer sahen gleich aus und liebten Weihnachten. Warum schließlich nicht? Zwei Männer sahen gleich aus, liebten Weihnachten und kauften fast die gleichen Spielsachen. Durchaus möglich.

Zwei Männer sahen gleich aus, liebten Weihnachten, kauften die gleichen Spielsachen und hatten dieselben Initialen.

Er fand eine Telefonzelle und rief Pola Methune an.

»Haben die Kinder was gekriegt?«, sagte sie.

»Strahlenpistolen«, sagte Lev. »Captain-Wango-Strahlenpistolen, was immer das ist.«

»Umbringen könnte ich diesen Captain Wango!«, sagte Pola grimmig. »Dieses summende Geräusch macht mich wahnsinnig. Wenn Sie mich fragen, man sollte überhaupt keine Pistolen für Kinder herstellen!«

Lev war schon im Begriff, die Zelle zu verlassen, aber dann besann er sich anders. Er fragte die Auskunft nach einer Nummer in Sycamore Village und wählte sie. Es antwortete eine niedergeschlagene Frauenstimme, die ängstlich wurde, als er erklärte, wer er sei.

»Nein, es ist alles in Ordnung«, sagte er schnell, »ich würde Ihnen nur gern ein paar Fragen stellen. Reine Routineangelegenheit«, und fragte sich dabei, wie oft in einer Woche er diesen Ausdruck benutzte.

Er ließ ihr keine Zeit zu protestieren, sondern hängte auf und führte schnell hintereinander noch drei Gespräche: eins mit dem Präsidium, eins mit zu Hause und eins mit der Taxizentrale von Dayton.

Eine Dreiviertelstunde später gelang es dem Taxifahrer, die Skyblue Lane zu finden, eine Straße, die versuchte, sich vor dem wild wachsenden Verkehr der Gegend zu verstecken. Nummer 18 war das dritte Haus auf der linken Seite, zwei Stockwerke aus Backstein und Putz, doppelt so alt und so groß wie das Haus der Methunes in Lewisfield.

Aber eine Ähnlichkeit war zumindest vorhanden. Weihnachtliche Lichterketten zeichneten die Konturen des Hauses nach, liefen von seinem breiten Schornstein über das schräg abfallende Dach an allen vier Ecken hinab und säumten sämtliche Türen und Fenster. Nachts würde das Haus wie eine in bunten Lämpchen ausgeführte Skizze aussehen. Auf dem Rasen stand zwar kein Plastikschlitten, dafür aber ein überdimensionaler Weihnachtsmann, der den Vorübergehenden zuwinkte.

Lev stellte noch einen weiteren Vergleich an, als Mrs. Benjamin Munsey die Tür öffnete. Sie war größer und kräftiger als Pola Methune, aber trotzdem glaubte er, um die Augen herum eine gewisse Ähnlichkeit zu entdecken. Später wurde ihm klar, dass es eher eine Frage der Wirkung als der Physiognomie war. Beide Frauen hatten Tränen vergossen, und das in reichlichem Maße.

»Es ist wegen meines Mannes, nicht wahr?«, sagte sie, noch ehe er im Haus war. »Ihm ist etwas zugestoßen! Sie wollten es mir am Telefon bloß nicht sagen!«

»Nein«, sagte Lev. »Das ist nicht der Grund, weshalb ich hier bin, bestimmt nicht.«

»Ich habe schon daran gedacht, die Polizei anzurufen«, sagte sie. »Aber dann denke ich wieder, dass er bestimmt jeden Augenblick durch die Tür kommt oder dass das Telefon klingelt und er mir sagt, dass er irgendwo steckengeblieben ist. In Illinois tobt gerade ein Schneesturm, wissen Sie, und er hat Kunden in Chicago …«

»Mrs. Munsey, wollen Sie damit sagen, Ihr Mann sei verschwunden?« Mit Mühe verschluckte er das Wörtchen »auch«.

»Er versprach, einen Tag vor Weihnachten zurück zu sein, aber er ist nicht aufgekreuzt! Ich habe in seinem Büro angerufen, aber der Mann, der für ihn arbeitet, war nicht anwesend, war auf Tour, wie seine Sekretärin sagte. Und sie war nur zur Aushilfe da und hatte nicht die geringste Ahnung.«

Dann war es also kein Verschwinden, dachte Lev, sondern ein Nichterscheinen.

»Vielleicht hätten Sie wirklich die Polizei anrufen sollen.

Ihr Mann könnte doch zum Beispiel einen Unfall gehabt haben.«

»Ich wollte mir das einfach nicht vorstellen!«, sagte sie und presste die Hand auf den Mund. »Nicht Heiligabend. Das wäre einfach zu furchtbar. Ben liebte Weihnachten so sehr!«

»Darf ich bitte hineinkommen?«, fragte er ernst.

Sie führte ihn ins Haus, und sein Blick wurde von den weihnachtlichen Attributen allüberall magisch angezogen. In der Diele ein übergroßer Kranz, Stechpalmen- und Mistelzweige an allen Wänden, ein Arrangement weißer Zweige vor dem prunkvollen Kamin und in dem hohen Wohnzimmer ein Weihnachtsbaum von mindestens vier Metern. Auch hier ein Durcheinander ausgepackter Geschenke, obwohl das Einwickelpapier bereits fortgeräumt worden war.

Am Fuß des Baumes befand sich jedoch ein Trümmerfeld anderer Art, und Lev musste zweimal hinsehen, um sich zu vergewissern, dass ihn seine Augen nicht getäuscht hatten. Es schien der Schauplatz eines Massakers im Spielzeugland zu sein. Da lagen ausgerissene Arme und Beine, ein Puppenkopf mit rausgepulten Augen, ein anderer, dessen Augen zwar noch heil waren, der aber noch grotesker aussah, da er seinen eigenen zerfetzten und verstümmelten Torso anstarrte. Die Frau musste Levs Gesichtsausdruck gesehen haben, denn sie sagte:

»Das war Michael.« Ihre Stimme klang traurig. »Seit zwei Tagen ist er außer Rand und Band; ich bin sicher, es hängt damit zusammen, dass sein Vater nicht da ist.«

»Ist Michael Ihr Sohn?«

»Ja. Er ist erst sechs, aber er kann sehr jähzornig werden. Weiß der Himmel, woher er das hat. Von mir bestimmt nicht oder von Ben, obwohl mein Vater mit Gegenständen geschmissen hat, wenn er wütend war.«

»Wollen Sie damit sagen, dass Ihr kleiner Sohn – das hier angerichtet hat?« Er deutete mit dem Kopf auf das Massaker.

»Ja. Es war wohl so was wie der letzte Tropfen, der das Fass zum Überlaufen bringt. Kein Weihnachtsmann, sein Daddy nicht da und dann noch diese Geschenke. Ich bin sicher, es handelt sich dabei um ein Versehen. Wahrscheinlich hat Ben die Geschenke telefonisch bestellt, und das Geschäft hat bei der Lieferung etwas durcheinandergebracht. Ich meine, Zwillingspuppen – und dann noch Mädchen! Michael ist völlig ausgerastet, als er sie sah. Es ist ja wirklich erstaunlich. Es muss das Fernsehen sein, durch das Kinder diese Machohaltung lernen.«

»Was hatte er denn zu Weihnachten wirklich haben wollen?«, fragte Lev vorsichtig. »Vielleicht ein Fußballspiel? Strahlenpistolen?«

»Ich weiß es nicht«, sagte die Frau. »Er war so schlechter Laune nach dem Streit mit seinem Vater. Er hatte nämlich verkündet, es gäbe gar keinen Weihnachtsmann … Ich habe Ben gesagt, er solle es nicht so schwernehmen. Früher oder später finden die Kinder doch die Wahrheit heraus. Sie erfahren sie auf der Straße, meinen Sie nicht auch?«

»Ja, wahrscheinlich.«

»Voriges Jahr noch hatte Michael für den Weihnachtsmann Milch und Kekse hingestellt. Dieses Jahr weigerte er sich. Ich meine, er versuchte nicht einmal, uns zuliebe so zu tun als ob, wie andere Kinder es manchmal machen. Ben hat sich so darüber aufgeregt, dass er in der Nacht nicht schlafen konnte. Wie ich schon gesagt habe, er liebt Weihnachten über alles.«

»Mrs. Munsey«, sagte Lev, »hätten Sie wohl zufällig ein Bild von Ihrem Mann?«

»Komisch, dass Sie mich das fragen«, sagte sie. »Das ist etwas, was ich Jahr für Jahr auf meinen Weihnachtswunschzettel setze und nie kriege. Einen Fotoapparat, meine ich. Es gibt von uns einfach keine Familienfotos. Ben hasst es, fotografiert zu werden …«

»Dann können Sie ihn mir vielleicht beschreiben?«

Mrs. Munsey beschrieb ihn.

Zehn Minuten später, als Lev wieder an der Haustür stand, fiel es der Frau ein, nach dem Zweck seines Besuches zu fragen.

»Reine Routineangelegenheit«, sagte Lev.

Er versprach, wieder von sich hören zu lassen, und bat sie, ihn entweder im Präsidium oder zu Hause anzurufen, sobald ihr abtrünniger Gatte sich meldete.

Er rechnete nicht mit ihrem Anruf.

Lev hätte jetzt zum Präsidium zurückfahren können, um seinen Bericht zu schreiben. Ab Peterson, der Klatsch liebte, hätte seine Freude daran gehabt. Und Sam Reddy wäre enttäuscht gewesen, dass ihm so ein pikanter Fall entgangen war. Beide Reaktionen hätten ihm vielleicht Befriedigung verschafft, aber Lev musste zuerst mit Elly reden.

Zu Hause traf er sie am Küchentelefon an und hörte sie sagen: »Oh, ungefähr alle fünfzehn bis zwanzig Minuten.«

»Was alle fünfzehn Minuten?«, fragte er besorgt.

»Ich erkläre gerade Fawn Cohen, wie man einen Puterbraten mit Fett begießen muss.«

»Ach so.«

Dann erzählte er ihr von seinem Tag. Ihre Augen und ihr Mund bildeten drei perfekte O, als sie begriff, worauf er hinauswollte.

»Bist du dir absolut sicher, Lev?«

»Die Beschreibung seines Aussehens passt, die Charakterbeschreibung passt, selbst die Berufsbeschreibung passt. Barry Methune besitzt eine kleine Firma für Ärztebedarf in Dayton. Ben Munsey besitzt eine völlig andere Firma für Ärztebedarf, ebenfalls in Dayton. Beide beliefern denselben Kundenkreis mit unterschiedlichen Produkten.«

»Du meinst, er habe sein Leben einfach … in zwei Teile gespalten?«

»Das musste er schon, wenn er zwei Haushalte unterhalten wollte. Über Weihnachten arbeitet er nie, sondern überlässt es jemand anderem, sich um die Kunden zu kümmern. Die Weihnachtsvorbereitungen trifft er immer in beiden Häusern, aber den Weihnachtstag selbst verbringt er mal in der Holly Road und mal in der Skyblue Lane. Dieser Mann liebt Weihnachten so sehr, dass er jedes Jahr zwei davon haben muss.«

»Aber was ist dieses Jahr passiert? Wieso ist er verschwunden?«

»Er war offensichtlich am Ende seiner Kraft. Er wurde zerstreut. Er verwechselte seine Adressen, seine Kinder, die Weihnachtsgeschenke. Sein Sohn bekam die Geschenke, die den Mädchen zugedacht waren, die Mädchen die Geschenke für den Jungen. Er hatte die Situation einfach nicht mehr im Griff.«

»Und deshalb ist er von seinen beiden Leben weggelaufen.«

»Und wir haben jetzt einen noch triftigeren Grund, nach dem Burschen zu suchen. Er hat ein Verbrechen begangen. Bigamie.«

»Lev Walters«, sagte Elly, »du bist ein guter Detektiv.«

»Danke«, erwiderte er selbstgefällig.

»Trotzdem hast du nicht entdeckt, dass ich gelogen habe. Fawn Cohen hat in ihrem ganzen Leben noch keinen Puter gebraten. Ich habe vorhin mit Dr. Ramirez telefoniert.«

An die nächste halbe Stunde konnte sich Lev später nicht mehr erinnern. Aber irgendwie hatte er es geschafft, Ellys Sachen zusammenzuraffen, Elly ins Auto zu packen und sie gerade noch rechtzeitig im Krankenhaus abzuliefern – eine Stunde bevor er der Vater von John Alexander Walters wurde.

Sie sah verschwitzt, aber wunderschön aus, als er sie wieder zu Gesicht bekam, so als habe sie den Marathonlauf gewonnen.

»Ich bin bloß froh«, sagte er, »dass Alex nicht Silvester zur Welt gekommen ist. Er wäre mit dem Gefühl aufgewachsen, dass alle Partys nur für ihn veranstaltet würden.«

»Hast du ihn schon gesehen?«

»Ja«, sagte Lev. »Er ist hinreißend.«

»Lügner. Er sieht aus wie ein hundertjähriger Pueblo-Indianer. Ich hab schon überlegt, ob ich mich nicht beim Storch beschweren sollte.«

Als Lev nicht antwortete, sondern vor sich hin starrte,

zog sie an seinem Handgelenk. »He, du, hast du gehört, was ich gesagt habe?«

»Ja, sicher.«

»Du warst völlig weggetreten. Worüber hast du eben nachgedacht?«

»Den Storch«, sagte Lev. »Über die Art und Weise, wie der Storch die Kinder bringt. Und jetzt denke ich an etwas anderes.«

Es war schon spät am Tag, als er wieder vor dem Haus der Methunes stand. Er fürchtete diesen Besuch noch mehr als den letzten, als er gezwungen gewesen war, Mrs. Methune die schlimme Nachricht vom Doppelleben ihres Mannes beizubringen. Methunes Teilzeitehefrau hatte auf seine Eröffnung äußerst unfreundlich reagiert, wie auch Mrs. Munsey. Er rechnete nicht mit einem herzlichen Willkommen.

»Haben Sie ihn schon gefunden?«, fragte Pola Methune eisig.

»Nein«, entgegnete Lev. »Wir haben Ihren Mann nicht gefunden, Mrs. Methune. Aber ich habe da so eine Idee, wo er sein könnte.«

»Ich bin ganz Ohr. Lassen Sie mir nur Zeit, ein Gewehr zu holen!«

»Erinnern Sie sich noch, was Sie mir über sein Verschwinden erzählt haben? Dass er mitten in der Nacht einfach weg zu sein schien?«

»Wahrscheinlich hat er da seiner anderen Frau einen Besuch abgestattet.«

»Nein«, sagte Lev. »Er war völlig verwirrt. Er wusste nicht mehr, mit welcher Ehefrau er eigentlich zusammen sein wollte, welche Geschenke er welchen Kindern geben wollte. Und dann könnte er noch etwas anderes durcheinandergebracht haben. Nämlich wo er vorhatte, den Weihnachtsmann zu spielen, so überzeugend zu spielen, dass ein zynisches sechsjähriges Kind wieder an ihn glaubte …«

»Keins meiner Kinder ist sechs Jahre alt.«

»Nein«, sagte Lev nüchtern, »aber Michael Munsey. Und es könnte sein, dass Ihr Mann beschloss, ihm eine überzeugende Vorstellung zu geben. Nur dass er diese Vorstellung im falschen Haus geben wollte.«

Er ging zum Kamin und zog den Ofenschirm und die Feuerböcke zur Seite. Dann duckte er sich und trat in die Feuerstelle. Er hoffte, dass er sich irrte, aber die Hoffnung erfüllte sich nicht. Als er hinaufgriff, in die Höhlung eines allzu engen Schornsteins, fühlte er die Sohlen zweier Gummistiefel.

ÅSA LARSSON

Die Postkutsche

Es war am Abend des 14. Dezember 1912, dass Postillon Johansson und sein Laufbursche ums Leben gebracht wurden. Und es waren der Fuhrunternehmer Erik Bäckström und sein Gehilfe, die sie entdeckten.

Bäckströms Gehilfe fand nach diesem Erlebnis nie wieder zu sich. Vorher war er einer von der munteren Sorte gewesen. Einer, der bei der Arbeit sang. Danach wurde er ernster. Scherzte nie mehr mit den Töchtern von Kaufmann Hannula, wenn er Waren holte, und verspielte oft am Kartentisch seinen ganzen Lohn. Brachte von den Schwarzhändlern in Malmberget Schnaps mit und verkaufte ihn an die Bergarbeiter. Das aber hat Bäckström zum Glück nie erfahren.

Bäckström und sein Gehilfe waren auf dem Weg nach Gällivare. Sie hatten ihren Schlitten voll beladen mit Schneehühnern, die mit dem Zug nach Stockholm gebracht werden sollten. Aber zwischen Kiruna und Gällivare konnte der Zug nicht fahren, weil die Gleise verschneit waren. Drei Tage lang fiel der Schnee vom Himmel, erst jetzt hatte die Lage sich ein wenig beruhigt. Die Gastwirte in Stockholm jedoch mochten nicht warten.

Bäckström freute sich über den Winterabend. Große weiße Schneesterne fielen langsam vom Himmel. Wie verschlafen legten sie sich einer neben den anderen auf die äußersten Haare seines Wolfspelzes. Und sammelten sich wie eine weiße Kuppe oben auf seiner Russenmütze.

Der Mond suchte sich seinen Weg zwischen den Schneewolken. Es war auch nicht sonderlich kalt. Auch wenn der Gehilfe natürlich fror, denn wie immer trug er nur Filz und Wolle. Er war doch erst siebzehn Jahre alt und hatte Heimweh nach seiner Mutter.

Er versetzte dem Pferd einen aufmunternden Klaps, wenn es ab und zu vom Winterweg abkam und tief im Schnee versank. Der Schlitten blieb auf dem Weg. Aber der viele Neuschnee machte das Gehen beschwerlich, und das Pferd dampfte vor Anstrengung.

Erik Bäckströms Gedanken wanderten zu seiner Mutter. Er lächelte zum Himmel hoch und dachte, dass Gottes Engelsheer vielleicht aus einer Schar von handarbeitenden Frauen bestand. Nicht sehr viel anders als seine verstorbene Mutter und die Frauen im Heimatdorf. Vielleicht saßen sie dort vor Gottes Pforte und häkelten, in ihren langen Kleidern und mit Tüchern über dem hochgesteckten Haar.

Auch im Leben hatten sie solche Arbeiten geleistet. Wie viele Strümpfe und Pullover, Mützen und Schals sie auch hergestellt hatten, es gab nie genug. Sie hatten gesponnen, gestrickt, gewebt und gehäkelt. Aber jetzt konnten sie sorglos in der Hut des Herrn Schneeflocken formen. Mit knochigen Fingern, die an grimmigen, kalten Morgen aus dem Brunnen das Wasser für die Kühe geholt und die in den Flusskolken Wäsche gewaschen hatten, stellten sie alle diese Sterne her und ließen sie dann gedankenverloren nach unten fallen.

Wo es keinen Boden gibt, dachte der Fuhrunternehmer philosophisch, nur das Gewölbe über unseren Köpfen.

»Warum lacht der Herr?«, fragte der Gehilfe keuchend.

Er war vom Schlitten gesprungen und lief nun nebenher, um sich aufzuwärmen.

»Einfach so«, antwortete Bäckström und freute sich innerlich von Herzen über die Freiheit, die die Gedanken trotz allem hatten.

Ein Arbeitsmann und Geschäftsmann wie er konnte so ohne Gefahr noch die altjüngferlichsten Gedanken hegen.

Der Gehilfe sprang wieder auf den Schlitten. Wickelte sich den Schal bis über die Ohren um den Kopf.

Abgesehen vom eintönigen Schnauben des Pferdes war es so still, wie es das nur in einem Winterwald sein kann, wenn der Schnee fällt. Die Kufen glitten lautlos über den weichen Neuschnee. Und die Glocken hörten sie erst unmittelbar vor der Begegnung mit dem anderen Schlitten.

Bäckström und sein Gehilfe erkannten die Postkutsche sofort. Sie riefen dem Postillon einen lauten Gruß zu.

»Hallo, Johansson!«

Es kam keine Antwort. Postillon Elis Johansson saß weit vornübergebeugt auf dem Schlitten und blieb stumm, sosehr Bäckström und sein Gehilfe auch lärmten.

»Ist der betrunken?«, fragte der Gehilfe und schaute über die Schulter zurück, als sie vorbei waren.

Die Postkutsche war jedoch schon nicht mehr zu sehen. Nur die schwarzen Silhouetten der Bäume im trüben Mondlicht, das sich durch die Schneewolken drängten.

»Unsinn«, erwiderte Bäckström verärgert. »Johansson doch nicht!«

Elis Johansson war tiefgläubiger Laestadianer und Temperenzler.

»Vielleicht war er ins Gebet versunken«, scherzte der Gehilfe.

Erik Bäckström gab keine Antwort. Beschämt wegen seiner eigenen törichten Gottesspekulationen von vorhin, gelang es ihm nicht, Johansson gebührend zu verteidigen.

Aber er wusste, dass Johansson ein arbeitsamer und tüchtiger Mann war. Sein Glaube war ernsthaft und in der Schrift verankert. Niemals würde er so über den Himmel phantasieren, wie Bäckström das soeben getan hatte. Und Johansson behielt seinen Glauben für sich. Er sagte nichts, wenn andere einen Schnaps tranken, was viele seiner Glaubensbrüder durchaus wagten. Sie konnten zu Hause mit anderen zusammensitzen und den Schnaps ablehnen und dann die anderen, die einen kippten, verärgert anstarren.

»Dieser Schnaps wird sich gleich einsam fühlen«, predigten sie. »Er will Gesellschaft, und schon sind es zwei. Die streiten sich und brauchen einen dritten, der vermittelt. Und dann ist es Sauferei.«

Nein, so war Johansson nicht. Er ließ andere in Ruhe. Bäckström hätte seinem jungen Gehilfen deshalb eigentlich gerne eine Backpfeife verpasst.

Der Gehilfe dagegen redete sich in Rage. Verbreitete sich darüber, dass es auch unter den Laestadianern Heuchler und Lügner und Säufer gab. Das war doch bekannt. Solche, die zur Andacht gingen und Gott und die Brüder um Vergebung anflehten, um, wenn der Montag kam, ganz normal weiterzusündigen. Wovon, wenn nicht vom Schnaps, konnte man auf einem Schlitten sitzend so tief einschlafen?

Er wurde in seinem Wortschwall unterbrochen, als das Pferd plötzlich stehen blieb. Es legte die Ohren nach vorn, reckte den Hals und schien Witterung aufzunehmen.

»Was hat die sich denn jetzt in den Kopf gesetzt?«, fragte der Gehilfe und ließ die Peitsche knallen.

Die Stute rührte sich nicht.

Bäckström legte dem Gehilfen eine Hand auf den Arm, als der zu einem weiteren Hieb ausholen wollte. Zugleich beugte er sich vor und suchte unter dem Kutschbock nach dem Gewehr. Linttu war ein gehorsames Tier. Wenn sie auf diese Weise stehen blieb, dann hatte das einen Grund. Seine Gedanken wanderten zu Geschichten, die er über Wölfe gehört hatte. Oder über Bären, die aus dem Winterschlaf geweckt wurden.

Er rechnete damit, dass die Stute plötzlich aus der Deichsel springen würde. Oder kehrtmachen und durchgehen. Vielleicht den Schlitten umwerfen. Und wenn er aus dem Schlitten fiel und mit dem Wolf allein gelassen würde, dann wollte er das Gewehr zur Gesellschaft haben.

»Ist da vorn jemand?«, fragte der Gehilfe und starrte aus zusammengekniffenen Augen in den rieselnden Schnee.

»Was?«, fragte Bäckström, der rein gar nichts sah.

»Da ist doch ein Mensch. Warte einen Moment!«

Der Gehilfe sprang vom Schlitten und rannte ein Stück weiter vor. Jetzt sah auch Bäckström, dass quer über dem Weg etwas lag.

Der Gehilfe rannte immer noch, aber auf dem letzten Stück Weges zu dem Körper, der dort vorne den Weg versperrte, riss er sich zusammen und ging langsamer weiter.

»Wer ist das?«, rief Bäckström.

Die Person vor ihnen lag auf dem Bauch, mit dem Gesicht im Schnee. Der Gehilfe ging in die Hocke und schaute ihn von der Seite her an.

»Das ist Oskar Lindmark«, rief er Bäckström zu, der jetzt im Schlitten aufgesprungen war und nach vorn starrte. »Und ich glaube, er ist tot.«

Oskar Lindmark war Postillon Johanssons zwölf Jahre alter Laufbursche.

»Wie meinst du das?«, rief Bäckström zurück. »Ist er vom Schlitten gefallen und hat sich das Genick gebrochen?«

»Nein, ich glaube …«

Der Gehilfe beugte sich über den Toten und verstummte. War das Blut, das Schwarze da? Im schwachen Mondlicht verschwanden alle Farben. Die Schneeflocken landeten im Dunkeln und lösten sich auf.

»Hör mal«, sagte er und legte die Hand auf Oskar Lindmarks Rücken.

Dann drehte er den Körper entschlossen um. Zog an dem einen Arm, um Oskar Lindmark auf den Rücken zu drehen. Dachte noch immer, dass Oskar vielleicht doch nicht tot war. Dass er nur Luft brauchte.

Oskars Gesicht war weiß wie der Schnee selbst. Seine Augen offen und blicklos. Sein Mund weit aufgerissen, aber wortlos.

Ist das Blut?, dachte der Gehilfe, zog den Handschuh aus und berührte das Schwarze auf Oskars Stirn.

Ja. Vielleicht. Es war Blut. Er musterte seine Fingerspitzen. Rieb Daumen und Zeigefinger aneinander.

Plötzlich stand Bäckström neben ihm.

»Ist er tot?«, fragte der Gehilfe. »Ich glaube, ja, oder?«

»Ach, du großer Gott«, sagte Bäckström schroff. »Sicher ist er tot. Siehst du denn nicht, dass ihm jemand den Schädel eingeschlagen hat?«

Erst jetzt sah es der Gehilfe. Hastig richtete er sich auf. Wich von dem Toten zurück.

Bäckström drehte sich in Richtung Jukkasjärvi um.

»Johansson«, rief er verzweifelt in den Wald.

Der Schnee saugte seine Stimme auf. Sie wurde nicht weitergetragen. Sie konnten rufen, so viel sie wollten.

»Schaff den Jungen auf den Schlitten«, sagte er zu seinem Gehilfen, der zitternd vor ihm stand und sich an einer Birke festhielt, um nicht zusammenzubrechen.

»Ich kann nicht«, rief der Gehilfe. »Der ist doch blutüberströmt. Ich kann ihn nicht anfassen.«

»Reiß dich zusammen, Bursche«, brüllte Bäckström. »Wir müssen die Postkutsche einholen.«

Dann schleppten sie den toten Jungen gemeinsam zum Schlitten und legten ihn auf die Schneehühner. Bäckström dachte, die Gastwirte in Stockholm brauchten nicht zu erfahren, was für ein Blut an den weißen Vögeln klebte.

Auf der Polizeistation von Kiruna saßen Dorfschulze Björnfot und sein Landjäger Spett einander am Schreibtisch gegenüber. Draußen rieselte der Schnee im Schein der elektrischen Straßenlaternen. Die Station besaß einen echten Kachelofen, und Spett hatte den ganzen Tag schon Birkenholz nachgelegt. Auf einem Flickenteppich auf dem Boden lag seine Hündin Kajsa und kaute auf einer Elchfrikadelle herum.

Dorfschulze Björnfot führte Protokoll über die Ereignisse des Tages. Viele Zeilen kamen nicht dabei heraus. Er war der ältere der beiden, hatte etliche Jahre in Stockholm gearbeitet, hatte dort seine Frau kennengelernt und war erst vor einem Jahr mit Frau und zwei Töchtern nach Kiruna zurückgekehrt. Er war ein bedächtiger Mann und hatte eigentlich nichts dagegen, Protokoll zu führen oder Zeugenvernehmungen aufzuzeichnen, was nur selten passiert war, als Spett allein für die Vorgänge auf der Station zuständig gewesen war.

Spett, der unverheiratet war, stopfte eine Socke. Über dem Kachelofen hing ein weiteres Paar zum Trocknen. Björnfot drückte in solchen Dingen ein Auge zu. Als er seinen Dienst angetreten hatte, hatten Spett und Kajsa in der Wache gehaust. Um des lieben Friedens willen achtete Björnfot nicht darauf, dass gewisse Gewohnheiten aus jener Zeit überlebt hatten.

Sie waren beide breitschultrige Burschen mit beträchtlichen Körperkraften. Spett war sehnig, Björnfot dagegen hatte einen beeindruckenden Bauch. »Diplomatische Fähigkeiten sowie starke Physis«, das verlangte die Bergwerksgesellschaft, die die Polizei vor Ort bezahlte, von den Dienern des Gesetzes. Also die Fähigkeit, Krawallmacher voneinander zu trennen. Denn an solchen herrschte im Ort kein Mangel. Sozialisten und Kommunisten, Agitatoren und Gewerkschafter. Nicht einmal auf die Religiösen war Verlass. Laestadianer und Freikirchenprediger, immer an der Grenze zu Ekstase und Gesetzlosigkeit. In Kautokeino hatte eine Gruppe von frisch bekehrten Laestadianern in ihrem Eifer, Sünde und Schnapsverkauf ein Ende zu setzen, den Dorfschulzen und den Kaufmann erschlagen, den

Pfarrhof in Brand gesteckt und den Pfarrer und dessen Frau misshandelt. Das war zwar lange vor der Geburt des jetzigen Dorfschulzen gewesen, aber noch immer wurde vom Aufstand gesprochen. Und dann waren da ja auch noch die vielen jungen Männer, Straßen- und Bergarbeiter, die reinen Grünschnäbel, von Gott weiß woher zugezogen. Weit weg von Vater und Mutter gaben sie ihren Lohn für Schnaps aus, und was dabei herauskam, konnte man sich ja denken.

Aber jetzt war die Zelle in der einen Ecke des Raumes leer, und Björnfot schlug das Protokollbuch zu und dachte an seine Frau, die ihn zu Hause erwartete.

Kajsa erhob sich und bellte. Sekunden später wurde an die Tür geklopft, und Fuhrunternehmer Erik Bäckström kam herein. Er ließ sich nicht einmal Zeit für einen Gruß.

»Ich habe Postillon Johansson und Oskar Lindmark im Schlitten«, sagte er. »Sie sind beide tot.«

Unten im Hof standen der Postschlitten und Fuhrmann Bäckströms Schlitten. Bäckströms Gehilfe hatte die Pferde zugedeckt. Johansson lag im Postschlitten, der junge Oskar Lindmark in Bäckströms Schlitten.

Spett verscheuchte einige Neugierige, die im Hofeingang stehen geblieben waren.

»Hier gibt es nichts zu sehen«, rief er. »Geht weiter, ehe ich übellaunig werde!«

»... und dann fanden wir Oskar Lindmark im Schnee und wussten sofort, dass Johansson etwas zugestoßen sein musste«, sagte Bäckström. »Wir haben Oskar in den Schlitten gelegt und gedreht und Johansson eingeholt. Sein Pferd war einfach weitergetrottet. Es kannte ja den Weg.

Herrgott, als wir es anhielten und sahen, dass Johansson erschossen worden war …«

Er schüttelte den Kopf. Sah seinen Gehilfen an, der einfach neben ihm stand, weiß wie Papier, und der die Pferde an den Zügeln hielt.

»Und dann haben wir das Postpferd an unseren Schlitten gebunden«, endete er. »Und sind sofort hergefahren.«

Dorfschulze Björnfot stieg auf den Postschlitten und musterte Johansson ausgiebig. Drehte ihn um.

»In den Rücken geschossen«, sagte er nachdenklich. »Und als ihr ihn gefunden habt, saß er.«

»Ja.«

»Und der junge Lindmark lag auf dem Boden?«

»Ja. Mit dem Gesicht im Schnee.«

Björnfot untersuchte Johanssons Taschen. Sah sich im Schlitten um.

»Wo ist seine Pistole?«, fragte er. »Er war zwar ein friedlicher Mann, aber bestimmt war er bewaffnet, wenn er dienstlich unterwegs war.«

Bäckström zuckte mit den Schultern.

»Wir haben keine Pistole gesehen«, sagte er.

»Und die Posttruhe ist aufgebrochen worden«, sagte Dorfschulze Björnfot jetzt. »Also war es ein Raubüberfall. Aber dass jemand ihn mit seiner eigenen Pistole erschossen haben soll, kommt mir seltsam vor.«

Er ging zum anderen Schlitten weiter und musterte den eingeschlagenen Schädel des jungen Oskar Lindmark. Er hielt die Laterne sehr dicht an dessen Gesicht.

»Es schneit doch«, sagte er. »Konntet ihr irgendwelche Spuren sehen?«

»Nein«, antwortete Fuhrmann Bäckström. »Aber es war auch dunkel. Und wir waren sehr durcheinander.«

»Dann schau dir das mal an«, sagte Björnfot zu Spett.

Spett trat näher.

»Es sieht doch aus wie gefrorene Tränen«, sagte Björnfot und tippte Oskar Lindmarks Gesicht an. »Und sieh dir den Schal an, so dünn angezogen, da hätte er sich das Gesicht damit verdecken sollen.«

»Ja, und?«, fragte Spett.

»Ich sehe das so«, sagte Björnfot. »Man könnte sich vorstellen, dass der Mörder Johansson erschossen hat und dass der Junge weggelaufen ist. Weinend. Und dass er den Schal vor das Gesicht gezogen hat, um atmen zu können.«

»Vielleicht«, sagte Spett nachdenklich. »Aber warum ist er nicht auch erschossen worden?«

Björnfot fuhr sich mit einer Geste durch das Gesicht, die bedeutete, dass er nachdachte. Seine Hand fuhr über den kräftigen Schnurrbart zum Mund hinunter. Seine Finger und sein Daumen schlossen sich um das Kinn, um sich dann bei der Kinnspitze zu treffen. »Wir müssen mit dem Posthalter sprechen«, sagte er. »Hören, was es heute für Sendungen gab. Und dann müssen wir Johanssons Witwe unterrichten. Und Oskar Lindmarks Eltern.«

Spett sah ihn flehend an. Sogar Kajsa hörte auf, an den Schlittenkufen herumzuschnüffeln, setzte sich in den Schnee und blickte zu ihm hoch. Ihr Schwanz schlug bettelnd auf den Boden. Björnfot wusste sehr gut, was diese Blicke bedeuteten. Sie wollten nicht mit Trauernachrichten zu weinenden Witwen gehen müssen. Sie wollten der blutigen Spur folgen.

»Ja, ja«, sagte Björnfot seufzend und sah dabei Kajsa an. »Du sprichst mit dem Posthalter, dann übernehme ich die Angehörigen.«

Bei dieser Nachricht bellte Kajsa glücklich los. Sie kam auf ihre vier Pfoten und sprang zum Tor. Auf der Straße drehte sie sich um und sah ihr Herrchen auffordernd an. Ihre spitzen Ohren waren nach vorn gerichtet. Ihr Schwanz peitschte hin und her. Jetzt komm schon, schien sie zu sagen. Wir haben eine Aufgabe zu erledigen.

Fuhrunternehmer Bäckström musste trotz der erschütternden Ereignisse dieses Abends lachen.

»Die da«, sagte er zu Spett. »Demnächst wird sie noch deine Hemden bügeln.«

»Dazu ist sie zu klug«, kommentierte Björnfot und schaute seinem jüngeren Kollegen hinterher, der hinter seinem Hund auf der Straße verschwand.

Im Haus war alles dunkel und still, als Björnfot nach Hause kam. Er fand seine Frau am Küchentisch.

»Hallo«, sagte er.

Sie drehte sich langsam zu ihm um. Sah aus wie vom Grund eines Sees hochgetrieben. Langsam kam sie an die Oberfläche. Sie schien sich nur mit Mühe daran erinnern zu können, dass sie ihn anlächeln sollte.

Björnfot dachte an Spett und Kajsa. Wie einfach dieses Junggesellenleben doch zu sein schien.

»Sitzt du hier in der Dunkelheit?«, fragte er und kam sich sofort blöd vor.

Das konnte er doch sehen. Er zündete die Petroleumlampen unter der Decke und auf dem Tisch an.

Sie gab keine Antwort. Fragte stattdessen:

»Möchtest du etwas zu essen?«

Sie holte Brot und Wurst. Machte zudem Feuer im Herd. Das störte ihn. Sie schien zu meinen, dass für sie allein kein Feuer nötig sei. Er fragte nach den Mädchen. Sie antwortete, die schliefen.

»Was ist das da?«, fragte Björnfot und nickte zu einem Paket auf der Anrichte hinüber.

»Noten von Mutter«, sagte seine Frau, ohne hinzusehen.

»Willst du sie nicht aufmachen?«

»Ich kann doch nirgendwo spielen«, sagte sie mit ruhiger Stimme. »Ich begreife nicht, warum sie mir Noten schickt. Reichen drei Scheiben Brot?«

Er nickte, und ihm fiel nichts ein, was er sagen könnte. Er wollte sie daran erinnern, dass sie jederzeit das Klavier im Versammlungshaus benutzen könnte. Und das in der Schule der Bergwerksgesellschaft auch. Aber wozu hätte das gut sein sollen? Sie hatte doch eine Antwort auf alles, und er wollte diese Antwort nicht hören. Das eine Klavier war so schlecht gestimmt, dass sie es nicht ertragen konnte. Das andere wurde von der Schulleiterin eifersüchtig gehütet, und immer tauchte die in dem Moment auf, in dem Frau Björnfot auf dem Klavierhocker Platz nahm. Und da die Schulleiterin bei Schulfesten spielte und Unterricht gab, hatte sie an den Tasten Vortritt. Immer.

»Du kannst es doch trotzdem aufmachen«, schlug er vor. »Es kann doch nett sein, zu sehen, was es ist. Und sicher hat deine Mutter einen Brief geschrieben.«

»Mach du auf, wenn du willst«, sagte sie, noch immer mit trügerisch ruhiger Stimme.

Björnfot sah das Paket an. Sollte das nun über Weihnachten auf der Anrichte liegen und Missstimmung verbreiten? Ihn überkam die Lust, es ins Feuer zu werfen.

Stattdessen kaute er missmutig auf seinen Butterbroten herum. Seine Frau sah ausdruckslos zu. Nicht unfreundlich. Trotzdem hatte er das Gefühl, bestraft zu werden. Er wusste nur nicht, weshalb.

Er dachte an Elis Johanssons Witwe, die er inzwischen aufgesucht hatte. Ihre stumme Reaktion, als er den Tod ihres Mannes gemeldet hatte. Sechs Kinder in der Wohnung, und zwei Zimmer und Küche. Die Kinder, die alt genug waren, um zu verstehen, hatten sich um sie zusammengedrängt. Hatten ihn angestarrt, dunkel gekleidet, wie Laestadianer sich und ihre Kinder eben anzogen. Tiefe Brunnen von Augen, als er seinen Spruch aufgesagt hatte. Frau Johansson hatte dort gestanden, auch sie schlicht gekleidet, graues langes Kleid, Kopftuch und schlichte Strickjacke. Kein Prunk. Keine Spitzen. Auch die Wohnung war so schlicht gewesen, keine Vorhänge, keine Bilder an den Wänden. Sie hatte nicht geweint. Aber er sah, wie ihr Mund und ihre Nasenlöcher sich vor Angst weiteten.

Was wird sie jetzt anfangen?, überlegte er. Wird sie die Kinder allein versorgen können? Wird sie einige weggeben müssen? In der Wohnung konnten sie nicht bleiben, denn die gehörte der Post. Sie hatte ihm Kaffee angeboten, aber er hatte abgelehnt. Ihre verängstigten Augen waren mehr, als er hatte ertragen können. Und in seinen Ohren klang noch immer das Weinen von Oskar Lindmarks Eltern. Er hatte sich zu Emilia und den Mädchen nach Hause gesehnt.

Jetzt wäre er gern früher nach Hause gekommen. Wenn

die Mädchen noch wach gewesen wären. Das hätte die Stimmung verbessert.

Warum kannst du nicht glücklich sein?, hätte er gern gefragt.

Die Mädchen waren gesund. Sie hatten Essen auf dem Tisch. Sie hatte kürzlich neue Vorhänge gekauft. Wieso hatte sie immer das Gefühl, dass alles so elend war? Als die Lesegesellschaft für Frauen sie umworben und ihr die Mitgliedschaft angetragen hatte, hatte sie mit einem Vorwand abgelehnt, an den er sich nicht mehr erinnern konnte.

Er lag noch lange wach, nachdem sie zu Bett gegangen waren. Schaute in die Dunkelheit hinaus und dachte an Oskar Lindmarks eingeschlagenen Schädel. An Postillon Johanssons Witwe. Er sehnte sich danach, seine Frau zu berühren, hatte aber Angst, abgewiesen zu werden.

»Schläfst du?«, fragte er.

Sie gab keine Antwort. Aber er konnte ihrem Atem anhören, dass sie noch wach war.

Als er aufwachte, war es noch immer dunkel. Er brauchte eine Weile, um zu begreifen, was ihn geweckt hatte. Jemand warf Schneebälle gegen das Fenster. Die Taschenuhr auf dem Nachttisch zeigte Viertel nach fünf.

Unten standen Spett und Kajsa. Bei ihnen war Fuhrmann Bäckström.

»Zieh dich an und komm mit«, rief Spett. »Bäckström will uns etwas zeigen.«

Zusammen gingen sie im rieselnden Schnee durch die Stadt. Kajsa lief manchmal vor, manchmal hinter ihnen her. Bohrte mit der spitzen Nase im daunenleichten Schnee.

Prustete ab und zu und machte bisweilen einen kleinen Freudensprung.

Björnfot war durchgefroren, trotz Winteruniform und Mantel. Und dabei war es durchaus nicht so kalt, wie es das im Dezember werden konnte.

In vielen Wohnungen brannte bereits Licht. Die Frauen waren aufgestanden und hatten Feuer gemacht. Jetzt waren sie mit Frühstück und Mittagbrot für ihre Männer beschäftigt. Danach mussten sie sich um ihre eigene Arbeit kümmern. Die Küchenfenster waren von innen beschlagen.

Als sie bei Bäckströms Wohnung angekommen waren, führte er sie in die Wagenremise. Sie gingen zu einem der dort abgestellten Schlitten.

»Vor einer Stunde kam eine der Stuten allein nach Hause und zog diesen Schlitten hinter sich her. Irgendwer hat sie heimlich mitgenommen und dann einfach irgendwo stehen lassen. Aber sie hat allein den Weg nach Hause gefunden. Stand in der Kälte vor dem Stall und wartete darauf, eingelassen zu werden. Und als ich mir den Schlitten genauer angesehen habe …«

Er beendete seinen Satz, indem er auf den Schlittenboden zeigte.

Eine Axt. Spett bückte sich und hob sie auf. Die Rückseite der Axt war mit Blut und Haaren beklebt.

»Wer bringt denn so etwas über sich?«, fragte Bäckström. »Übrigens habe ich auch das hier gefunden.« Er streckte die Hand aus und zeigte kleine rote Reste eines erbrochenen Siegels.

»Ist das das Siegel der Post?«, fragte Spett.

»Wir nehmen es mit auf die Wache und sehen es uns

genauer an«, sagte Björnfot. »Hast du mit dem Posthalter gesprochen?«

»Ja. Er hat gesagt, dass Johansson ein Wertpaket im Schlitten hatte. Es war mit vierundzwanzigtausend Kronen versichert. Und bestimmt das Doppelte wert. Und er war bewaffnet. Da war sich der Posthalter ganz sicher.«

»Jemand hat die Stute fast zu Schanden gehetzt«, sagte Bäckström. »Sie ist auf die Flanken geschlagen worden und hat so sehr geschwitzt, dass ihr Fell von einer Eisschicht bedeckt war. Der Knecht hat sie abgerieben und in eine Decke gewickelt. Ich kann froh sein, wenn sie mir nicht krank wird und stirbt.«

»Ja«, sagte Björnfot nachdenklich. »Die Pferde haben seit gestern ganz schön viel erlebt. Schade, dass sie nicht sprechen können.«

»Das können sie doch«, sagte Fuhrmann Bäckström. »Aber vielleicht nicht über solche Dinge.«

In diesem Moment wurde die Tür zur Wagenremise aufgerissen, und ein Junge schaute herein. Er war um die zehn. Trug eine viel zu große Felljacke. Eine rotzige Nase lugte aus einem gehäkelten grünen Schal hervor. Schneeklumpen hingen wie Trauben an den gestrickten Handschuhen.

»Hier sind Sie also«, sagte er zu Dorfschulze Björnfot und brachte etwas zustande, das einem Diener ähnelte. »Ihre Frau hat gesagt ... ich war schon überall im Ort ... sie haben Ihren Räuber gefangen, Herr Dorfschulze. Sie warten vor der Polizeistation auf Sie.«

Auf der Straße vor der Polizeistation warteten vier Männer auf Björnfot und Spett. Alle waren um die zwanzig Jahre alt. Drei schützten sich mit Pelzmänteln gegen die Winterkälte. Der vierte trug nur Hemd und Hose. Zwei der Bepelzten hielten den Dünngekleideten fest. Der eine bog ihm den Arm hinter den Rücken. Der andere hatte einen Handschuh ausgezogen und den Mann im Nacken gepackt.

Der, der die Hände frei hatte, rief, sowie er Björnfot und Spett sah: »Und hier kommt die Obrigkeit. Wir haben ein Paket für euch!«

Der Mann, der das gerufen hatte, war von kräftiger Statur, er konnte sich mit den beiden Dienern des Gesetzes, die auf ihn zukamen, sehr wohl messen. Er war blond und hatte leuchtend blaue Augen.

Der Mann, den sie festhielten, war dünn, ja, fast schmächtig, und hatte Schultern wie eine Flasche. Er hatte braune strähnige Haare, und seine Augen waren so dunkel, dass sie in seinem bleich gefrorenen Gesicht aussahen wie Lachen voll schwarzem Wasser. Seine Lippe war geschwollen und gesprungen. Ein Auge hatte sich geschlossen, die Nase war rot und dick. Offenbar hatte er mit dem Hemdsärmel versucht, den Blutstrom aus seiner Nase zum Stillstand zu bringen, denn der weiße Ärmel war bis zum Ellbogen hoch rot befleckt.

»Hier habt ihr euren Mörder«, sagte der Kräftige und reichte Björnfot die Hand. »Ich heiße Per-Anders Niemi. Arbeite bei der Post. Der Posthalter hat erzählt, was gestern Abend geschehen ist. Und da brauchte man ja eigentlich nur noch nachzudenken. Wer hat von dem Geldtransport gewusst? Und als Pekkari heute Morgen nicht aufgetaucht ist, dachte ich, dass … tja, dass man ihn vielleicht mit einem Besuch überraschen könnte.«

»Sind Sie Pekkari?«, fragte Björnfot den Festgehaltenen.

»Antworte schon«, sagte der Mann, der den Nacken des Schmächtigen gepackt hielt, und schlug ihm mit der freien Hand gegen die Schläfe.

Pekkari gab keine Antwort.

»So ist es«, sagte Per-Anders Niemi. »Er arbeitet auch bei der Post. Als Landbriefträger. Wie gesagt, er wusste von dem Geldtransport, und das hier haben wir in seiner Wohnung gefunden.«

Er zog eine Pistole aus der Tasche und reichte sie dem Dorfschulzen.

»Die gehört Johansson«, sagte er. »Ich habe sie wiedererkannt.«

»Und das Geld?«, fragte Dorfschulze Björnfot.

»Haben wir nicht gefunden«, sagte Per-Anders Niemi. »Aber wir haben auch nicht so genau gesucht. Vor allem wollten wir ihn zu Ihnen bringen.«

»Hat er Widerstand geleistet?«, fragte Spett und musterte Pekkaris zerschundenes Gesicht.

Per-Anders Niemi und seine beiden Kumpels grinsten und zuckten mit den Schultern.

»Wir sperren ihn ein«, sagte Björnfot. »Und dann durchsuchen wir seine Wohnung.«

Pekkari starrte ihn entsetzt an.

»Sie dürfen mich nicht einsperren«, brachte er mit Mühe hervor. »Ich bin unschuldig.«

Per-Anders Niemi fuhr blitzschnell herum und schlug ihn in den Magen. »Halt die Fresse«, brüllte er. »Du verdammter Scheißmörder!«

Pekkari sank im Schnee in die Knie.

»Wir können ihn für Sie bewachen«, sagte Per-Anders Niemi zu Björnfot.

»Hier wird niemand bewacht«, erklärte Spett resolut und riss Pekkari zu sich wie einen Sack.

Dann schleppte er Pekkari ins Haus. Kajsa bezog draußen Posten. Nach einer Weile kam Spett wieder heraus. Schloss die Tür von außen ab und steckte den Schlüssel demonstrativ in die Tasche.

»Den sollte man sofort aufhängen«, sagte Per-Anders Niemi mit dumpfer Stimme.

»Wer die Tür auch nur anrührt, während wir nicht hier sind …«, warnte Spett.

»Aber Jungs«, sagte Dorfschulze Björnfot. »Jetzt will ich erst einmal Pekkaris Wohnung durchsuchen.«

Pekkari wohnte im zweiten Stock eines Holzhauses in der Järnvägsgatan. Der Mief von gekochtem Fleisch, zähem Rauch und feuchter Wolle schlug Dorfschulze Björnfot und Landjäger Spett entgegen, als sie durch die Tür traten.

»Hier ist es«, sagte die Vermieterin und öffnete die Tür zu einer kleinen Kammer unter dem schrägen Dach. Sie schaute Kajsa verärgert an, sagte aber nichts.

»Mit wem teilt er das Zimmer?«, fragte Björnfot.

»Er teilt nicht«, sagte die Vermieterin. »Hat darauf bestanden, als er im Oktober hier eingezogen ist. Und da die Fensterscheibe geplatzt und das Fenster vernagelt worden war, hat er das Zimmer billig bekommen. Nein, er kennt niemanden und wohnt allein. Stimmt es, dass er Johansson und dessen Laufjungen totgeschlagen hat? Das hätte ich nicht erwartet. Er hat nie viel von sich hergemacht. Hat immer rechtzeitig die Miete bezahlt.«

Ein Bett, eine Kommode, ein Schemel und ein Rasierspiegel. Für mehr war in der Kammer kein Platz. Rasch war alles durchsucht. Björnfot sah die Kommode durch, zog alle Schubladen heraus. Untersuchte den Mantel, der an einem Haken an der Wand hing, griff in die Taschen. Spett versetzte den Flickenteppichen auf dem Boden einen Tritt, um festzustellen, ob es lockere Bodenbretter gab, unter denen man Geldscheine verstecken könnte. Sie fanden nichts.

»Was für ein Reinfall«, sagte Spett, als sie wieder im Treppenhaus standen.

»Sind Sie fertig?«, fragte die Vermieterin. »Sie können ihm sagen, dass ich das Zimmer gleich neu vermieten werde.«

»Was ist da oben?«, fragte Björnfot und zeigte auf eine Dachluke.

»Nichts«, antwortete die Vermieterin. »Der Spitzboden eben.«

»Den wollen wir sehen«, sagte Björnfot.

Spett holte den Stuhl aus Pekkaris Zimmer, stellte ihn unter die Luke und öffnete diese. Er klappte die Leiter herunter, die auf der anderen Seite der Luke angebracht war. Die Vermieterin wurde gebeten, eine Lampe zu holen, und Björnfot kletterte mit der Lampe in der Hand hoch.

Als er oben auf der Leiter angekommen war und die Lampe auf den Boden stellte, um dann hinterherzusteigen, hörten sie dort oben ein Rascheln.

Eine Ratte sprang über die Hand, die Björnfot an den Rand der Luke hielt, und er hörte, wie zahllose Ratten hin und her liefen. Ihr schrilles Piepen zerschnitt die Dunkelheit. Rasch stieg Björnfot rückwärts die Leiter wieder hinunter.

»Ratten!«, rief er. »Verdammtes Teufelszeug!«

Die Vermieterin lachte belustigt. Angst vor Ratten. So ein großer Kerl.

»Platz gemacht, Dorfschulze, dann schicken wir Kajsa hoch«, sagte Spett.

Spett nahm die Hündin unter den Arm und trug sie die Leiter hoch. Ließ sie oben in der Dunkelheit los.

Jetzt brach auf dem Boden eine wilde Jagd aus. Sie hörten die Ratten über den Boden rennen. Und sie hörten Kajsas schwerere, aber doch rasche Schritte. Dann ertönte ein Todesschrei, als sie einer Ratte den Rücken durchbiss, und danach war alles still. Sie hörten nur das knackende, schmatzende Geräusch, mit dem Kajsa in aller Eile ihre Beute verzehrte. Die übrigen Ratten waren entkommen und würden in der nächsten Zeit ihre hässlichen Nasen tunlichst nicht zeigen.

Nach einer Weile war in der Luke Kajsas zufriedenes Gesicht zu sehen. Sie schaute auf die Herren herunter und schien sagen zu wollen, dass jetzt die Bahn frei sei.

»Das kannst du wirklich, Mädel«, sagte Spett stolz und stieg, gefolgt von Björnfot, die Leiter hoch.

Sie durchsuchten den Dachboden. Und diesmal suchten sie nicht vergeblich.

»Jetzt wird es Zeit für ein Geständnis.«

Dorfschulze Björnfot stand vor der Zellentür und sprach mit Edvin Pekkari. In der Hand hielt er einen Baumwollsack, der mit dem Emblem der Post bedruckt war.

»Den hier haben wir auf dem Boden über Ihrem Zimmer gefunden«, sagte er dann. »Er enthält fünftausend Kronen. Können Sie erklären, wie er dort hingekommen ist?«

Pekkari gab keine Antwort. Saß auf der hintersten Ecke der Pritsche.

»Sie können Ihre Lage verbessern, wenn Sie eine Aussage machen«, sagte Björnfot jetzt. »Morgen kommt der Untersuchungsrichter. Wenn Sie die Beute ausliefern und alles zugeben, wird das zu Ihren Gunsten verwendet werden. Im Sack waren angeblich fünfzigtausend. Wo steckt das restliche Geld?«

»Hören Sie auf den Dorfschulzen«, sagte Spett, nahm die trockenen Socken vom Kachelofen und stopfte sie in seine Hosentaschen. »Was nützt Ihnen das Geld, wenn Ihnen der Kopf abgehackt wird?«

»Ich bin unschuldig«, sagte Pekkari leise. »Ich habe doch gesagt, dass …«

Spett fuhr herum. Kajsa sprang auf und fing an zu bellen. Ihr Gebell begleitete jede Silbe von Spetts Rede.

»Johansson hatte sechs Kinder!«, rief er. »Die Götter mögen wissen, was jetzt aus ihnen werden soll. Oskar Lindmark war zwölf Jahre alt. Johanssons Pistole lag in Ihrem Zimmer. Der Sack mit einem Teil des Geldes war auf dem Dachboden über Ihrem Zimmer versteckt. Sie haben von dem Geldtransport gewusst. Also müssen Sie mir erzählen … erzählen, wie Sie bei Bäckström den Schlitten entwendet haben, wie Sie Johansson mit seiner eigenen Pistole erschossen haben, wie Sie Oskar Lindmark erschlagen haben. Ich will mir Ihre verdammten Lügen nicht mehr anhören. Bis Sie gestehen, halten Sie also von nun an die Fresse.«

Er riss Uniformrock und Pelzmütze an sich.

»Ich gehe nach draußen«, sagte er zu Björnfot. »Ich brauche frische Luft.«

Er riss die Tür auf, und ein Mann, der draußen stand und gerade hatte anklopfen wollen, taumelte in den Vorraum. Spett fing ihn auf, sonst wäre der Mann gefallen. Es war ein kräftiger Bursche mit einem beeindruckenden Schnurrbart. »Borg Mesch, Fotograf«, stellte der Mann sich vor. »Ich wollte den Gefangenen fotografieren.«

Jetzt war Spetts Interesse geweckt. Er hängte den Rock wieder an den Haken und ließ Kajsa hinaus, die nun allein ihren Abendspaziergang machen musste. Herr Mesch schleppte seine schweren Taschen mit der Ausrüstung herein. Danach schob er die Hand durch die Gitterstäbe und begrüßte Herrn Pekkari.

»Darf ich Sie fotografieren?«, fragte er.

Herr Pekkari zog seine Hand zurück.

»Nein«, sagte er. »Ich bin …«

Er schaute kurz zu Landjäger Spett hinüber und verstummte.

»Ich kann euch vielleicht einige Bilder zeigen«, sagte Borg Mesch eifrig, um das Schweigen zu brechen.

Er öffnete seine Aktentasche und zog einen Stapel schwarzweißer Fotografien heraus. Sie waren sorgfältig in Seidenpapier eingewickelt, und er legte eins nach dem anderen vor. Ehe er das nächste Bild zeigte, wickelte er das davor gewissenhaft wieder ein.

»Dieses hier«, sagte er. »Sehen Sie nur … das ist König Oscar II. nach der Einweihung der Erzbahn oben an der Landesgrenze. Das hier ist vom königlichen Festmahl mit Direktor Lundblom. Wichtige Herren. Ich mache Bilder von wichtigen Herren. Das ist mein Beruf. Na, was können wir noch zeigen … ja, hier … der Athletenclub von Kiruna.«

Jetzt mussten auch Spett und Björnfot dazutreten und einen Blick auf die kräftigen Burschen des Athletenclubs werfen, die mit verschränkten Annen posierten, in schwarzem Trikot, weißem ledernem Nierengurt und hellen Beinkleidern. Auf dem Boden vor ihnen lagen runde Eisengewichte mit Handgriffen oder Stangen.

»Der mit den Medaillen ist Herman Turitz«, sagte Fotograf Mesch. »Dass wir wirklich einen so hervorragenden und vielseitigen Sportsmann hier im Ort haben …«

Er unterbrach sich und musterte Herrn Pekkari interessiert.

»Sie sehen ihm ein wenig ähnlich. Würden Sie bitte den Kopf kurz abwenden … nein, in die andere Richtung … sehen Sie, meine Herren? Sehen Sie die Ähnlichkeit?«

Der Fotograf redete weiter, während er in überraschender Schnelligkeit seine Ausrüstung auspackte.

»Vor allem die Stirn, aber auch die Wangenlinie. Sie haben eine phrenologisch interessante Stirn, Herr Pekkari. Das weist auf Seelenstärke hin, haben Sie das gewusst? Das habe ich auch zu Herrn Turitz gesagt, als ich sein Porträt aufgenommen habe. Dass man mit einem herkulisch stark entwickelten Hinterkopf rechnen könnte. Wie man ihn bei den meisten mit physischen Kräften sieht. Aber nein, es ist seine Stirn. Ach, ich hätte die Porträts mitbringen sollen. Sie würden sie interessant finden. Nächstes Mal vielleicht. Ich habe Herrn Turitz gesagt, dass Seelenstärke für einen Athleten wichtiger ist als körperliche Kraft. Schließlich ermöglicht sie ihm das eifrige Training, die Opferbereitschaft, durch die die vielen Medaillen errungen werden. Kürzlich erst habe ich gehört, dass er zum Training durch den tiefen

Schnee bis hinab nach Kurravaara gelaufen ist. Könnten Sie ... wenn ich ein Bild machen darf ... könnten Sie vielleicht näher ans Gitter kommen? Ja, genau so, Nein, Sie brauchen nicht herüberzuschauen, lassen Sie den Blick ein wenig gesenkt, wie bisher. Ich sehe eine Wehmut in Ihrer Miene, von der ich wünschte, ich könnte ihr Gerechtigkeit widerfahren lassen. Jetzt stillhalten ...«

Das Blitzlicht wurde angezündet und abgebrannt.

Borg Mesch wechselte die Glasplatte und füllte Magnesiumpulver für das Blitzlicht nach.

»Und jetzt können Sie vielleicht noch näher kommen«, plapperte er dann weiter. »Ich würde gern Ihr Gesicht zwischen den Gitterstäben sehen. So. Können Sie wohl das Gitter anfassen? Die eine Hand oben, die andere unten. Genau so. Ich bin sicher, Sie könnten Schauspieler werden, wenn Sie wollten, Herr Pekkari. Einen Augenblick nur ...«

Fotograf Mesch eilte zu Herrn Pekkari und zog an dessen Ärmel, damit die vielen Blutflecken deutlich zu sehen waren.

»Machen Sie die Augen noch ein wenig weiter auf, Herr Pekkari. Ja, so. Sie sind Gedankenleser!«

Dorfschulze Björnfot sah Herrn Pekkari an, als dieser verewigt wurde.

Jetzt posierte er wirklich vor der Kamera. Stand dort und schien sich aus der Zelle drängen zu wollen. Die Augen weit aufgerissen und die Hände um die Gitterstäbe geschlossen, als ob er daran rüttelte. Blut am Hemdsärmel, blaues Auge und geschwollene Lippen.

Draußen bellte Kajsa. Spett ließ sie ein, und sie suchte

sofort ihre Elchfrikadelle, legte sich vor den Kachelofen und fraß. Fotograf Mesch bot türkische Zigaretten an.

»Wer ist das denn schon wieder?«, fragte Spett, als an die Tür geklopft wurde. »Was für ein verdammter Andrang.«

Fotograf Mesch schaute aus dem Fenster. Es wurde jetzt wieder dunkel. Es war um die Jahreszeit, in der es nur für ganz kurze Zeit mitten am Tag hell ist.

»Hüten Sie Ihre Zunge«, sagte Mesch augenzwinkernd. »Denn hier kommen die Diener des Herrn.«

Ostlaestadianerprediger Wanhainen war schlicht gekleidet, in schwarze Hose, schwarze Arbeitsbluse und Wollmantel. Er war Arbeiter und fuhr tagsüber in der Stadt Wasser aus. Die Prediger waren nicht wie die Geistlichen der Amtskirche, die von der Mühsal ihrer Geschwister lebten. Nein, ein Prediger versorgte sich selbst. Er war nicht vornehmer als irgendeiner seiner Brüder.

Jetzt betrat er die Polizeistation, gefolgt vom Vater des ermordeten Knaben Oskar Lindmark.

Wanhainen grüßte nach Brauch der Laestadianer mit einer halben Umarmung mit dem linken Arm und reichte zugleich nach schwedischem Brauch die Hand.

»Jumalan terve.«

Gott zum Gruß.

Björnfot und Spett wurden steif und fühlten sich unbehaglich. Es lag an der Art des Predigers, den Handschlag lange auszudehnen, an seinem Blick, der sein Gegenüber anstarrte, als besäße Wanhainen Gottes durchdringendes Auge. Und dann hatte er noch die Angewohnheit, die Umarmung durch einen ein wenig zu harten Schlag in den Rücken zu beenden.

Borg Mesch behielt seine gute Laune, erwiderte den Gruß sogar, obwohl Spett fand, es klinge wie ein neckisches *Jumalalle terveisiä*, Grüße an Gott.

Der Prediger wandte sich nun Pekkari zu.

»Der Knabe, den du erschlagen hast«, sagte er. »Sein Vater ist hergekommen, um dir zu vergeben.«

Er legte die Hand in den Rücken des Vaters und schob ihn vor die Zelle.

»Wie mir selbst vergeben worden ist«, sagte der Vater des kleinen Lindmark mit brüchiger Stimme, »will ich nun auch dir vergeben.«

»Bist du bereit?«, fragte der Prediger mit salbungsvoller Stimme. »Willst du dein sorgloses Leben aufgeben und die Erlösung durch deinen Bruder annehmen? Was auf Erden gebunden ist, ist auch im Himmel gebunden, und was auf Erden gelöst ist, ist auch im Himmel gelöst.«

Pekkari wurde von einer Kraft, der er nicht widerstehen konnte, zu dem Gitter gezogen.

Im tränenfeuchten und aufrichtigen Blick des Vaters sah er vielleicht ein Bildnis seines himmlischen Vaters.

Er konnte seine Hände nicht daran hindern, die knorrigen Finger von Oskar Lindmarks Vater zu umfassen. Und als er diese in den seinen hielt, strömten beiden die Tränen übers Gesicht.

Borg Mesch machte seine Kamera bereit und verewigte den Augenblick.

»Gottes Vergebung«, sagte der Prediger und fasste ebenfalls Pekkaris Hände durch das Gitter.

In diesem Moment wurde die Tür aufgerissen. Und herein schritt der Westlaestadianerprediger Jussi Salmi. Ost und West waren seit der Spaltung der laestadianischen Gemeinde Gegner im Glauben. Prediger Salmi hatte auf Umwegen gehört, was sich vor der Zelle abspielte, und deshalb hatte er Postillon Johanssons Witwe geholt, die seiner Gemeinde angehörte. Seine roten Wangen und die Tatsache, dass er keine Handschuhe trug, zeigten, dass er sich beeilt hatte. Er grüßte mit der gleichen Umarmung und einem »Gottes Friede«.

Johanssons Witwe murmelte ebenfalls »Gottes Friede«. Spett sah, dass es ihr schwerfiel, einem der Anwesenden ins Gesicht zu blicken.

»Jumalan terve«, sagte Prediger Wanhainen und wischte sich mit einem Taschentuch umständlich die Tränen von den Wangen. »Heute Abend hat Pekkari die Vergebung der Sünden erlangt.«

Prediger Jussi Salmi knirschte bei dieser Mitteilung mit den Zähnen. Es war schändlich, an zweiter Stelle das Ziel zu erreichen und zudem den Wettlauf um Pekkaris Erlösung verloren zu haben. Aber er ließ sich nicht so leicht entmutigen. Er riss sich den Rock vom Leib und zeigte auf Johanssons Witwe.

»Diese Mutter«, sagte er mit zitternder Stimme zu Pekkari. »Diese Frau, die ihren Mann verloren hat. Die Mutter der vaterlosen Kinder ist jetzt gekommen, um dir zu vergeben. Sie ist nicht wie ein feiner Herr mit Schlitten und Schellen hierher gefahren …«

Hier legte er eine kurze Pause ein, während der sein Widersacher Wanhainen vor Ärger rot anlief. Prediger Wanhainen und Lindmarks Vater waren mit Pferd und Schlitten gekommen.

»… sie hat an diesem Abend ihre Kleinen zurückgelassen und ist zu Fuß durch den finsteren Abend gewandert …«

Nun folgte eine einfühlsame Predigt über die Witwe, die ohne Versorger dastand. Und die jetzt ihr Vertrauen auf Gott und auf ihre Glaubensgeschwister setzen musste. Die Rede irrte ein wenig hin und her, zum Scherflein der Witwe und dem Kamel und dem Nadelöhr und dass viele in ihren eigenen Augen zu groß sind, um ins Himmelreich zu gelangen, dass aber der wahre Gott der Gott der Armen ist, ja, der Gott der Witwe. Und hier war sie nun.

Prediger Wanhainen schien große Lust zu haben, den Westprediger und die Witwe hinaus in den Schnee zu stoßen. Es war kein Geheimnis, dass es Hofbesitzer Lindmark nicht schlecht ging. Und sie waren ja auch mit seinem Schlitten gekommen. Prediger Wanhainen bereute jetzt, dass sie nicht nach Pilgerart zu Fuß gegangen waren.

»Seinen einzigen Sohn zu verlieren …«, begann er.

Aber niemand hörte zu. Jetzt hatten sich durch das Gitter auch die Hände der Witwe und die des Mörders gefunden.

Er bat sie um Vergebung. Und die Witwe flüsterte, ohne dass sie es über sich gebracht hätte, seinen Blick zu erwidern, wenn seine Reue ehrlich wäre, dann würde sie vergeben. Dann wandte sie sich zu ihrem Gemeindeprediger um und sagte, die Kleinen seien allein zu Hause. Und sie müsse zu ihnen.

Durch das Fenster sah Landjäger Spett, wie sie auf die Straße trat. Er sah im Licht der Straßenlaterne, dass sie sich bückte und ihre Hände mit Schnee abrieb, wie um sie zu waschen. Dann eilte sie davon.

Bei der Zelle waren die Prediger nun verstrickt in einen

Disput über die Eitelkeit der Welt und die Tatsache, dass die Frauen der Ostlaestadianer Hüte tragen durften.

Spett drehte sich um.

»Raus«, brüllte er. »Jetzt ist Schlafenszeit für Bekehrte und Sünder. Ihr könnt morgen nach der Verhandlung wiederkommen.«

Als alle Besucher verschwunden waren, beugte Spett sich zum Gitter vor und sagte zu Pekkari: »Jetzt, wo Sie Gottes Vergebung erlangt haben, können Sie uns vielleicht erzählen, wo der Rest der Beute sich befindet.«

Björnfot, der damit beschäftigt war, vor der Verhandlung des kommenden Tages seine Stiefel zu wienern, unterbrach diese Tätigkeit und schaute auf.

Aber der junge Herr Pekkari gab keine Antwort. Wortlos wich er in die Ecke der Zelle zurück, legte sich auf die Pritsche und kehrte der Obrigkeit den Rücken zu.

Am nächsten Morgen kam der Untersuchungsrichter. Es schneite nicht mehr, aber in der Nacht war Wind aufgekommen, und jetzt toste ein Schneegestöber. Der Sturm riss den lockeren Schnee mit und ließ ihn hemmungslos über die Berge und durch die Straßen des Ortes peitschen. Man konnte kaum die Hand vor Augen sehen. Der Wind war so stark, dass er den Menschen den Atem verschlug.

Trotzdem hatten die Menschen sich in den Gerichtssaal durchgekämpft. Das Gerücht über die Bluttat hatte sich verbreitet. Und alle wollten einen Blick auf den Mörder werfen.

Der Untersuchungsrichter Manfred Brylander schaute sich im Gerichtssaal um. Der war von Zuschauern überfüllt, sogar im Vorraum drängten sich die Leute. Natürlich wurde es auch warm. Der Hausmeister hatte den ganzen Morgen über eingeheizt. Jetzt dampften feuchte Wollmäntel und Felljacken. Der Schnee schmolz auf dem Boden zu kleinen Lachen. Aus Schnabelschuhen roch es nach ranzigem Fett. Mehrere Hunde lagen zu Füßen ihrer Besitzer und trugen zu dem harschen Geruch von Armut und einfachen Menschen bei, der den Saal füllte. Manfred Brylander wischte sich den Schweiß von der Stirn, schlug mit seinem Hammer auf den Tisch und forderte Frauen, Kinder und Jugendliche auf, sich zu entfernen. Das geschah auch, aber das Gedränge wurde davon nicht geringer. Die, die im Vorraum gewartet hatten, wollten jetzt herein. Frauen und Kinder blieben im Vorraum, wo der Richter sie nicht sehen konnte.

Er starrte die Zuhörer wütend an. Da saßen die Laestadianerbrüder wie düstere Raben auf einer Tanne. Die Ostbrüder schielten nach Westen und umgekehrt. Dort saß die aufgewühlte Öffentlichkeit, Lappen, Schweden und Finnen, die sehen wollten, wie der Mörder mit dem Leben bezahlen musste.

Per-Anders Niemi und seine Kumpel saßen in der ersten Reihe. Sie hatten den Mörder Pekkari gefangen und genossen bewundernde Blicke und Schulterklopfen. Jemand steckte ihnen sogar einen Geldschein zu.

»Fängt das irgendwann mal an?«, rief Per-Anders Niemi, in dem sicheren Wissen, dass er nicht des Saales verwiesen werden konnte.

Kiruna, dachte Untersuchungsrichter Brylander. Diese Stadt der Aufwiegler und Agitatoren. Im Raum schien es eine elektrische Kraft zu geben. Etwas Vibrierendes, das nur darauf wartete, freigesetzt zu werden. Er sah es in ihren brennenden Blicken. Er fürchtete, allein der Anblick des Angeklagten könne den Volkszorn ausbrechen lassen. Er sah Dorfschulze Björnfot und Landjäger Spett an. Beide in Uniform, tadellos, mit geputzten Stiefeln. Die Hand des Dorfschulzen ruhte leicht auf seiner Dienstwaffe.

»Ein Ausbruch, und ich lasse den Saal räumen«, warnte Richter Brylander, schaute dabei aber nicht Per-Anders Niemi an.

Als Staatsanwalt fungierte Kronvogt Svanström. Einen Verteidiger gab es nicht. Der Angeklagte hatte sich schließlich zu einem Geständnis bereit erklärt.

Jetzt wurde der an Händen und Füßen gefesselte Gefangene hereingeführt. Die Fesseln klirrten, als er auf der Anklagebank Platz nahm. Er sah in den weiten Anstaltskleidern kleiner aus denn je.

Die Vernehmung nahm ihren Anfang. Kronvogt Svanström führte die schweren Beweise aus, die gegen Pekkari sprachen. Johanssons eigene Dienstpistole, die in Pekkaris Zimmer gefunden worden war, der mit einem Teil der Beute auf seinem Dachboden sichergestellte Sack.

»Geben Sie zu«, fragte der Richter, »dass Sie am fünften Dezember bei Fuhrmann Bäckström einen Schlitten entwendet haben, dass Sie mit dem Pferd in Richtung Gällivare gefahren sind, dass Sie kaltblütig Postillon Johansson erschossen und den Knaben Oskar Lindmark mit einer Axt erschlagen haben? Dass Sie die Posttruhe aufgebrochen und eine Geldsendung herausgenommen haben?«

Pekkari flüsterte etwas Unverständliches.

»Lauter!«, mahnte der Richter.

Pekkari schwieg. Da erhob sich in der Zuschauermenge ein Mann. Es war Oskar Lindmarks Vater. Er sagte nichts. Sah nur Pekkari an, bis der Richter ihm befahl, sich wieder zu setzen.

Nun endlich fand Pekkari die richtigen Worte.

»Ich gebe es zu«, sagte er mit fester Stimme.

»Es ist ein besonders schwerwiegendes Verbrechen, und ich muss Sie auffordern, ehrlich auf die Fragen des Gerichts zu antworten«, sagte Richter Brylander mahnend. »Haben Sie die Tat allein begangen?«

»Ja«, war die Antwort.

»Und bei Ihnen im Schlitten saß sonst niemand?«

»Niemand außer dem Teufel.«

Eine Bewegung durchlief die Zuhörerschar. Jemand putzte sich die Nase, ein anderer machte eine eilige Handbewegung. Ein Dritter schließlich schmunzelte und richtete sich auf der Bank halbwegs auf. Es war wie loser Schnee, den ein Windstoß über den gefrorenen Boden jagt. Richter Manfred Brylander hatte von der religiösen Ekstase der Laestadianer gehört, von ihrer *Liikutuksia*. Er hatte sie nie mit eigenen Augen gesehen. Was wäre wohl nötig, um die Rabenschar dazu zu treiben? Hatte es schon angefangen? Er hob den Hammer, schlug damit aber nicht auf den Tisch.

»War kein anderer bei Ihnen?«, fragte er den Angeklagten.

»Kein anderer außer dem Teufel«, sagte Pekkari. Seine Stimme wurde jetzt lauter, und er rief wie ein Prediger in den Saal: »Ich war ihm zu Willen. Bei Tuolluvaara wollte ich umdrehen. Aber er flüsterte mir ins Ohr. Trieb mich vorwärts. Ich hatte noch nicht Schutz im Blute des Lammes gefunden.«

Jetzt schluchzte die Rabenschar auf ihren Bänken auf. Sie umarmten einander. Reichten ihrem nächstsitzenden Bruder die Erlösung durch Gott.

»Ich habe es getan«, rief Herr Pekkari und hob seine gefesselten Hände in einer verzweifelten Geste gen Himmel. »Der junge Oskar Lindmark. Er lag vor mir auf den Knien und flehte um sein Leben. Er rief nach seiner Mutter. Er faltete die Hände. Er drehte mir sein Gesicht zu, und ich schlug ihn tot!«

Dorfschulze Björnfot beugte sich zu Landjäger Spett vor.

»Komm mal eben mit raus«, sagte er kurz.

Auf der Straße wurde Björnfot schneller. Das Unwetter schlug ihnen entgegen. Der Wind trieb durch die Straßen. Spetts Mund füllte sich mit Schnee, als er hinter Björnfot herrief, dieser solle langsamer gehen und warten. Er war absolut damit ausgelastet, seinen Kragen hochzuschlagen und seinen Mantel zuzuknöpfen. Der Schnee drang an seinem Nacken und zwischen den Knöpfen ein. Kajsa lief im Schutz seiner Füße hinter ihm her.

»Er war es nicht«, rief Björnfot.

Obwohl sie sehr dicht beieinander waren, verschwand seine Stimme im Wind. Spett konnte ihn nur mit großer Mühe hören.

»Wie ist das zu verstehen?«, rief er zurück.

Björnfot zog Spett in einen Hauseingang. Dort waren sie

vor dem Wind geschützt. Der Schnee hatte sich schon wie eine harte Kruste auf ihre Kleider gelegt. Kajsa biss sich in die Pfoten, um sie von Schneeklumpen zu befreien.

»Pekkari ist unschuldig, verdammt noch mal«, sagte Björnfot atemlos, »Du hast doch Oskar Lindmark selbst gesehen. Er trug Fäustlinge. Er kann nicht auf Knien gelegen und die Hände gefaltet und von seiner Mutter geredet haben.«

»Sicher übertreibt Pekkari, wahrscheinlich genießt er die Aufmerksamkeit ...«

»Genau«, sagte Björnfot. »Ihm gefällt die Aufmerksamkeit, wie du das ausdrückst. Oskar Lindmark ist der Hinterkopf eingeschlagen worden. Wenn er vor dem Mörder gekniet und ihn angesehen hätte, dann müsste der Schädel hier eingeschlagen sein.« Er zeigte auf seine Stirn.

»Pekkari lügt. Warum sagt er sonst nicht, wo die restliche Beute liegt?«

»Sicher hat er das Geld versteckt und hofft, mit lebenslänglich davonzukommen. Und später vielleicht auszubrechen ...«

Björnfot schüttelte so energisch den Kopf, dass die Eisklumpen in seinem Schnurrbart klirrten.

»Er weiß es nicht. So einfach ist das.«

»Warum hat er dann gestanden?«, fragte Spett misstrauisch.

»Das ist mir doch egal«, schnaubte Björnfot. »Wer hat sonst noch von dem Geldtransport gewusst? Wer ...«

»Wer hat die Waffe in Pekkaris Zimmer gefunden?«, überlegte Spett verbissen. »Dieser Per-Anders Niemi.«

Sie sahen Pekkaris Kollegen und dessen Freunde vor

sich, die der Obrigkeit den geschundenen Pekkari übergeben hatten.

»Ich drehe ihm den Kopf von den Schultern«, knurrte Spett. »Es soll ihm wie eine Erlösung vorkommen, zu gestehen. Und seine schwanzwedelnden Kumpane …«

»Aber zuerst schauen wir uns mal bei ihm zu Hause um«, sagte Björnfot und öffnete das Tor.

Der Wind riss an der Tür, Kajsa sah die beiden Männer an.

Müssen wir bei diesem Wetter schon wieder aus dem Haus, schien sie sagen zu wollen.

Der Postbedienstete Per-Anders Niemi wohnte in einem unverputzten Klinkerhaus in der Kyrkogatan.

»Er teilt das Zimmer mit einem Freund«, sagte die Vermieterin, die für Björnfot und Spett die Tür aufschloss.

»War er vorgestern Abend zu Hause?«, fragte Björnfot und betrat das Zimmer.

»Glaub ich nicht«, antwortete die Vermieterin. »Er ist meistens bei seiner Verlobten. Sie hat ihr eigenes Zimmer.«

Sie bedachte die beiden Polizisten mit einem vielsagenden Blick.

Die Flickenteppiche lagen in mehreren Schichten auf dem Boden, um die Kälte fernzuhalten. Ein Vorhang aus Baumwolle trennte die beiden Betten. Es gab eine Kommode mit Waschschüssel und Kanne. Ein braun gefleckter Rasierspiegel hing an der Wand darüber, neben einem Bildnis von Oscar II. Es gab zwei Kleiderständer neben den Betten. Auf Per-Anders Niemis hingen ein vergilbtes Unterhemd und ein Paar Socken.

Spett und Björnfot nahmen die Decken von beiden Betten. Sie hoben Kissen und Rosshaarmatratzen hoch. Sie rollten die Flickenteppiche auf und untersuchten die Bodenbretter, wie sie es schon in Pekkaris Zimmer getan hatten. Als sie das Zimmer auf den Kopf gestellt hatten, durchsuchten sie den Dachboden. Sie fanden jedoch nichts.

»Sind Sie so weit?«, fragte die Vermieterin mit wütendem Blick auf das Chaos im Zimmer. »Kann ich jetzt die Betten machen?«

Björnfot stellte sich taub. Er schaute aus dem Fenster auf den weißen Vorhang aus Schnee. Er war sich so sicher gewesen. Jetzt hatte er plötzlich Zweifel. Vielleicht war Pekkari ja doch schuldig. Vielleicht wollte er nicht zugeben, dass er Oskar Lindmark von hinten erschlagen hatte. Es war doch eine so grausame Tat. Vielleicht wollte er der ganzen Angelegenheit auch einen dramatischeren Rahmen geben.

Kajsa legte sich mit enttäuschtem Seufzer auf den Boden

»Dann müssen wir wohl bei seinen Freunden nachsehen«, schlug Spett vor.

Björnfot schüttelte den Kopf.

»Ich glaube nicht, dass er der Typ ist, der seinen Freunden Vertrauen schenkt …«

Er drehte sich zur Vermieterin um.

»Wie heißt seine Verlobte? Wo wohnt sie, und wo arbeitet sie?«

Majken Behrn, die Verlobte des Postbeamten Per-Anders Niemi, war neunzehn Jahre alt. Ein Mädchen mit runden

Wangen und einem Lockenkopf, der Kunden in Hannulas Gemischtwarenladen lockte, wo sie als Verkäuferin arbeitete. Schon als Björnfot und Spett sie baten, Mantel und Mütze anzuziehen und mit ihnen zu kommen, wusste Björnfot, dass sie hier richtig waren.

Sie fragte nicht nach dem Anlass. Zog eilig den Mantel an. Ließ sich nicht einmal die Zeit, ihre Schürze abzubinden. Als ob Frau Hannula vergessen könnte, dass die Polizei sie geholt hatte, wenn es nur schnell ginge.

»Sie ahnen vielleicht, worum es geht«, begann Björnfot, als sie auf der Straße standen.

Aber so leicht sollte es nun doch nicht sein.

Majken Behrn wickelte sich zum Schutz gegen das Schneegestöber mehrmals den Schal um das Gesicht und schüttelte den Kopf.

»Ihr Verlobter, Per-Anders Niemi, war der vorgestern Abend bei Ihnen?«, brüllte Björnfot durch den Wind.

»Ja«, rief sie zurück. »Das kann ich beschwören.« Dann fügte sie eilig hinzu: »Worum geht es eigentlich?«

»Es geht um einen Doppelmord«, sagte Spett mit schneidender Stimme. »Bitte, vergessen Sie das nicht.«

Das Zimmer war gemütlich, fand Björnfot, als er sich dort umsah. Gewebte Vorhänge mit verknoteten Fransen. Zwischen Außen- und Innenfenster hatte Majken Behrn Rentierflechten gelegt, um die Feuchtigkeit aufzusaugen. Darauf saßen kleine Wollwichtel. An der Wand über dem Bett im Schlafalkoven hing ein Weihnachtsbild aus Papier, auf dem ein Wichtel ein Pferd mit roten Äpfeln fütterte.

Beidseits eines Klapptisches mit peinlich sauberer, bestickter Decke befanden sich Holzstühle. Eine Kaffeekanne stand auf einem Eisenofen mit Kochplatte. Am Henkel der Kanne hing ein hübscher gehäkelter Topflappen.

Kajsa schüttelte, so gut sie konnte, den Schnee ab. Dann fand sie eine Wanne voll Wasser, die im Alkoven auf dem Boden stand, und trank mit lautem Schlürfen. Spett und Björnfot durchsuchten das Zimmer. Suchten in Schubladen und überall. Nichts.

Sie fragt nicht einmal, was wir suchen, dachte Björnfot. Sie weiß es.

Spett rief Kajsa zu sich. Als sie nicht kam, ging er in den Schlafalkoven.

»Was trinkt sie denn da?«, fragte er.

Er sah, dass in der Wanne Kleidungsstücke eingeweicht wurden.

»Ich hoffe, Sie haben keine Lauge im Wasser«, sagte er.

»Nein, nein«, beteuerte Majken Behrn und wurde plötzlich rot. »Das ist nur. Es ist nichts …«

»Was ist das für Wäsche?«, fragte Björnfot, als er sah, wie sich ihr Gesicht verfärbte.

Spett zog das Kleidungsstück aus der Wanne. Es war eine Männerhose, sie war zwar nass, aber man konnte die Blutflecken unterhalb des Knies deutlich sehen.

Björnfot drehte sich zu Majken Behrn um. War sie eben noch errötet, so war sie jetzt kalkweiß.

»Das ist die Hose Ihres Verlobten«, sagte er mit harter Stimme. »Und das ist Oskar Lindmarks Blut.«

Majken Behrn keuchte auf. Sie griff in die Luft, auf der Suche nach etwas, woran sie sich festhalten könnte.

»Erzählen Sie alles«, sagte Spett. »Wenn Sie das tun, können Sie sich selbst retten. Sonst werden Sie wegen Mithilfe verurteilt, das kann ich Ihnen garantieren.«

Majken Behrn sagte nichts. Aber sie drehte sich langsam um und zeigte auf das eiserne Ofenrohr.

Spett ließ die nasse Hose auf den Boden fallen. Er stürzte zum Ofen und packte das Eisenrohr mit seinen großen Pranken.

»Wie?«, fragte er.

Majken Behrn schüttelte den Kopf.

»Weiß nicht.«

Spett rüttelte am Ofenrohr, und nun löste sich der mittlere Teil.

»Da steckt etwas drin«, sagte Spett und schaute in das lose Rohr.

Majken Behrn fuhr zu Björnfot herum.

»Sagen Sie Per-Anders nichts. Der bringt mich sonst um.«

»Der bringt niemanden mehr um«, sagte Björnfot ruhig, als Spett mit rußigen Händen ein Bündel Geldscheine auspackte.

Majken Behrn trat ans Fenster. Sie sah ihren Verlobungsring an. Und die Schlangenknoten aus Reif an der Fensterscheibe.

Zu wissen und doch nicht zu wissen, dachte sie. Wie sollte man das erklären können?

Vor zwei Nächten war sie aufgewacht. Per-Anders hatte vor dem Ofen gestanden. Er hatte das Ofenrohr zusammengeschraubt. »Was machst du da?«, hatte sie gefragt. »Schlaf du nur«, hatte er geantwortet.

Danach war er zu ihr ins Bett gekommen. Kalt war er

gewesen. Seine Hände wie zwei Winterhechte. »Bald, du«, hatte er ihr ins Ohr geflüstert, ehe sie wieder eingeschlafen war. »Bald kaufe ich dir einen Pelz.«

Am Morgen war er vor ihr aufgewacht. Hatte ihr verboten, im Ofen Feuer zu machen und Kaffee zu kochen. Den Ofen dürfe sie einige Tage lang nicht anrühren, hatte er gesagt. Und seine Hose hatte Flecken gehabt. Er hatte sie gebeten, die Hose zu waschen. »Ich habe dem Schuhmacher beim Schlachten des Weihnachtsschweins geholfen«, sagte er. »Und da habe ich mich mit Blut bespritzt. Ich hab darum gebeten, den Kopf für dich mitnehmen zu dürfen.«

Sie hatte gelacht und getan, als jage ihr das einen Schreck ein. Später, als sie von dem Doppelmord gehört hatte, war ihr das Lachen vergangen. Aber sie hatte nichts gesagt. Nichts begriffen. Hatte vielleicht nichts begreifen wollen. Hatte im Ofen kein Feuer gemacht.

»Und er, Edvin Pekkari«, sagte sie leise, und sie hatte vergessen, dass Spett und Björnfot dabei waren. »Er war so ein unangenehmer Mann. Hat nie etwas gesagt. Hat nicht einmal gegrüßt, wenn man in die Post kam. Aber er hat mich angestarrt, sowie er dachte, ich sähe es nicht. Auf diese Weise. Mit seinen gelben Augäpfeln. Er hätte es gewesen sein können. Er hätte es gewesen sein müssen.«

Dorfschulze Björnfot riss die Tür des Gerichtssaals auf. Richter Manfred Brylander verlor mitten im Satz den Faden. Alle fuhren herum.

»Pekkari ist unschuldig«, rief Björnfot und lief zur Anklagebank. »Lasst ihn frei!«

»Was soll das heißen?«, fragte Richter Brylander überrascht.

Er war ärgerlich und nervös gewesen, als Björnfot und Spett den Gerichtssaal verlassen hatten. Seine dünnen Haare lagen jetzt schweißnass und platt an seinem Kopf. Er schnappte nach Luft wie ein an Land geworfener Fisch.

»Ich habe das erbeutete Geld hier in der Hand«, rief Björnfot und hob das Paket auf, das er in Majken Behrns Ofenrohr gefunden hatte.

»Und hier«, fügte er hinzu und hob die andere Hand, »hier habe ich die Hose des Mörders. Besudelt von Oskar Lindmarks Blut.«

Alle Anwesenden schnappten nach Luft. Es war ein Aufkeuchen des Entsetzens angesichts der nassen Hose, die Björnfot hochhielt, und vielleicht auch ein Aufkeuchen des Entzückens angesichts der Geldsumme, von der alle wussten, dass sie sich in dem Paket befunden hatte.

Per-Anders Niemi sprang auf. Ehe irgendwer ihn aufhalten konnte, ehe auch nur irgendwer begriffen hatte, dass man ihn aufhalten müsste, hatte er mit einigen raschen Schritten die Seitentür ganz vorn im Saal erreicht, die Tür, durch die der Angeklagte Pekkari nur eine Stunde zuvor hereingeführt worden war.

»Stehen geblieben!«, brüllte Dorfschulze Björnfot, aber Per-Anders Niemi war schon verschwunden.

Draußen stieß er sogleich mit Landjäger Spetts harter Faust zusammen.

Es dauerte nur wenige Sekunden. Dann schleppte Spett Per-Anders Niemi zurück in den Saal.

Björnfot sah sich nach den Männern um, die zusammen

mit Per-Anders Niemi Edvin Pekkari auf die Wache geführt hatten. Einer kauerte in der Zuschauermenge wie ein Sünder vor dem Altar. Björnfot packte ihn am Schopf und zog ihn auf die Beine.

»Ich sag ja alles«, jammerte der Mann.

»Du schweigst«, rief Per-Anders Niemi und versuchte, sich aus Spetts Zugriff loszureißen.

»Nein«, rief sein Kumpel verzweifelt. »Ich will reden. Ich habe nicht geschlafen, seit es passiert ist. Per-Anders hat mir von dem Geldtransport erzählt. Hat gesagt, den könnten wir überfallen, mehr nicht. Er hat aber nichts davon gesagt, dass wir jemanden umbringen müssten. Wir haben uns den Schlitten geholt, weil der Fuhrmann nicht im Haus war. Wir haben bei Luossajokki angehalten, haben den Schlitten umgekippt und so getan, als seien die Kufen abgebrochen. Wir hatten uns die Schals um die Ohren gewickelt und die Mützen tief ins Gesicht gezogen. Sie hätten uns nie im Leben erkannt, es wäre nicht nötig gewesen … Per-Anders hat sich hinter einem Baum versteckt, ihn kannte der Postillon ja. Sie haben angehalten, um uns zu helfen. Oskar sprang vom Postschlitten und bückte sich, um sich die Kufen anzusehen. Postillon Johansson blieb auf dem Schlitten sitzen und hielt die Pferde fest, die weiterlaufen wollten. Und nun schlich Per-Anders sich aus seinem Versteck hervor. Er sprang auf den Schlitten und schoss Johansson in den Rücken.«

»Mit Johanssons Pistole?«, fragte Björnfot.

»Nein, mit seiner eigenen. Johanssons haben wir später gefunden und so getan, als ob wir sie bei Pekkari entdeckt hätten, als wir sein Zimmer gestürmt haben. Pekkari hat tatsächlich geglaubt, wir hätten sie dort in der Kommode gefunden. Wollte uns einreden, dass jemand anderes sie hineingelegt haben müsste. Sie hineingeschmuggelt, als er schlief.«

»Aber dann«, sagte Björnfot. »Dort im Wald. Nachdem Per-Anders Niemi Postillon Johansson erschossen hatte.«

»Nach dem Schuss sind die Pferde durchgegangen. Unser Pferd bäumte sich auf und wollte losrennen, aber der Schlitten war doch umgekippt und ließ sich nicht bewegen. Das Postpferd jagte davon. Per-Anders Niemi stand auf dem Schlitten und hielt sich an den Kufen fest, und dabei rief er mir zu: ›Der Junge! Schnapp ihn dir!‹«

Per-Anders Niemis Kumpel geriet ins Schwanken. In Gedanken erlebte er die ganze Szene gerade noch einmal. Björnfot musste ihn festhalten, damit er nicht zu Boden stürzte.

Oskar Lindmarks Gesicht leuchtet im Mondlicht bleichblau auf. Er kniet beim Schlitten, um sich die angeblich abgebrochenen Kufen anzusehen. Seine Augen sind weit aufgerissen. Er hat nicht begriffen, was passiert ist, obwohl der Schuss gefallen ist und obwohl das Postpferd schrill aufgewiehert hat und losgerannt ist. Das Postpferd jagt davon, auch wenn das im Neuschnee nicht sehr schnell geht. Per-Anders Niemi steht auf dem Postschlitten und ruft: »Ich muss die Truhe aufbrechen, um das Geld zu holen. Der Junge! Schnapp ihn dir! Lass ihn nicht entkommen!«

Wir sehen einander an, ich und Oskar Lindmark. Starr vor Entsetzen angesichts der Tat, die gleich vor uns liegt. Mein Kopf ruft: Ich kann das nicht!

Unser Pferd bäumt sich auf, versucht, sich loszureißen. Und plötzlich zuckt Oskar Lindmark zusammen. Er springt auf. Stolpert, stürzt aber nicht. Rennt wie ein Hase durch den Mondschein.

»Schnapp ihn dir«, brüllt Per-Anders Niemi. »Wenn er im Wald verschwindet, sind wir verloren!«

Ich nehme die Axt. Und laufe hinter ihm her.

Die Schneeflocken tanzen so schön durch die Luft. Sie scheinen sich nicht entscheiden zu können, ob sie fallen oder steigen wollen. Der Mond versteckt sich hinter den Wolken. Wie eine fette leuchtende Frau, die sich bei einem Schleiertanz gleichzeitig verhüllt und entblößt. Die Schatten der Bäume im Schnee sind bisweilen scharf und schwarz, bisweilen verwischt und fast verschwunden. Auch wenn der Mond sich ganz hinter die Wolken verzieht, kann der Junge nicht entkommen. Seine Fußspuren im Schnee lassen sich leicht verfolgen. Trotzdem muss ich mich so anstrengen, dass ich Blutgeschmack im Mund habe. Meine Füße versinken im Schnee, aber da ich in Oskars Fußspuren laufe, kann ich ihn einholen. Und er ist doch nur ein kleiner Junge. Herrgott. Bald habe ich ihn erreicht. Ich hebe die Axt und schlage gegen seinen Kopf, ehe er sich umdrehen und mich ansehen kann. Das hätte ich nicht ertragen. Jetzt liegt er mit dem Gesicht im Schnee. Seine Füße bewegen sich wie die eines schlafenden Hundes.

Ich schlage noch einige Male zu, einfach wegen der Füße.

Per-Anders Niemis Kumpel hielt Björnfots Blick fest.

»Lindmark rannte. Aber bald hatte ich ihn eingeholt. Ich schlug ihm mit der Rückseite der Axt gegen den Kopf. Er starb dort im Schnee. Ich ging zurück zum Schlitten und hob ihn auf den Weg. Hielt das Pferd fest, bis Per-Anders das Geld brachte. Johanssons Pistole hatte er ebenfalls bei sich. Meine Hose war blutverschmiert. Ich war außer mir, deshalb sagte Per-Anders, wir könnten tauschen. Er nahm meine blutige Hose. Ich bekam seine saubere. Vor dem Ort sprangen wir vom Schlitten, versetzten dem Pferd einen Klaps und gingen jeder zu sich nach Hause. Der Schnee fiel jetzt dichter. Wir wussten, dass unsere Spuren bald verwischt sein würden.«

Der dritte Kumpel, der dabei gewesen war, als sie Pekkari zur Wache gebracht hatten, sprang nun ebenfalls auf. »Das stimmt alles nicht!«, rief er und sah voller Entsetzen Per-Anders Niemi und den anderen an, der soeben die grauenhafte Tat gestanden hatte. »Ihr seid Teufel! Ich habe euch geglaubt. Als ihr zu mir gekommen seid und gesagt habt, wir müssten Pekkaris Wohnung durchsuchen. Als ihr gesagt habt, ihr hättet ihn in Verdacht. Ihr seid Teufel!«

Im Saal wurde es totenstill. Dann ergriff Spett das Wort: »Alle raus«, brüllte er. »Morgen gibt es eine neue Verhandlung hier im Gerichtssaal. Aber jetzt raus! Raus!«

Die Zuschauer erhoben sich wie benommen von ihren Bänken.

Niemand sagte etwas. Sie hatten dort gesessen und einem Unschuldigen den Tod gewünscht. Die Schuld legte sich wie eine dicke Decke über die Versammlung. Die Laestadianerbrüder schauten verlegen zu Boden, niemand sah Edvin Pekkari an.

Pekkari, der noch immer auf der Anklagebank saß, noch

immer in Ketten, rief: »Aber ich war es doch. Habt ihr nicht gehört? Ich bin schuldig! *Ich bin schuldig!*«

Das Schneegestöber hielt drei Tage an. Danach zog es weiter und wütete in anderen Gegenden, ließ Kiruna still unter einer weichen weißen Decke zurück. Die Pferde zogen die Schneepflüge, und die Schneemassen drückten die Zäune ein. Die Birkenzweige senkten sich unter dem Gewicht bis zum Boden.

Björnfot und Spett standen beim Bahnhof und sahen zu, wie Edvin Pekkari in den Zug nach Süden stieg. Die Grubengesellschaft hatte Männer zum Räumen der Gleise abkommandiert. Am Bahnhof liefen die Menschen hin und her, Fahrgäste und Warentransporte.

Pekkari mit hängenden Schultern und auf den Boden gerichteten Blicken. In einer Reisetasche hatte er all seine Habseligkeiten. Niemand begleitete ihn. Niemand war gekommen, um Abschied zu nehmen.

»Sieh an, da geht er«, sagte Spett.

Björnfot nickte.

»Warum um alles in der Welt hat er gestanden?«, fragte Spett.

»Ja, warum«, sagte Björnfot. »Vielleicht wegen der Aufmerksamkeit«, fügte er hinzu. »Er war doch über Nacht berühmt geworden. Und vorher war er ein Eigenbrötler, den niemand kennen wollte.«

»Er wäre doch geköpft worden«, wandte Spett ein. »Das ist doch Wahnsinn.«

»Die Beweise sprachen gegen ihn. Vielleicht hat er sich ja sogar eingebildet, dass er es war. Was wissen denn wir?«

Spett stieß ein ungläubiges Schnauben aus, lachte dann über Kajsa, die den Schaffner begrüßte und versuchte, diesen zum Spiel aufzufordern. Sie machte einige verrückte Sprünge, sodass der Schnee um den Mann herum aufstob.

»Ja«, sagte Björnfot und fuhr sich mit der Hand über den Schnurrbart. »Es ist so oft vom göttlichen Mysterium die Rede. Aber der Mensch kann ein ebenso großes Mysterium sein.«

»Die Frauen jedenfalls«, scherzte Spett.

Als Frauen erwähnt wurden, musste Dorfschulze Björnfot auf seine Uhr schauen. Er war um ein Uhr mit seiner Frau verabredet. Zeit zum Aufbruch.

»Aber es ist schon seltsam«, sagte Spett, ehe Björnfot davoneilte. »Die Laestadianerbrüder, meine ich. Einen kaltblütigen Mord hätten sie Pekkari verzeihen können. Aber nicht, dass er ein schnöder Lügner war.«

»Der Mensch ist ein Mysterium«, sagte Björnfot noch einmal und verabschiedete sich bis auf Weiteres.

Sie erwartete ihn schon an der Straßenecke, als er keuchend den Hang hochkam. Ihre breiten dunklen Augenbrauen unter der Weißfuchsmütze. Ihre Hände im Weißfuchsmuff. Der lange schwarze Mantel hatte unten eine Schneekante.

»Da bist du!«, sagte Björnfot glücklich und hakte sich bei ihr unter.

Sie brauchten nur drei Minuten für den Weg zum neuen Musikpavillon. Er hatte den Schlüssel ausgeliehen. Auf der Bühne stand ein Steinwayflügel.

»Jeden Donnerstag zwischen zwei und halb vier gehört er dir«, sagte Björnfot. »Niemand wird dich stören.«

Sie sah den Flügel an. Fühlte sich in eine Falle gelockt.

Sie dachte an ihre erste Reise nach Kiruna. In Gällivare war der Schaffner zu ihr gekommen und hatte gefragt, ob sie jemanden habe, der für sie »bürge«.

»Wie meinen Sie das?«, hatte sie gefragt.

»Sie dürfen nicht allein nach Kiruna reisen«, hatte er geantwortet. »Sie brauchen eine Mannsperson, die für Sie bürgt. Oder eine Bestätigung, dass ein Mann Sie dort oben abholen und für Sie bürgen wird.«

»Für mich bürgen?«, hatte sie gerufen, aber in diesem Moment waren Albert und die Mädchen ins Abteil gekommen. Sie hatten sich während des Aufenthaltes auf dem Bahnsteig die Füße vertreten.

Der Schaffner hatte um Verzeihung gebeten, die Fahrkarten kontrolliert und war weitergewandert.

Albert hatte ihn in Schutz genommen.

»Das ist nicht so wie in Stockholm«, hatte er gesagt. »Das hier ist eine Neusiedlergegend. Sie wollen keine Zustände wie in Malmberget, mit Suff und …«

Er unterbrach sich und sah die Mädchen an, die dem Gespräch voller Interesse zuhörten.

»… und Frauen, die allerlei Dienste erweisen«, sagte er. »Diese Art von Frauen wollen sie fernhalten. Du brauchst dir das nicht zu Herzen zu nehmen.«

»In Finnland dürfen die Frauen zu den Wahlurnen gehen. Hier dürfen wir nicht einmal Eisenbahn fahren.«

Kiruna war eine Stadt der Männer. Der Herren und ihrer Geschäfte. Und der Dorfschulze wurde doch immer eingeladen, wenn irgendwelche Angelegenheiten diskutiert werden sollten.

Wie er sich die Stiefel wienerte, wenn er zu Direktor Lund blomgebeten war. Spuckte und rieb. Der Direktor selbst konnte zu diesen Gelegenheiten wie ein Bauarbeiter gekleidet erscheinen.

Sie hatte sich von dieser Stadt der Zukunft etwas anderes erwartet. Etwas, das modern gewirkt hätte. Aber hier standen die Frauen und seufzten andächtig angesichts der von Prinz Eugen gemalten Altarbilder.

Und sie konnte die Armut nicht ertragen. Alle diese Frauen und Kinder mit Wangenknochen, die wie Felsrücken aus ihren Gesichtern ragten. Von der Hand in den Mund, die ganze Zeit. Diese vielen Frauen, deren Männer in den Gruben zu Schaden kamen. Kinderversteigerung. Es ging ihr alles so nahe. Es berührte sie unangenehm.

Alberts Vertrag als Dorfschulze galt noch für fünf Jahre. Sie begriff nicht, wie sie das durchhalten sollte. Inzwischen konnte sie auch ihn kaum noch ertragen. Sein schwerer Atem, wenn er schlief. Sie ärgerte sich jetzt auch über seine Tischmanieren. Sie schämte sich über sich selbst. Aber was half das schon? Ab und zu wünschte sie sich irgendeine Krankheit. Um es hinter sich zu haben.

Er öffnete seinen Uniformrock und zog das Paket mit den Noten hervor, die ihre Mutter geschickt hatte.

»Ich kann nicht«, sagte sie. »Meine Finger sind steif gefroren.« Da ließ er die Noten los. Nahm ihre Hände in seine.

»Willst du nicht?«, fragte er flehend. »Hast du denn keine Gefühle mehr für mich?«

Sie gab sich geschlagen. Löste sich aus seinem Zugriff und nahm vor dem Klavier Platz. Schlug einen Akkord an.

Hoffte, dass das Klavier nicht gestimmt wäre. Aber es war gestimmt.

Ich ertrinke hier, dachte sie.

Und im selben Moment senkten ihre Finger sich über die Tasten.

Sie landeten beim einleitenden Akkord zu Debussys *La Cathédrale engloutie*.

Bei Debussy kann das Klavier nicht lügen. Die ersten Töne holen den Klang hervor. Aber der Flügel hielt, was er schon anfangs versprochen hatte.

Jetzt singen die Glocken der Kathedrale da unten in der Tiefe des Meeres. Sie schlagen die disharmonischen Klänge energisch an. Der Sturm zerfetzt die Meeresoberfläche. Die Wellen türmen sich auf. Die Glocken da unten läuten und läuten.

Ihr Anschlag ist hart und fordernd. Zornig.

Ihre Finger sind nicht lang genug. Die Arme sind nicht lang genug. Die Mantelärmel sind eng wie eine Zwangsjacke. Sie schwitzt. Ihr Rücken tut weh, wenn sie sich reckt.

Und dann sieht sie Albert an. Er lacht, aber unter dem Lachen verbirgt sich Unruhe. Er versteht diese Musik nicht. Sie macht ihm Angst. Seine Frau macht ihm Angst, wenn sie diese Seite ihrer selbst zeigt.

Sie hört plötzlich mit Spielen auf. Ihre Hände landen auf ihrem Knie. Sie hätte Lust, sich darauf zu setzen.

»Spiel weiter«, sagt er.

Warum denn?, möchte sie fragen. Du verstehst ja doch nichts.

Und als ob er durch sie hindurchsehen könnte, sagt er: »Ich bin ein einfacher Mann …«

Seine Stimme klingt gepresst. Sie hat schreckliche Angst, er könnte in Tränen ausbrechen.

»... aber wenn du wüsstest, wie stolz ich auf dich bin, meine Musikerin. Wenn du spielst. Ich wünschte, ich könnte ... ich versuche wirklich ...«

Jetzt kann er nicht weiterreden. Seine Lippen pressen sich aufeinander, und die Muskeln darunter zucken.

Sie schaut aus dem Fenster. Ein Eichhörnchen springt an einem Ast entlang. Der Schnee lockert sich und rieselt auf den Boden. Draußen ist es hell. Der Himmel ist hinter dem vielen Weiß rosafarben.

Ihr Herz ist nicht mehr so schwer wie vorhin.

Ich werde versuchen, froh zu sein, beschließt sie. Donnerstags zwischen zwei und halb vier. Das ist vielleicht, was ich brauche. Sie lächelt ihn an. Dann legt sie die Hände auf die Tasten und fängt an zu spielen. Sie entscheidet sich für Schuberts Improvisation in Ges-Dur. Die ist lyrisch, und sie weiß, dass sie ihm sehr gut gefällt. Sie sieht ihn an und lächelt. Macht weiter mit Melodien, die er gern hört.

Jetzt lächelt er glücklich zurück. Als sei sie die wiedergekehrte Sonne.

Er ist ein guter Mann, denkt sie. Er verdient etwas Besseres.

Sie fühlt sich nicht wohl in Kiruna. Glaubt manchmal, verrückt zu werden.

Aber er ist ein guter Mann. Und bald ist Weihnachten.

MARTIN SUTER

Weihnachten ignorieren

Der Weihnachtsstreß ist der einzige Streß, dem Bruno Strahl mit Erfolg entflieht. Seit Lara vierzehn und Remo dreizehn sind, mieten Strahls über Weihnachten eine Wohnung in den Bergen. Keine Verwandten, keine Verpflichtungen, keine Geschenke, alles völlig relaxed. Eine der wenigen familiären Leistungen, auf die Strahl etwas stolz ist. Obwohl er dazu nicht mehr beigetragen hat als sein Einverständnis. Die Idee stammt von Doris, die auch die Motivationsarbeit bei den Kindern geleistet und die Ferienwohnung gefunden hat.

Diesmal hat sich Strahl ganz besonders gefreut auf die streßfreien Tage in den Bergen. Ein langes Jahr voller kleiner Krisen und Beinahe-Katastrophen hat ihm zugesetzt, und die Vorzeichen für das nächste sind auch nicht gerade beruhigend. Er hat mit stiller Befriedigung die Schneeberichte verfolgt, die ihn auf ein absolutes Minimum an Wintersportaktivitäten hoffen lassen. Er wird ausschlafen, bis ihn die Langeweile aus den Federn treibt.

Am Freitag abend reisen sie an, am Samstag richten sie sich ein. Kurz vor Ladenschluß machen Doris und er die Einkäufe für das Wochenende. Auf dem Heimweg legen sie einen Zwischenhalt in der ›Steinbock‹-Bar ein, Cüpli-Time.

Das hätten sie lieber bleiben lassen. Denn kaum haben sie

das zweite bestellt, knallt jemand den klobigen Anhänger seines Zimmerschlüssels neben Strahl auf den Tresen und sagt: »Das gibt's doch nicht!« Der Mann ist knapp fünfzig, trägt einen hellblauen, hautengen Rollkragenpullover mit Reißverschluß, hautenge Langlaufhosen mit Hosenträgern, heißt Hedlinger und ist Siblers rechte Hand. Es stellt sich heraus, daß er hier im ›Steinbock‹ wohnt und auf seine Frau wartet, die kurz darauf auftaucht, etwas dicker als ihr Mann, aber ähnlich sportlich gekleidet.

Als sie sich eine Stunde später verabschieden, hat Hedlinger die Cüpli bezahlt und sich für den Weihnachtstag zu einem Apéro eingeladen. »Gesegnete, frohe Weihnachten« gibt er Strahls mit auf den Weg.

»Wo bekommen wir jetzt einen Christbaum her?« fragt Strahl, kaum außer Hörweite. »Jetzt ist doch alles zu bis Dienstag.«

Doris lacht, bis sie merkt, daß es ihm ernst ist. »Wenn Hedlinger mitbekommt, daß wir Weihnachten nicht feiern, kann ich den Marketingdirektor vergessen«, behauptet er.

»Was hat denn das eine mit dem anderen zu tun?«

»Er wird mich bei Sibler als Konsumverweigerer anschwärzen. Kein ernstzunehmender Konsumgüterhersteller befördert einen Konsumverweigerer zum Marketingdirektor.«

»Jemand, der in seiner Ferienwohnung keinen Christbaum hat, ist doch noch lange kein Konsumverweigerer«, wendet Doris ein. Aber schließlich begnügt sie sich damit, ihren Mann auf »etwas mit Tannenreis« herunterzuhandeln. Er könne ja die Tanne hinter dem Ferienchalet um zwei, drei Äste erleichtern.

Und während sie noch überlegen, wo sie den Christbaumschmuck hernehmen sollen, kommen sie an der Drogerie Caviezel vorbei. Vor der steht der meistfotografierte Christbaum des Dorfes.

Strahl schleicht sich kurz nach Mitternacht zur Drogerie. Er pflückt sich ein paar Kugeln, Girlanden, zwei Trompetenengelchen und ein Büschel Engelshaar von den reichgeschmückten Ästen und wird dabei von den Dorfpolizisten Capeder und Danuser erwischt. Capeder, dessen Schwester unglücklicherweise die Frau von Caviezel ist, die ihren ganzen künstlerischen Ehrgeiz auf die jährliche Schmückung des Baums verwendet, ist nicht bereit, den Fall als Kavaliersdelikt eines beschwipsten Kurgastes abzutun. Er besteht auf einer vorläufigen Festnahme zur Überprüfung der Personalien.

Strahl hat die Ferienwohnung ohne Reisepaß verlassen, und Capeder ist nicht bereit, seine Kreditkarten als Ausweis zu akzeptieren. Einer, der Christbaumschmuck klaue, schrecke auch vor Kreditkarten-Diebstählen nicht zurück.

Strahl läßt sich zum Satz »Wenn die hiesige Polizei nichts Gescheiteres zu tun hat: bitte sehr!« hinreißen und wird – nachdem man ihm die persönlichen Effekten, Gürtel und Schuhbändel abgenommen hat – erst einmal eine Stunde in einem Arrestraum festgehalten. »Weil alle gerade etwas Gescheiteres zu tun haben«, wie sich der Gefreite Capeder ausdrückt.

Es folgen ein umständliches Verhör und die Weigerung Capeders, Strahl einen Anruf zu gestatten. Verdunkelungsgefahr.

Als man ihm endlich erlaubt, Doris anzurufen, weiß

er die Nummer nicht. Man gestattet ihm, im Telefonbuch nachzusehen, aber er weiß den Namen der Vermieterin nicht, Doris hatte sich um alles gekümmert. Alles, was er weiß, ist der Name des Chalets: etwas mit G.

Auf Strahls Vorschlag, Capeder hinzuführen, geht dieser nicht ein. Nicht bevor er wisse, wen er vor sich habe. Auf den Einwand, daß sich seine Frau furchtbare Sorgen mache, meint der Gefreite, dann wundere er sich, daß sie sich noch nicht gemeldet habe. Ein Gedanke, der Strahl auch schon gekommen ist.

Erst morgens um halb vier wird Strahl auf freien Fuß gesetzt. Nachdem Capeder einen Zeugen aus dem Bett geholt hat, dessen Name und Telefonnummer er in Strahls Portemonnaie gefunden hatte. Dieser identifiziert ihn einwandfrei als Bruno Strahl. Beim Zeugen handelt es sich um Hedlinger, Siblers rechte Hand.

IAN RANKIN

Auld Lang Syne

Orte, an denen Detective Inspector John Rebus an *Hogmanay*, Silvesterabend, um Mitternacht lieber nicht sein wollte: auf Platz eins, der *Tron*, dem alten Waageplatz in Edinburgh.

Was vielleicht, dachte sich Rebus, erklärte, warum er sich um fünf Minuten vor Mitternacht seinen Weg durch die Menschenmenge bahnte, die vor der Tron Kirk die Royal Mile verstopfte. Es war eine bitterkalte Nacht, eine Nacht, erfüllt von Bier- und Whiskydünsten, von Schaum, der in den Himmel zischte, wenn eine weitere Dose aufgerissen wurde, von schlecht gesungenen Liedern, um Hälse geschlungenen Armen und von alkoholmotivierten Beteuerungen unsterblicher Liebe, Beteuerungen, die spätestens am nächsten Morgen vergessen wären.

Rebus hielt sich natürlich nicht zum ersten Mal dort auf. Er war auch vergangenes Silvester dort gewesen, bereit, die unvermeidlichen Randalierer aufzuspüren, Schlägereien zu beenden und über die unter den Füßen knirschenden Glassplitter zu stapfen, die das Kopfsteinpflaster bedeckten. Wenn Neujahr nahte, brachen immer sowohl die besten als auch die übelsten Eigenschaften der Schotten hervor: das Gemeinschaftsgefühl, die Leidenschaft, das Umarmen des Lebens, die Unfähigkeit, im richtigen Augenblick aufzuhören, so dass aus der Umarmung ein Würgegriff wurde. Diese Leute ertranken in einem Meer von Gefühlsseligkeit und Heuchelei. Zum tausendsten Mal stimmte eine einsame Stimme »Flower of Scotland« an, und zum tausendsten Mal fielen ein paar weitere Stimmen ein, um schon am Ende des ersten Refrains wieder zu verstummen.

»Halt dich ran, großer Mann.«

Rebus schaute sich um. Das übliche Kontingent von uniformierten Beamten ließ das alljährliche Ritual über sich ergehen, sich von einer plötzlich fraternisierenden Öffentlichkeit die Hand schütteln zu lassen. Rebus bemitleidete die Beamtinnen, als einer von ihnen, einer Jungen, ein weiterer sabbriger Kuss auf die Wange geschmatzt wurde. Die Polizei von Edinburgh kannte ihre Pflicht: Sie stellte immer ein Opferlamm bereit, um die Volksmenge zu beschwichtigen. Die standen tatsächlich gesittet vor der Polizistin an, um sie abzuküssen. Sie lächelte und errötete. Rebus erschauderte und wandte sich ab. Vier Minuten bis Mitternacht. Seine Nerven waren angespannt wie Klaviersaiten. Er verabscheute Menschenansammlungen, ganz besonders, wenn alle Leute betrunken waren. Und genauso sehr die Tatsache, dass ein weiteres Jahr zu Ende ging. Er begann, sich ein bisschen energischer durch die Menge zu drängen, als nötig gewesen wäre.

Leute, denen Detective Inspector John Rebus an Hogmanay um Mitternacht lieber nicht begegnete: auf Platz eins, Detectives vom CID Glasgow.

Er lächelte und nickte einem von ihnen zu. Der Mann stand direkt unter dem Vordach eines Buswartehäuschens, abseits vom Gewusel auf der Straße. *Auf* dem Dach des

Wartehäuschens vollführte ein Mohikaner in schwarzem Leder, eine Flasche Starkbier in der Hand, einen Stammestanz. Ein Constable schrie dem Jüngling zu, er solle da runterkommen. Der Punk nahm davon keine Notiz. Der Mann im Wartehäuschen erwiderte John Rebus' Lächeln. Der wartet nicht auf den Bus, dachte Rebus bei sich, der wartet auf die Gelegenheit, einen einzubuchten.

Dinge, die Detective Inspector John Rebus an Hogmanay um Mitternacht lieber nicht tat: auf Platz eins, arbeiten.

Folglich musste er arbeiten, und als die Menschenmenge zurückwogte, musste er an Dantes *Hölle* denken. Noch drei Minuten bis Mitternacht. Drei Minuten von der Hölle entfernt. Die Schotten, tief in ihrer Seele nach wie vor Heiden, hatten von jeher Neujahr weit mehr als Weihnachten gefeiert. In Rebus' Kindheit waren Weihnachtstage eher eine stille Angelegenheit gewesen. Neujahr war die Zeit zum Feiern gewesen; für den »ersten Besuch«, *black bun*, Madeirakuchen, in Silberfolie eingewickelte Kohle, Schmorkartoffeln während der Nacht und Fleischpastete am folgenden Mittag. Ein Ritual nach dem anderen. Jetzt würde er bald ein anderes Ritual ins Visier nehmen, einen anderen festgelegten Vorgang. Ein Treffen stand bevor. Ein Austausch würde stattfinden: eine Tasche voll Geld für ein Paket Rauschgift. Eine Lieferung Heroin war über ein Fischerdorf an der Westküste nach Schottland gelangt. Trotz eines Tipps hatte es das CID in Glasgow nicht geschafft, die Lieferung abzufangen. Die Spur war ein paar Tage lang immer kälter geworden, bis ein Polizeispitzel die entscheidende Information lieferte. Der Stoff befand sich in Edinburgh. Er würde bald einem Ostküstendealer übergeben werden. Der Dealer war dem CID Edinburgh bekannt, doch die Beamten waren bislang nicht imstande gewesen, ihn wegen Besitzes einer nennenswerten Menge festzunehmen. Sie wollten ihn unbedingt fassen. Das Gleiche galt für das Westküsten-CID.

»Das wird ein Joint Venture«, hatte Rebus' Chef ohne jegliche Ironie erklärt. Also war Rebus jetzt da und mischte sich unters Volk, genauso wie ein rundes Dutzend weiterer Zivilbeamten. Die Männer, die den Tausch vornehmen würden, trauten einander nicht. Einer von ihnen hatte sich für den Vorplatz der Tron-Kirche als einen ausreichend öffentlichen Ort für den Deal entschieden. Bei den vielen Leuten auf der Straße war weniger zu befürchten, dass jemand eine krumme Tour versuchte. Der Tron zu Hogmanay um Mitternacht: eine Stätte der Ausgelassenheit und Selbstvergessenheit. Niemand würde einen diskreten Tausch von Taschen bemerken, Geld gegen Stoff, Stoff gegen Geld. Der ideale Ort.

Als er sich erneut gegen den Menschenstrom stemmte, entdeckte Rebus den Geldmann. Er erkannte ihn von Fotos her wieder. Alan Lyons, für Freunde »Nal«. Er war siebenundzwanzig Jahre alt, fuhr einen Porsche 911 und wohnte in einem hübschen Haus am Fluss, direkt außerhalb von Haddington. Er war einer von Rab Philips' Männern gewesen, bis Philips das Zeitliche gesegnet hatte. Jetzt arbeitete er auf eigene Rechnung. Seinen Beruf gab er mit »Unternehmer« an. Er war Abschaum.

Lyons stand mit dem Rücken an ein Schaufenster gelehnt. Er rauchte eine Zigarette, und seine Miene gab den

Passanten deutlich zu verstehen, dass er nicht in der Stimmung zum Händeschütteln oder Plaudern war. Ein kurzer Blick verriet Rebus, dass zwei vom Glasgower Team Lyons genau im Auge behielten, also ging er weiter. Was ihn jetzt interessierte, war das Missing Link, der Mann mit der Ware. Wo befand er sich? Rings um ihn herum wurde ein Countdown skandiert. Ein paar Leute meinten, bis Neujahr seien es weniger als zehn Sekunden; andere sahen auf ihre Armbanduhren und erklärten, es sei noch eine Minute. Nach Rebus' Uhr hatte das neue Jahr schon vor gut dreißig Sekunden begonnen. Dann legte die Kirchturmuhr ohne jede Vorwarnung los, und ein gewaltiger Jubelschrei stieg gen Himmel. Die Leute schüttelten sich die Hände, umarmten und küssten sich. Rebus blieb nichts anderes übrig als mitzumachen.

»Frohes neues Jahr.«

»Frohes neues Jahr, Kumpel.«

»Alles Gute, ja?«

»Frohes neues Jahr.«

»Alles Gute.«

»Frohes neues Jahr.«

Rebus erhielt einen freimaurerischen Händedruck und blickte in ein Gesicht, das ihm bekannt vorkam. Er erwiderte den Glückwunsch: »Frohes neues Jahr.« Der Mann lächelte und ging weiter, die Hand schon einem anderen Fremden entgegengestreckt. Aber dieser Mann war Rebus nicht fremd gewesen. Woher, zum Teufel, kannte er ihn? Er war inzwischen in der wogenden Menge verschwunden. Rebus konzentrierte sich auf das erinnerte Gesicht. Er hatte es jünger gekannt, straffer, dafür mit dunkleren Augen. Er konnte die Stimme noch hören: ein breiter Fifer Akzent. Hände wie Schaufeln, Bergmannshände. Aber der Mann war kein Kumpel.

Er hatte sein Funkgerät dabei, aber bei dem Lärm, der um ihn herum tobte, war es sinnlos zu versuchen, sich mit den anderen vom Beobachtungsteam in Verbindung zu setzen. Er wollte nämlich mitteilen, dass er dem geheimnisvollen Mann folgen würde. Immer vorausgesetzt natürlich, dass er es schaffte, ihn in dem Getümmel wiederzufinden.

Und dann fiel es ihm ein: Jackie Crawford. Lieber Himmel, das war Jackie Crawford gewesen!

Leute, denen Rebus an Neujahr möglichst nicht die Hand schütteln wollte: auf Platz eins, Jackie »Trigger« Crawford.

Rebus hatte Crawford vier Jahre zuvor wegen bewaffneten Raubüberfalls und Körperverletzung hinter Gitter gebracht. Der Richter hatte ihm satte zehn Jahre aufgebrummt. Crawford war vom Gerichtsgebäude aus in einem gut bewachten Transportwagen nach Norden verfrachtet worden. Den Spitznamen, »Trigger«, trug er nicht seiner friedfertigen und gutbürgerlichen Lebenseinstellung wegen. Der Mann war ein Irrer ersten Ranges, schnell bei der Hand mit dem Schießeisen und dem Finger am Abzug. Er war an einer Serie von Raubüberfällen auf Banken und Sparkassen beteiligt gewesen; kurzen, gewalttätigen Besuchen in kleineren Filialen überall in den Lowlands. Dass es keine Todesopfer gegeben hatte, war eher dem Panzerglas und dem Glück zu verdanken gewesen als Crawfords Menschenfreundlichkeit. Er hatte zehn Jahre gekriegt und war nach vier schon wieder draußen. Was war passiert? Der Mann konnte doch unmöglich *legal* auf freiem Fuß sein!

Er konnte nur ausgebrochen – oder zumindest von einem Freigang nicht zurückgekehrt sein. Und schien es nicht ein ziemlicher Zufall zu sein, dass er Rebus über den Weg lief, dass er genau hier und genau jetzt vor der Tron-Kirche auftauchte, wo die Polizei auf einen mysteriösen Drogenhändler wartete?

Rebus glaubte an Zufälle, aber dieser hier ging dann doch ein bisschen zu weit. Jackie Crawford hielt sich irgendwo in dieser Menschenmenge auf, schüttelte Leuten die Hand, die er, gerade mal vier Jahre zuvor, mit einer abgesägten Schrotflinte terrorisiert haben könnte. Rebus musste etwas unternehmen, mochte Crawford nun der »zweite Mann« sein oder auch nicht. Er begann wieder, sich in das Gewühl zu stürzen, diesmal jedoch ohne auf ausgestreckte Hände oder Neujahrsgrüße zu reagieren. Er ging auf Zehenspitzen, reckte den Kopf über die Köpfe der Feiernden und hielt nach dem kantigen, borstenhaarigen Schädel seiner Beute Ausschau. Er versuchte, sich zu erinnern, ob einen, dem schottischen Volksglauben zufolge, um Mitternacht an Hogmanay die Geister der Vergangenheit heimsuchten. Er glaubte eigentlich nicht. Außerdem war Crawford kein Geist. Seine Hand hatte sich weich und warm angefühlt. Die Augen, die sich für einen Moment mit denen von Rebus trafen, waren klar und blau, aber gleichgültig gewesen.

Hatte Crawford seinen alten Gegner wiedererkannt? Rebus war sich nicht sicher. Er hatte keinerlei Zeichen von Wiedererkennen bemerkt; die Brauen hatten sich nicht gehoben, der Mund hatte sich nicht überrascht geöffnet. Nur drei gemurmelte Worte, bevor er zur nächsten ausgestreckten Hand weitergegangen war. War Crawford betrunken? Höchstwahrscheinlich: Nur wenige, die ihre fünf Sinne beisammen und keinen in der Krone hatten, suchten ausgerechnet in dieser Nacht den Tron auf. Gut, dass ein betrunkener Crawford ihn erkannte, stand weniger zu befürchten. Andererseits war die Stimme ruhig und klar gewesen, der Blick kein bisschen glasig. Crawford hatte sich nicht wie ein Betrunkener verhalten, hatte nicht betrunken gewirkt. Im Gegenteil – stocknüchtern. Auch das machte Rebus Sorgen.

Andererseits machte ihm an diesem Abend *alles* Sorgen. Das Edinburgher Kontingent durfte sich nicht den kleinsten Patzer leisten: Das wäre nur Munition für die Glasgower Partei gewesen. Zwischen den zwei Polizeitruppen herrschte eine gewisse Rivalität. »Rivalität« hieß »Hass«. Jede Seite würde versuchen, eine etwaige Festnahme als eigenen Sieg zu verbuchen; und jede würde einen Misserfolg der anderen in die Schuhe schieben.

Das alles hatte ihm Chief Inspector Lauderdale unmissverständlich erklärt.

»Aber Sir«, hatte Rebus erwidert, »was zählt, ist doch wohl, dass diese Männer geschnappt werden.«

»Blödsinn, John«, hatte Lauderdale entgegnet. »Was zählt, ist, dass wir vor McLeish und seinen Männern nicht wie dumme Arschlöcher dastehen.«

Was Rebus natürlich schon längst wusste: Es machte ihm nur Spaß, seinen Vorgesetzten gelegentlich ein bisschen aufzuziehen, damit er dann umso besser funktionierte. Superintendent Michael McLeish war ein gläubiger Katholik, und Rebus' Chief mochte keine Katholen. Rebus aber hasste Eiferer jeder Couleur, und so zog er Lauderdale bei jeder sich bietenden Gelegenheit auf und hatte sich einen Spitznamen für ihn ausgedacht, der seine Phantasielosigkeit und seinen bigotten Protestantismus auf einen Nenner brachte: »Uhrwerk-Orange-Mann«.

Die Menschenmenge lichtete sich allmählich, als Rebus die Kirche hinter sich ließ und hügelan in Richtung Edinburgh Castle ging. Ihm war klar, dass er sich damit von seinem Beobachtungsposten entfernte und seine Kollegen über diese Tatsache hätte informieren müssen, aber wenn seine Intuition ihn nicht täuschte, folgte er gleichzeitig dem Mann, dem die ganze verdeckte Aktion galt. Plötzlich entdeckte er Crawford, der, wie er auf den Bürgersteig zuging, bewusst aus dem Gedränge herauswollte und sich dabei kurz umsah, als wüsste er, dass ihm jemand folgte.

Dann hatte er Rebus also erkannt und jetzt gesehen, dass der Polizist seinen Schritt beschleunigte. Rebus atmete geräuschvoll aus und zwängte sich durch den äußeren Ring der Feiernden. Die Arme taten ihm weh, als wäre er die ganze Zeit gegen eine starke Strömung angeschwommen, aber nun, da er das rettende Ufer erreicht hatte, musste er feststellen, dass Crawford verschwunden war. Er sah die Reihe von Geschäften entlang, die durch enge, dunkle, überbaute Gassen voneinander getrennt waren. Diese Gassen mündeten in Hauseingänge, von Studentenwohnheimen umgebene Höfe und viele steile und ausgetretene Treppen, die von der High Street zur Cockburn Street hinunterführten. Rebus musste sich für eine von ihnen entscheiden. Wenn er zögerte oder die falsche Wahl traf, würde Crawford entkommen. Er rannte zur ersten Gasse, warf einen Blick hinein, lauschte auf Schrittgeräusche und eilte dann weiter. Bei der zweiten Gasse angelangt, beschloss er, keine weitere Zeit zu vergeuden, und lief hinein, vorbei an spärlich beleuchteten, von Graffiti eingerahmten Hauseingängen und feuchten Wänden, eisglattes Kopfsteinpflaster unter den Füßen. Bis er sich eine Treppe hinab in fast völliges Dunkel stürzte und stolperte. Er griff fuchtelnd ins Leere, nach einem Geländer, das ihn davor bewahren würde, sich das Genick zu brechen – und spürte, wie eine kräftige Hand ihn am Arm packte und rettete.

Crawford stand auf einem Treppenabsatz, den Rücken an der Wand der Gasse. Rebus atmete scharf ein und versuchte, sich zu beruhigen. In seinen Ohren hallte es wie nach einer Explosion.

»Danke«, stieß er hervor.

»Sie sind mir gefolgt.« Die Stimme klang völlig ruhig.

»Bin ich das?« Das war eine ziemlich müde Entgegnung, und Crawford schmunzelte.

»Ja, Mr. Rebus, das sind Sie. Das muss ein ziemlicher Schock für Sie gewesen sein.«

Rebus nickte. »Ein ziemlicher, ja, nach all den Jahren, Jackie.«

»Es wundert mich, dass Sie mich erkannt haben. Ich höre sonst immer, ich hätte mich verändert.«

»So sehr nun auch wieder nicht.« Rebus warf einen Blick hinunter auf seinen Arm, der noch immer in Crawfords schraubstockartigem Griff steckte. Der Griff lockerte sich, und Crawfords Hand löste sich von ihm.

»Verzeihung.«

Die Entschuldigung überraschte Rebus, er bemühte sich

aber, es sich nicht anmerken zu lassen. Er musterte Crawfords Gestalt möglichst unauffällig nach etwaigen Ausbeulungen, die groß genug wären, um ein Paket oder eine Schusswaffe zu verbergen.

»Was haben Sie da vor der Kirche eigentlich gemacht?«, fragte er, nicht sonderlich interessiert an der Antwort, aber umso mehr an der Zeit, die er dadurch vielleicht gewinnen würde.

Crawford wirkte belustigt. »Das neue Jahr willkommen geheißen natürlich. Was hätte ich da sonst tun sollen?«

Das war eine legitime Frage, aber Rebus zog es vor, sie nicht zu beantworten. »Seit wann sind Sie draußen?«

»Seit einem Monat.« Crawford spürte Rebus' Argwohn. »Völlig legal. Auf Ehre und Gewissen, Sergeant, und Gott ist mein Zeuge. Ich bin nicht abgehauen, nichts in der Art.«

»Aber Sie sind *vor mir* abgehauen. Und übrigens bin ich inzwischen Inspector.«

Wieder lächelte Crawford. »Meinen Glückwunsch.«

»Warum sind Sie weggelaufen?«

»Bin ich das?«

»Das wissen Sie doch selbst.«

»Weggelaufen, Inspector Rebus, bin ich deswegen, weil Sie der allerletzte Mensch waren, dem ich heute Nacht eigentlich hatte begegnen wollen. Sie haben mir alles verdorben.«

Rebus runzelte die Stirn. Er *sah* Trigger Crawford, aber er hatte das Gefühl, mit jemand anderem zu reden, einem ruhigeren, weniger gefährlichen Menschen, einem – tja, *ganz normalen* Menschen. Er war verwirrt, aber nach wie vor argwöhnisch. »Was genau verdorben?«

»Meinen Vorsatz für das neue Jahr. Ich war hergekommen, um mit der Welt Frieden zu schließen.«

Jetzt war es Rebus, der lächelte, aber ein freundliches Lächeln war es nicht. »Frieden schließen, hm?«

»Genau.«

»Keine Schießeisen mehr? Keine bewaffneten Raubüberfälle mehr?«

Crawford schüttelte langsam den Kopf. Dann öffnete er seinen Mantel. »Keine Bleispritzen mehr, Inspector. Versprochen. Ich habe meinen Frieden gefunden, verstehen Sie?«

Frieden? Rebus wollte auf Nummer Sicher gehen. Er griff in seine Jacketttasche und zog das Funkgerät hervor. Crawford wirkte aufrichtig. Er *klang* sogar aufrichtig, aber die Fakten mussten überprüft werden. Also funkte er die Zentrale an und forderte eine Überprüfung John Crawfords an, Spitzname »Trigger«. Als dieser Name fiel, lächelte Crawford verlegen. Rebus blieb in der Leitung und wartete darauf, dass der Computer seinen Job erledigte und die Zentrale antwortete.

»Es ist ziemlich lange her, dass mich jemand zuletzt ›Trigger‹ genannt hat«, sagte Crawford. »*Ziemlich* lange.«

»Wie kommt's, dass man Sie schon nach vier Jahren entlassen hat?«

»Sogar ein bisschen weniger als vier«, stellte Crawford richtig. »Man hat mich entlassen, weil ich keine Gefahr für die Gesellschaft mehr darstellte. Sie finden es wahrscheinlich schwer zu glauben. Ja, Sie finden es wahrscheinlich völlig *unglaubwürdig*. Aber das liegt nicht an mir, das liegt an Ihnen. Sie sind davon überzeugt, Männer wie ich könnten nie die Kurve kriegen. Aber das können wir doch. Es ist nämlich so, dass im Gefängnis etwas mit mir passiert ist. Ich habe Jesus Christus gefunden.«

Rebus ahnte, dass sein Gesichtsausdruck ein Bild für die Götter war, und tatsächlich musste Crawford wieder lächeln, noch immer verlegen. Er sah hinunter auf seine Schuhspitzen.

»So ist es, Inspector. Ich bin jetzt ein Christ. Es war keine plötzliche, überwältigende Erleuchtung. Es brauchte seine Zeit. Im Gefängnis wurde mir auf die Dauer langweilig, und ich begann, Bücher zu lesen. Eines Tages ist mir die Bibel in die Hände gefallen, und ich habe sie einfach irgendwo aufgeschlagen. Es war die *Good News Bible*, die Übersetzung in einfaches Englisch. Ich hab sie einfach so durchgeblättert, immer mal hier und da ein Stückchen gelesen. Eines Sonntags bin ich dann zum Gottesdienst, hauptsächlich weil es ein paar Dinge gab, die ich nicht verstand, und ich den Geistlichen fragen wollte. Und er hat mir ein bisschen geholfen. So hat's angefangen. Es hat mein Leben verändert.«

Rebus wusste nicht, was er sagen sollte. Er betrachtete sich selbst ebenfalls als Christen, als skeptischen Christen, ein bisschen wie Crawford vielleicht. Voller Fragen, die nach Antworten verlangten. Nein, das konnte nicht wahr sein. Das klang *überhaupt* nicht nach Crawford. Ganz und gar nicht. Crawford war eine Bestie; die Sorte änderte sich nie. Oder vielleicht doch? Folgte aus der Tatsache, dass er noch nie einem »verwandelten Menschen« begegnet war, dass es so etwas *nicht gab*? Der Queen und dem Premierminister war er schließlich auch noch nie begegnet. Das

Funktelefon in seiner Hand meldete sich mit einem Knistern zurück.

»Rebus hier«, sagte er und hörte dann zu.

Es stimmte alles. Man las ihm die entsprechenden Passagen aus Crawfords Akte vor. Mustergefangener. Bibelkurs. Zur vorzeitigen Entlassung empfohlen. Familiäre Tragödie.

»Familiäre Tragödie?« Rebus sah Crawford an.

»Ja, mein Sohn ist gestorben. Er war erst Mitte zwanzig.«

Rebus hatte genug gehört und schaltete das Funkgerät wieder aus. »Es tut mir leid«, sagte er. Crawford zuckte lediglich die Achseln – Achseln, unter denen sich keine Schrotflinten verbargen – und schob die Hände in die Taschen – Taschen, in denen keine Pistolen steckten. Doch Rebus streckte ihm die Hand entgegen.

»Frohes neues Jahr«, sagte er.

Crawford starrte auf die Hand, dann zog er seinerseits die Rechte aus der Tasche und schlug herzlich, mit festem Griff ein.

»Frohes neues Jahr«, sagte Crawford. Dann warf er einen Blick zurück, die Gasse entlang. »Hören Sie, Inspector, wenn's Ihnen recht ist, würde ich jetzt gern wieder zum Tron gehen. Da gibt's noch jede Menge Hände, die ich noch nicht geschüttelt habe.«

Rebus nickte. Jetzt begriff er. Für Crawford war dieses Neujahr etwas Besonderes, ein Neubeginn in mehr als nur einer Hinsicht. Nicht jedem wurde eine solche Chance geboten.

»Aye«, sagte er. »Gehen Sie nur.«

Crawford war schon drei Stufen hinaufgestiegen, als er

wieder stehen blieb. »Apropos«, sagte er, »was haben *Sie* eigentlich auf dem Tron gemacht?«

»Was sollte ich in der Neujahrsnacht da schon machen?«, erwiderte Rebus. »Gearbeitet hab ich. Ich war im Dienst.«

»Kein Frieden den Gottlosen, was?«, sagte Crawford und setzte sich wieder in Bewegung, hinauf in Richtung High Street.

Rebus sah Crawford nach, bis er im Dunkeln verschwunden war. Er wusste, dass er ihm eigentlich folgen sollte. Schließlich befand er sich noch immer im Dienst. Jetzt war er sicher, dass Crawford die Wahrheit gesagt, dass er nichts mit dem Drogendeal zu tun hatte. Dass sie sich getroffen hatten, war reiner Zufall gewesen, nichts weiter. Aber wer hätte ihm das schon abgenommen? Trigger Crawford ein »Mustergefangener«! Außerdem hörte man doch überall, dass es heutzutage keine Wunder mehr gab.

Rebus stieg langsam hinauf. Auf der High Street schienen mehr Menschen als zuvor unterwegs zu sein. Seinen Hohepunkt würde der Trubel wohl so gegen halb eins erreichen, danach würden sich die Straßen schnell leeren. Wenn der Deal tatsächlich noch stattfinden sollte, dann vorher. Er erkannte einen der Glasgower Detectives, der ihm entgegenkam. Als er Rebus erkannte, hob der Detective die Arme.

»Wo haben Sie denn gesteckt? Wir dachten schon, Sie hätten sich nach Haus verdrückt!«

»Es ist also nichts passiert?«

Der Detective seufzte. »Nein, überhaupt nichts. Lyons wirkt ziemlich ungeduldig. Ich glaube, viel länger steht auch er sich nicht mehr die Beine in den Bauch.«

»Ich dachte, Ihr Informant ist zuverlässig?«

»In der Regel schon. Vielleicht wird das die Ausnahme.« Der Detective lächelte, offensichtlich an derlei Enttäuschungen gewöhnt. Rebus war schon vorher aufgefallen, dass der junge Mann abgekaute Nägel hatte und sogar die Haut ringsum abgezupft und wund war. Ein gestresster junger Mann. In ein paar Jahren würde er Übergewicht haben und schon bald darauf ein Herzinfarktkandidat sein: H.I.K. sagte man dazu auf der Wache. Man war entweder fit oder hik. Rebus war eindeutig Letzteres.

»Aber jetzt im Ernst, wo waren Sie?«

»Ich hab zufällig einen alten Freund getroffen. Na ja, um genau zu sein, einen alten Gegner. Jackie Crawford.«

»Jackie Crawford? Sie meinen, ›Trigger‹ Crawford?« Der junge Detective blätterte sichtlich seine Erinnerungsakten durch. »Stimmt, ich hatte davon gehört, dass er draußen ist.«

»Ach ja? Niemand hat es für nötig gehalten, mich zu informieren.«

»Ja, ging irgendwie darum, dass sein Sohn gestorben ist. Überdosis. Danach war Crawford nicht mehr derselbe. Ist zu einem Bibelfreak geworden.«

»Überdosis? Sie meinen, sein Sohn ist an Drogen gestorben?«

Der Detective nickte. »Heroin. Ist nicht allzu weit von meinem Revier passiert. Irgendwo in Partick.«

»Crawfords Sohn wohnte also in Glasgow?«

»Nein, er war nur zu Besuch da. Gewohnt hat er hier in Edinburgh.« Der Detective war nicht so langsam von Begriff wie manch anderer. Ihm war klar, woran Rebus dachte. »Herrgott, Sie meinen doch nicht etwa …?«

Und dann rannten sie beide auch schon los, drängten sich durch die Menschenmenge, und der Detective aus Glasgow brüllte dabei in sein Funkgerät, aber seine Worte gingen in dem allgemeinen Lärm, dem Geschrei, Gejubel und Gesinge, hoffnungslos unter. Sie kamen immer langsamer voran. Es war so, als kämpfte man sich durch brusttiefes Wasser. Rebus taten die Beine weh, sie fühlten sich völlig kraftlos an, und Schweiß lief ihm den Rücken hinunter. Crawfords Sohn war durch Heroin gestorben, Heroin, das er höchstwahrscheinlich in Edinburgh gekauft hatte, und der Mann, der hinter den meisten Heroindeals in Edinburgh steckte, wartete irgendwo ein Stück weiter die Straße hinunter. Zufall? Er hatte nie so richtig an Zufälle geglaubt, nie so richtig. Sie waren bequeme Ausreden für den, der das Undenkbare mit einem Achselzucken abtun wollte.

Was hatte Crawford noch mal gesagt? Etwas von wegen, er sei heute Nacht hergekommen, um seinen Frieden zu finden. Nun, es gab verschiedene Möglichkeiten, Frieden zu finden. »Entsteht ein dauernder Schaden, so sollst du geben Leben um Leben.« Das stammte aus Exodus. Ein gefährliches Buch, die Bibel. Man konnte in sie alles hineinlesen, wonach einem gerade der Sinn stand.

Die Frage war aber: Was hatte Jackie Crawford im Sinn? Rebus graute vor dem Gedanken daran. Weiter vorn schien etwas loszusein, die Menschenmenge bildete einen engen Halbkreis um eine Ladenfront.

»Polizei!«, rief er. »Lassen Sie mich bitte durch.«

Widerwillig teilte sich die Masse, gerade so weit, dass er sich durchquetschen konnte. Schließlich stand er vor dem Geschäft und starrte hinunter auf den zusammengesackten

Körper von Alan Lyons. Eine lange Blutspur lief das Schaufenster hinunter, bis da hin, wo er lag. Auf seiner Brust war ein dunkelroter Fleck zu sehen. Einer der Glasgower Beamten versuchte erfolglos, die Blutung mit seinem eigenen zusammengerollten, schon völlig durchweichten Mantel zu stillen. Weitere Officer hielten die Menge zurück. Rebus bekam Fetzen von dem mit, was sie sagten.

»Sah so aus, als wollte er ihm die Hand geben.«

»Sah so aus, als würde er ihn umarmen.«

»Dann das Messer ...«

»Hat ein Messer gezogen.«

»Hat zweimal zugestochen, bevor wir etwas machen konnten.«

»Da war nichts zu machen.«

Eine Sirene heulte und kam langsam näher. An Hogmanay waren in der Umgebung des Tron immer Rettungswagen postiert. Neben Lyons lag, noch immer fest in seiner Hand, die Tasche mit dem Drogengeld.

»Wird er durchkommen?«, fragte Rebus, an niemand Besonderen gewandt, was auch egal war, da ihm niemand antwortete. Er dachte einen Monat zurück, erinnerte sich an einen anderen Dealer, ein anderes Messer ... Dann erblickte er Crawford. Er wurde am Rand der Menge von zwei weiteren Zivilbeamten festgehalten. Der eine hielt ihm die Arme hinter dem Rücken fest, während der andere ihn nach Waffen durchsuchte. Auf dem Bürgersteig, zwischen der Stelle, an der Crawford stand, und derjenigen, an der Alan Lyons am Sterben oder schon tot war, lag ein ziemlich unscheinbares Messer, klein genug, um in einer Socke oder im Hosenbund versteckt zu werden, aber groß genug, um zu töten. Zwei, drei Zentimeter Klinge reichten vollauf. Der andere Detective stand jetzt neben Rebus.

»O Scheiße«, sagte er. Aber Rebus starrte Crawford an, und Crawford starrte zurück, und in dem Moment verstanden sie sich vollkommen. »Ich glaube nicht, dass die Person mit der Ware noch auftaucht. Wenn sie überhaupt vorhatte, hier aufzukreuzen.«

»Das glaube ich schon«, erwiderte Rebus und wandte den Blick von Crawford ab. »Fragen Sie sich doch selbst: Woher wusste Crawford, dass Lyons heute Nacht auf der High Street sein würde?« Der Detective gab keine Antwort. Hinter ihnen drängten die Leute nach vorn, begierig, das Opfer zu sehen, und gaben dann Ekelgeräusche von sich, bevor sie eine weitere Dose Lager oder eine kleine Flasche Wodka öffneten. Der Rettungswagen war noch immer gute fünfzig Meter entfernt. Rebus nickte in Crawfords Richtung.

»Der weiß, wo das Zeug ist, aber er hat es wahrscheinlich irgendwo entsorgt. Wo es niemand jemals finden wird. Es war nur ein Köder, nichts anderes. Nur ein Köder.«

Und der Köder hatte Wirkung. Haken, Schnur und Senker: Lyons hatte alles geschluckt, während Rebus, auch nicht viel gescheiter, etwas anderes geschluckt hatte. Er spürte es noch in seinem Rachen, wie ein Geschwür, wie etwas, das er niemals würde loswerden können. Er warf einen Blick auf den am Boden liegenden Körper und lächelte unwillkürlich. Ihm war eine Schlagzeile eingefallen, eine, die nie gedruckt werden würde.

LYONS DEM CHRISTEN VORGEWORFEN.

Irgendwo hinter ihm übergab sich jemand geräuschvoll.

Eine Flasche zerschellte an einer Hauswand. Die lautesten Stimmen in der Menge klangen allmählich gereizt und scharf. In einer knappen Viertelstunde würden sie aufhören, »lustige Zecher« zu sein, und sich in schlichte Krawallmacher verwandeln. Aus einer der dunklen Gassen ertönte das Kreischen einer Frau. Auf Jackie Crawfords Gesicht lag ein Ausdruck ruhigen, rechtschaffenen Triumphs. Er leistete keinerlei Widerstand. Er hatte gewusst, dass sie Lyons beobachteten, hatte gewusst, dass er vielleicht Lyons töten konnte, aber niemals damit davonkommen würde. Und dennoch hatte er zugestochen. Was sonst hätte er mit seiner Freiheit anfangen sollen?

Die Nacht war jung und ebenso das Jahr. Rebus streckte dem Detective die Hand entgegen.

»Frohes neues Jahr«, sagte er. »Und noch viele von der Sorte.«

Der junge Mann starrte ihn ausdruckslos an. »Bilden Sie sich bloß nicht ein, Sie könnten uns das hier in die Schuhe schieben«, sagte er. »Das war *Ihre* Schuld. *Sie* haben Crawford laufen lassen. Edinburgh hat das versiebt, nicht wir.«

Rebus zuckte die Achseln und ließ die Hand heruntersinken. Dann marschierte er los, den Bürgersteig entlang, fort vom Schauplatz des Verbrechens. Der Rettungswagen fuhr an ihm vorbei. Jemand gab ihm einen Klaps auf die Schulter und reichte ihm die Hand. Von weitem sah der junge Detective, wie er zurückwich.

»Zur Hölle«, sagte Rebus leise, ohne selbst genau zu wissen, wem diese Aufforderung galt.

ERNEST HEMINGWAY

Schnee überm Land

Der Wagen der Drahtseilbahn ruckte noch einmal und hielt dann. Es ging nicht weiter. Dichter Schnee trieb über die Gleise. Der Sturm, der über die ungeschützte Oberfläche des Berges dahinjagte, hatte die Schneeoberfläche zu einer krustigen Schanze zusammengefegt. Nick wachste seine Skier im Gepäckabteil, stieß die Stiefelspitzen in die Bindung und zog die Spanner fest. Er sprang seitwärts aus dem Zug auf die harte Schanze, sprang um und fuhr in der Hocke, die Stöcke hinter sich her schleifend, in Schußfahrt den Abhang hinunter.

Auf dem Weißen tiefer unten tauchte George hinab, kam hoch und tauchte außer Sicht. Das Runtersausen und das plötzliche Niederschießen, als er einen welligen Steilhang der Bergwand Schuß fuhr, schalteten Nicks Denken aus und ließen nur das herrliche Gefühl von Fliegen und Fallen in seinem Körper. Er tauchte auf einer kleinen Anhöhe wieder auf, und dann schien der Schnee unter ihm wegzufallen, als er abfuhr, hinab, hinab, schneller, schneller in einem Schwung den letzten, langen, steilen Abhang hinab. In der Hocke, so daß er beinahe auf seinen Skiern saß, um seinen Schwerpunkt möglichst tiefzulegen, fühlte er, als der Schnee wie ein Sandsturm ihn umbrauste, daß er zu starkes Tempo fuhr. Aber er hielt es. Er wollte nicht lockerlassen und umschmeißen. Dann schmiß ihn eine Stelle weichen Schnees um, die der Wind in einer Vertiefung gelassen hatte, er überschlug sich skiklappernd wieder und wieder, fühlte sich wie ein angeschossenes Kaninchen, dann war er festgekeilt, mit gekreuzten Beinen, seine Skier kerzengrade in der Luft und Nase und Ohren voller Schnee.

George stand etwas weiter unten am Abhang und klopfte mit großen Klapsen den Schnee von seiner Windjacke,

»Deins war 'ne fabelhafte Abfahrt, Mike«, rief er Nick zu. »Das da ist lausig weicher Schnee. Hat mich genauso hingehauen.«

»Wie ist es denn jenseits der Mulde?« Nick stieß, auf dem Rücken liegend, seine Skier herum und stand auf.

»Man muß sich links halten. Es ist eine schöne, steile Abfahrt, und unten ein Christi wegen einem Zaun.«

»Wart 'n Moment, wir wollen zusammen abfahren.«

»Nein, mach los. Fahr du zuerst. Ich möchte sehen, wie du die Mulden nimmst.«

Nick Adams fuhr an George vorbei, breiter Rücken, blonder Kopf, noch ein bißchen voll Schnee; dann kamen seine Skier am Rand ins Gleiten, und er schoß hinunter, zischend in dem kristallischen Pulverschnee, und er schien hinaufzuschweben und hinabzusinken, als er die wogenden Mulden rauf und runter fuhr. Er hielt sich links, und zum Schluß, als er mit fest zusammengepreßten Knien auf den Zaun zusauste und seinen Körper eindrehte, als ob er eine Schraube anzog, brachte er seine Skier in dem aufstäubenden Schnee scharf nach rechts herum und verlangsamte die Geschwindigkeit parallel zu Berghang und Drahtzaun.

Er sah den Berg hinauf. George kam kniend in Telemarkstellung herunter, ein Bein vor und gebeugt, das andere nach sich ziehend; seine Stöcke hingen wie die dünnen Beine irgendeines Insekts und wirbelten beim Berühren der Oberfläche Schneewölkchen auf, und schließlich kam die ganze kniende, schleifende Gestalt in einem wunderbaren Rechtsbogen tief in der Hocke herum, ging in Ausfallstellung, der Körper lehnte sich nach außen über, die Stöcke betonten den Bogen wie Interpunktionszeichen aus Licht, alles in einer wilden Wolke von Schnee.

»Ich hatte Angst mit 'nem Christi«, sagte George. »Der Schnee war mir zu tief. Deiner war fabelhaft.«

»Ich kann mit meinem Bein keinen Telemark machen«, sagte Nick.

Nick drückte den obersten Draht des Zaunes mit seinem Skier herunter, und George glitt darüber weg. Nick folgte ihm hinunter auf die Landstraße. Sie stakten mit weichen Knien die Landstraße entlang in einen Tannenwald hinein. Die Straße wurde zu poliertem Eis, orange und tabakgelb gefleckt von den Gespannen, die Baumstämme schleppten. Die Skiläufer hielten sich auf dem Schneestreifen am Rand. Die Straße senkte sich scharf einem Fluß zu und lief dann gerade bergauf. Durch den Wald hindurch sahen sie ein langgestrecktes, tiefdachiges, verwittertes Gebäude. Durch die Bäume sah es blaßgelb aus. Näher dran waren die Fensterläden grün gestrichen. Die Farbe blätterte ab. Nick schlug mit einem seiner Skistöcke die Spanner auf und schüttelte die Skier ab.

»Wir können sie hier geradesogut tragen«, sagte er.

Er kletterte den steilen Weg mit den Skiern auf der Schulter bergan und schlug die Absatznägel in den vereisten Boden. Er hörte George dicht hinter sich atmen und seine Absätze einschlagen. Sie lehnten die Skier gegen die Mauer des Gasthauses, klopften sich gegenseitig den Schnee von den Hosen, stampften ihn von den Stiefeln ab und gingen hinein.

Drinnen war es ganz dunkel. Ein großer Kachelofen glänzte in der Ecke des Zimmers. Es hatte eine niedrige Decke. Glatte Bänke standen hinter dunklen, weinfleckigen Tischen an den Wänden entlang. Zwei Schweizer saßen über ihren Pfeifen und zwei Schoppen trüben jungen Weins dicht am Ofen. Die Jungen zogen ihre Jacken aus und setzten sich an die Wand auf der anderen Seite des Ofens. Eine Stimme im Nebenzimmer hörte auf zu singen, und ein Mädchen in einer blauen Schürze kam durch die Tür herein, um zu hören, was sie trinken wollten.

»Eine Flasche Sion«, sagte Nick. »Ist dir das recht, Gidge?«

»Natürlich«, sagte George. »Du verstehst mehr von Wein als ich. Ich trink alles gern.«

Das Mädchen ging hinaus.

»An Skilaufen kann doch eigentlich nichts tippen, findest du nicht?« sagte Nick. »Das Gefühl so zuerst, wenn man lossaust.«

»Hach«, sagte George, »man kann gar nicht davon reden, so schön.«

Das Mädchen brachte den Wein, und sie hatten Mühe mit dem Korken. Endlich bekam Nick die Flasche auf. Das Mädchen ging hinaus, und sie hörten sie im Nebenzimmer ein deutsches Lied singen.

»Die kleinen Korkstückchen drin schaden nichts«, sagte Nick.

»Ob sie wohl Kuchen hat?«

»Wir wollen mal fragen.«

Das Mädchen kam herein, und Nick sah, daß ihre Schürze schwellend ihre Schwangerschaft bedeckte. Warum ich das wohl nicht bemerkt habe, als sie zum erstenmal hereinkam, dachte Nick.

»Was sangen Sie eben?« fragte er sie,

»Oper, deutsche Oper.« Sie hatte keine Lust, das Thema zu erörtern. »Wir haben Apfelstrudel, wenn Sie wollen.«

»Ist nicht so freundlich, nicht wahr?« sagte George.

»Na, schließlich kennt sie uns ja nicht, und vielleicht dachte sie, daß wir sie wegen ihres Singens aufziehen wollten. Wahrscheinlich kommt sie von dort oben, wo sie deutsch sprechen, und sie ist gereizt, weil sie hier sein muß, und dann erwartet sie ein Kind und ist nicht verheiratet, und dann ist sie eben gereizt.«

»Woher weißt du denn, daß sie nicht verheiratet ist?«

»Keinen Ring. Teufel noch mal, hier heiratet kein Mädchen, bevor sie nicht schwanger ist.«

Die Tür öffnete sich, und ein Trupp Holzfäller kam von der Landstraße herein; sie stampften ihre Stiefel ab und dampften in der Stube. Die Kellnerin brachte drei Liter jungen Wein für die Bande, und sie saßen rauchend und schweigsam an den beiden Tischen; sie hatten die Hüte abgenommen und lehnten sich rückwärts gegen die Wand oder vornüber auf den Tisch. Draußen hörte man von Zeit zu Zeit ein scharfes Glockengeklirr, wenn die Pferde vor den Holzschlitten die Köpfe hin und her warfen.

George und Nick waren glücklich. Sie mochten einander gern. Sie wußten, daß sie noch die Abfahrt nach Hause vor sich hatten.

»Wann mußt du wieder zurück in die Schule?« fragte Nick.

»Heute abend«, antwortete George. »Ich muß den 10 Uhr 40 von Montreux kriegen.«

»Ich wünschte, du könntest bleiben, und wir könnten morgen den Dent du Lys machen.«

»Muß mich bilden«, sagte George. »Gott, Nick, wär's nicht herrlich, wenn wir einfach so rumstrolchen könnten? Unsere Skier nehmen und uns auf die Bahn setzen und aussteigen, wo's 'ne gute Abfahrt gibt, und dann weiter, in Kneipen kampieren und durchs ganze Oberland wandern und das Valais rauf und durchs ganze Engadin und nur Reparaturzeug und Reservesweater und Pyjamas in unseren Rucksäcken mitnehmen, und uns den Teufel um die ganze Schule oder sonst was kümmern.«

»Ja, und dann so durch den Schwarzwald laufen. Mensch, all die tollen Orte.«

»Da warst du vorigen Sommer angeln, nicht wahr?«

»Ja.«

Sie aßen den Strudel und tranken den Wein aus.

George lehnte sich gegen die Wand zurück und schloß die Augen.

»Von Wein fühl ich mich immer so«, sagte er.

»Fühlst du dich schlecht?« fragte Nick.

»Nein, gut, aber komisch.«

»Ich weiß«, sagte Nick.

»Sicher«, sagte George.

»Wollen wir noch 'ne Flasche bestellen?« fragte Nick.

»Nicht für mich«, sagte George.

Sie saßen da, Nick hatte die Ellbogen auf den Tisch gestützt, und George fläzte sich gegen die Wand.

»Erwartet Helen ein Baby?« fragte George und kippte von der Wand an den Tisch zurück.

»Ja.«

»Wann?«

»Im Spätsommer.«

»Freust du dich?«

»Ja, jetzt ja.«

»Wirst du nach Amerika zurückgehen?«

»Wahrscheinlich.«

»Möchtest du?«

»Nein.«

»Möchte Helen?«

»Nein.«

George saß schweigend da. Er sah auf die leere Flasche und die leeren Gläser.

»Zu gemein, nicht?« sagte er.

»Nein, doch nicht ganz«, sagte Nick.

»Wieso nicht?«

»Ich weiß nicht«, sagte Nick.

»Ob ihr je in Amerika zusammen Ski laufen werdet?« sagte George.

»Ich weiß nicht«, sagte Nick.

»Die Berge taugen nicht viel«, sagte George.

»Nein«, sagte Nick, »sie sind zu felsig. 's gibt zuviel Wald, und sie sind zu weit weg.«

»Ja«, sagte George, »genauso ist es in Kalifornien.«

»Ja«, sagte Nick, »so ist es eigentlich überall, wo ich war.«

»Ja«, sagte George, »das stimmt.«

Die Schweizer standen auf, zahlten und gingen hinaus.

»Ich wünschte, wir wären Schweizer«, sagte George.

»Die haben alle Kröpfe«, sagte Nick.

»Das glaube ich nicht«, sagte George.

»Ich auch nicht«, sagte Nick.

Sie lachten.

»Kann sein, daß wir nie wieder zusammen Ski laufen werden, Nick«, sagte George.

»Wir müssen, unbedingt«, sagte Nick. »Ohne lohnt ja das Ganze nicht.«

»Wir werden, bestimmt«, sagte George.

»Ja, wir müssen«, stimmte Nick zu.

»Ich wünschte, wir könnten einen Eid darauf ablegen«, sagte George.

Nick stand auf. Er zog den Gürtel seiner Windjacke fest zu. Er beugte sich über George und nahm die beiden Skistöcke von der Wand. Den einen Stock stieß er in den Fußboden.

»Hat keinen Sinn, einen Eid abzulegen«, sagte er.

Sie öffneten die Tür und gingen hinaus. Es war sehr kalt. Der Schnee war stark verharscht. Die Landstraße führte den Hügel hinauf in den Tannenwald.

Sie nahmen ihre Skier, die gegen die Mauer des Gasthauses lehnten. Nick zog seine Handschuhe an. George ging schon mit den Skiern auf der Schulter die Straße hinauf. Jetzt hatten sie noch die gemeinsame Abfahrt nach Hause vor sich.

P. D. JAMES

Der Mistelzweigmord

Zu den kleineren Irritationen im Leben eines erfolgreichen Kriminalschriftstellers gehört die immer wiederkehrende Frage: »Und waren Sie im wirklichen Leben auch schon mal in einen Mordfall verwickelt?« Wobei Blick und Ton des Fragestellers mitunter zu verstehen geben, es könnte wohl nicht schaden, würde das Morddezernat der Metropolitan Police einmal in meinem Garten graben. Ich habe stets verneint, teils aus Diskretion, teils weil die wahre Geschichte zu viel Zeit in Anspruch nähme und meine Rolle darin selbst aus der Distanz von sechzig Jahren nur schwer zu rechtfertigen ist. Heute aber, als Achtzigjährige und einzige Überlebende jenes denkwürdigen Weihnachtsfestes von 1940, darf ich sie wohl getrost erzählen, und sei es nur mir selbst zu Gefallen. »Der Mistelzweigmord«, so soll sie heißen. Misteln kommen darin nur am Rande vor, aber ich hatte schon immer eine Schwäche für Alliterationen im Titel. Die Personennamen sind geändert. Zwar ist niemand mehr am Leben, der sich bloßgestellt fühlen oder dessen Ruf Schaden nehmen könnte, doch warum sollte man auf das Ansehen der Toten weniger Rücksicht nehmen?

Ich war achtzehn, als es geschah, eine junge Kriegerwitwe; mein Mann war zwei Wochen nach unserer Hochzeit gefallen, einer der ersten Piloten der Royal Air Force, die im Einzeleinsatz abgeschossen wurden. Danach meldete ich mich als Luftwaffenhelferin, zum einen weil ich mir einredete, dass Alastair sich darüber gefreut hätte, vor allem aber aus dem Bedürfnis heraus, in einem neuen Wirkungskreis mit neuen Pflichten meine Trauer zu lindern. Was jedoch nicht gelang. So ein schmerzlicher Verlust ist wie eine schlimme Krankheit. Entweder man stirbt daran, oder man überlebt, und heilen kann sie nur die Zeit, nicht aber ein Tapetenwechsel. Den Ausbildungskurs absolvierte ich wild entschlossen, bis zum Ende durchzuhalten, doch als sechs Wochen vor Weihnachten die Einladung meiner Großmutter kam, sagte ich erleichtert zu. Damit war ein Problem gelöst. Ich hatte keine Geschwister, und mein Vater, ein Arzt, war trotz seines fortgeschrittenen Alters freiwillig als Rekrut zur Sanitätstruppe gegangen; meine Mutter hatte sich nach Amerika abgesetzt. Zwar hatten etliche Schulfreunde, darunter auch einige im Militärdienst, mich zu sich nach Hause eingeladen, aber ich fühlte mich nicht einmal den gedämpften Festlichkeiten einer Kriegsweihnacht gewachsen und fürchtete, ihnen und ihren Familien die Feiertage zu verderben.

Außerdem war ich neugierig auf das Haus, in dem meine Mutter aufgewachsen war. Mit der eigenen Mutter hatte sie sich nie verstanden, und nach ihrer Heirat kam es endgültig zum Bruch. Ich war meiner Großmutter nur einmal als Kind begegnet und hatte sie als eine furchterregende, scharfzüngige Frau in Erinnerung, die junge Leute nicht besonders mochte. Aber jetzt war ich nicht mehr jung, außer an Jahren, und was ihr Brief in dezenten Andeutungen verhieß – ein warmes Haus mit prasselnden Kaminfeuern, nahrhafte Kost und guten Wein, Ruhe und Frieden – war genau das, wonach ich mich sehnte. Weitere Gäste waren nicht vorgesehen, aber mein Vetter Paul hoffte, an Weihnachten Urlaub zu bekommen. Ich hatte nur noch diesen einen Vetter und war sehr gespannt auf ihn. Paul war der jüngere Sohn des Bruders meiner Mutter und etwa sechs Jahre älter als ich. Nicht nur wegen der Familienfehde, sondern auch, weil seine Mutter Französin war und er einen Großteil seiner Kindheit in ihrer Heimat verbrachte, hatten wir einander nie kennengelernt. Sein älterer Bruder war gestorben, als ich noch zur Schule ging. Ich erinnerte mich dunkel an irgendein unrühmliches Geheimnis, das hinter vorgehaltener Hand kolportiert, aber nie gelüftet wurde. Wie Großmutter mir in ihrem Brief versicherte, würden außer uns dreien nur der Butler Seddon und seine Frau zugegen sein. Sie hatte sich die Mühe gemacht, einen Überlandbus herauszusuchen, der an Heiligabend um fünf Uhr nachmittags von der Victoria Station abfuhr und mich bis zur nächstgelegenen Ortschaft bringen würde, wo Paul mich abholen sollte.

Der entsetzliche Mord und der Stunde um Stunde in äußerster Spannung durchlebte traumatische Tag danach haben meine Erinnerung an Reise und Ankunft verwischt. Von Heiligabend sind mir eine Reihe unzusammenhängender, leicht surrealer Bilder wie aus einem grobkörnigen Schwarzweißfilm im Gedächtnis geblieben. Der verdunkelte Bus, der mit abgeblendeten Scheinwerfern unter einem schwankenden Mond durch die unbeleuchtete, öde Landschaft kriecht; die hochgewachsene Gestalt meines Vetters, der mir an der Endstation aus dem Dunkel entgegentritt; ich, in eine Wolldecke gehüllt, auf dem Beifahrersitz seines Sportwagens während der Fahrt durch nachtschwarze Dörfer, die schemenhaft aus dem Schneegestöber auftauchen. Eins aber sehe ich klar und wundersam vor mir: meine erste Begegnung mit Stutleigh Manor. Zuerst war da nur eine nüchterne Silhouette, die aus der Dunkelheit gegen den grauen, spärlich besternten Himmel aufragte. Doch dann trat der Mond hinter einer Wolke hervor, und in sein weißes Licht getaucht, erschien das Herrenhaus ebenmäßig, schön und geheimnisvoll.

Fünf Minuten später folgte ich dem kleinen Lichtkegel von Pauls Taschenlampe ins Portal mit seinem rustikalen Sammelsurium von Spazierstöcken, derben Schuhen, Gummistiefeln und Regenschirmen und gelangte durch den Verdunkelungsvorhang in die angenehm warme, hell erleuchtete quadratische Halle. Ich erinnere mich an das mächtig lodernde Holzfeuer im Kamin, an die Familienporträts, das komfortable, aber schon etwas heruntergekommene Ambiente sowie an die Stechpalmen- und Mistelzweigsträußchen über Bildern und Türen, die den einzigen Weihnachtsschmuck darstellten. Meine Großmutter kam gemessenen Schrittes die breite Holztreppe herab, um mich zu begrüßen. Sie war zierlicher, als ich sie in Erinnerung hatte, feingliedrig und so klein, dass sie nicht einmal an mich mit meinen knapp ein Meter sechzig heranreichte. Doch ihr Händedruck war erstaunlich fest, und ein Blick in ihre scharfen, klugen Augen verriet mir ebenso wie der gebieterische Zug um ihren Mund, den ich so gut von meiner Mutter kannte, dass sie immer noch zum Fürchten war.

Ich war froh, hier zu sein, froh, zum ersten Mal mit meinem einzigen Vetter zusammenzutreffen, aber in einem Punkt hatte meine Großmutter mich getäuscht. Es gab nämlich noch einen zweiten Gast, einen entfernten Verwandten, der mit dem Wagen aus London gekommen und vor mir eingetroffen war. Rowland Maybrick wurde mir vorgestellt, als wir uns vor dem Abendessen in einem Salon links von der großen Halle zum Aperitif versammelten. Ich mochte ihn auf Anhieb nicht und war meiner Großmutter dankbar dafür, dass sie nicht vorgeschlagen hatte, er solle mich in seinem Auto mitnehmen. Die grobe Taktlosigkeit, die er gleich bei der Begrüßung beging – »Du hast mir ja gar nicht gesagt, Paul, dass ich bei euch auf so eine hübsche junge Witwe treffen würde« –, bestätigte mein Vorurteil gegen diesen Typus Mann, oder was meine jugendliche Intoleranz dafür hielt. Maybrick trug die Uniform eines Fliegerleutnants, aber ohne Pilotenschwingen – *Wingless Wonders* lautete unser Spitzname für diese Truppe. Er war dunkelhaarig, gutaussehend, mit vollen Lippen unter einem dünnen Schnurrbart, mit amüsiert forschendem Blick und siegessicherem Auftreten. Männer seines Schlages waren mir nicht fremd, in Stutleigh Manor hätte ich so jemanden allerdings nicht erwartet. Wie ich erfuhr, handelte er im Zivilleben mit Antiquitäten. Paul spürte vielleicht meine Enttäuschung darüber, nicht der einzige Gast zu sein, und erklärte, die Familie sehe sich genötigt, eine wertvolle Münzsammlung zu veräußern. Rowland habe man als Experten hinzugezogen, der die Stücke schätzen und einen Käufer dafür finden solle. Doch Maybrick war keineswegs nur an Münzen interessiert. Sein Blick schweifte über Möbel, Bilder, Porzellan und Bronzestatuen, die er mit langen Fingern befühlte und streichelte, als beziffere er im Geiste schon ihren Preis. Und bei entsprechender Gelegenheit hätte er sich vermutlich nicht gescheut, auch mich zu betatschen und meinen Gebrauchtwert zu taxieren.

Großmutters Butler und die Köchin, unentbehrliche Nebendarsteller eines jeden Landhaus-Mordes, waren tüchtig und respektvoll, ließen jedoch keine rechte Weihnachtsstimmung aufkommen. Meine Großmutter hätte, sofern sie sich überhaupt Gedanken darüber machte, vermutlich jeden der beiden als treuergebenes Faktotum bezeichnet. Doch ich hatte meine Zweifel. 1940 waren die Zeiten nicht mehr so wie früher. Mrs. Seddon wirkte überarbeitet und gelangweilt zugleich, eine ungute Mischung, während ihr Mann kaum den düsteren Groll desjenigen verhehlte, der weiß, wie viel mehr er als Rüstungsarbeiter auf dem benachbarten R.A.F.-Stützpunkt verdienen könnte.

Mein Zimmer gefiel mir: das Himmelbett mit den verblichenen Vorhängen, der bequeme niedrige Sessel am Kamin, der elegante kleine Schreibsekretär, die mit Fliegendreck besprenkelten Drucke und Aquarelle. Vor dem Zubettgehen knipste ich die Nachttischlampe aus und schob den Verdunkelungsvorhang zurück. Hohe Sterne und Mondschein, ein gefährlicher Himmel. Aber es war Heiligabend. Gewiss würden die Bomber heute nacht nicht aufsteigen. Und ich stellte mir vor, wie überall in Europa Frauen die Vorhänge aufzogen und hoffend und bangend zum drohenden Mond emporblickten.

Als ich früh am nächsten Morgen erwachte, lauschte ich vergeblich auf das Geläut der Kirchenglocken – Glocken, die 1940 nicht das Weihnachtsfest, sondern die Invasion angekündigt hätten. Tags darauf ging die Polizei diesen ersten Feiertag Minute für Minute so gründlich mit mir durch, dass ich mich auch zweiundsechzig Jahre später noch an jede Einzelheit erinnern kann. Nach dem Frühstück kam die Bescherung. Für die reizende Brosche aus Gold und Emaille, die ich von meiner Großmutter erhielt, hatte sie offenbar ihre Schmuckkassette geplündert, und Pauls Geschenk, ein viktorianischer Ring mit einem von Staubperlen eingefassten Granatstein, stammte vermutlich aus derselben Quelle. Ich brauchte mit meinen Präsenten nicht zurückzustehen. Im Dienste der Familienversöhnung trennte ich mich von zwei ganz besonderen Kleinoden, einer Erstedition der *Shropshire-Lad Gedichte* für Paul und einer frühen Ausgabe von *Grossmiths' Diary of a Nobody* für meine Großmutter. Und ich legte mit beiden Ehre ein. Rowlands Beitrag zur Weihnachtsration bestand aus drei Flaschen Gin, etlichen Päckchen Tee, Kaffee, Zucker und einem Pfund Butter, wahrscheinlich alles aus R.A.F.-Beständen entwendet. Kurz vor Mittag erschien der örtliche Kirchenchor in arg gelichteter Formation, sang a cappella und peinlich falsch ein halbes Dutzend Weihnachtslieder, wurde von einer sehr ungnädigen Mrs. Seddon mit Glühwein und Mince Pies belohnt und verschwand, sichtlich erleichtert, durch den Verdunkelungsschutz heim zum eigenen Festessen.

Nach dem traditionellen Weihnachtsmahl, das um ein Uhr aufgetragen wurde, lud Paul mich zu einem Spaziergang ein. Warum er meine Begleitung wünschte, blieb unklar, denn er machte unterwegs kaum den Mund auf. Verbissen und lustlos, als gälte es, einen Geländemarsch zu absolvieren, stapften wir über die gefrorenen Furchen brachliegender Felder und durch Wäldchen ohne auch nur einen Vogel. Es hatte aufgehört zu schneien, aber eine dünne, harschige Schicht lag makellos weiß unter einem bleiernen Himmel. Bei Einbruch der Dämmerung kehrten wir um und näherten uns Stutleigh Manor von der Rückseite; wie ein großes graues L hob sich das verdunkelte Anwesen von der verschneiten Landschaft ab. Plötzlich, von einem jähen Stimmungswandel übermannt, begann Paul den Schnee mit den Händen zusammenzuschaufeln und bewarf mich damit. Wen solch ein eisiges Geschoss ins Gesicht trifft, der lechzt nach Revanche, und die nächsten zwanzig Minuten vergnügten wir uns wie die Kinder bei einer zünftigen Schneeballschlacht, bis der Schnee auf Rasen und Kiesweg zu Matsch zertrampelt war.

Die frühen Abendstunden vergingen teils unter zwanglosem Geplauder im Salon, teils las man oder döste vor sich hin. Im Gegensatz zu der üppigen Mittagstafel mit Gans und Plumpudding gab es abends nur einen leichten Imbiss – bestehend aus Suppe und Kräuteromelette –, der wie gewohnt sehr früh serviert wurde, damit die Seddons rechtzeitig ins Dorf kamen, um mit ihren Freunden zu feiern. Nach Tisch kehrten wir in den Salon im Erdgeschoss zurück. Rowland, der das Grammophon angestellt hatte, fasste mich unvermittelt bei den Händen und sagte: »Kommen Sie tanzen!« Das Grammophon war ein neues Modell mit Plattenwechsler, und während sich ein Ohrwurm nach dem anderen auf dem Teller drehte – »Jeepers Creepers«, »Beer Barrel Polka«, »Tiger Rag«, »Deep Purple« –, wirbelten wir zu Walzer-, Tango-, Foxtrott- und Quickstepp-klängen durchs Zimmer und bis hinaus in die Halle. Rowland war ein vorzüglicher Tänzer. Ich, die seit Alastairs Tod nicht mehr getanzt hatte, vergaß im Überschwang von Rhythmus und Bewegung meine Antipathie und überließ mich ganz seiner Führung und den immer raffinierteren Schrittfolgen. Doch der Bann war gebrochen, als er mich zu Beginn eines Walzers draußen in der Halle mit den Worten an sich zog:

»Unser junger Held scheint mir ein wenig bedrückt. Hätte sich vielleicht doch lieber nicht zu dieser Mission gemeldet.«

»Was denn für eine Mission?«

»Können Sie sich das nicht denken? Mutter Französin, Studium an der Sorbonne, spricht akzentfrei, ist landeskundig. Ein Traumkandidat.«

Ich gab keine Antwort. Aber ich fragte mich, woher Rowland sein Wissen bezog.

»Irgendwann kommt der Moment«, fuhr er fort, »in dem diese tapferen Helden begreifen, dass es kein Spiel mehr ist. Dass es jetzt zur Sache geht. Statt guter, alter Heimaterde hat man plötzlich Feindesland unter sich; kriegt es mit echten Deutschen, echten Kugeln, echten Folterkammern und echtem Schmerz zu tun.«

Und mit echtem Tod, dachte ich, löste mich aus seinen Armen und hörte, als ich den Salon betrat, sein leises Lachen hinter mir.

Bevor meine Großmutter sich kurz vor zehn zurückzog, wollte sie Maybrick noch die Münzen aushändigen, die in der Bibliothek im Safe lagen. Da er am nächsten Tag in London zurückerwartet wurde, bat sie ihn, die Sammlung noch am Abend zu begutachten. Rowland sprang sofort auf und erbot sich, sie zu begleiten.

»Im Radio kommt ein Stück von Edgar Wallace«, wandte Großmutter sich abschließend an Paul. »Vielleicht höre ich mir das an. Es geht bis um elf. Sei so nett und komm mir dann gute Nacht sagen. Aber nicht später.«

Sobald wir allein waren, meinte Paul: »Jetzt gehen wir zur Musik des Feindes über«, und vertauschte die Tanzplatten mit Wagner. Während ich las, holte er ein Kartenspiel aus dem Sekretär und legte eine Patience. Er konzentrierte sich verbissen auf seine Figuren, derweil mir die viel zu laute Wagnermusik in den Ohren gellte. Als in eine Orchesterpause hinein die Stiluhr auf dem Kaminsims elf schlug, schob Paul die Karten zusammen.

»Zeit, Großmama gute Nacht zu sagen«, meinte er. »Hast du noch einen Wunsch?«

»Nein«, antwortete ich leicht verwundert. »Danke.«

Das einzige, was ich mir wünschte, war nicht so laute Musik, und sobald Paul gegangen war, stellte ich den Plattenspieler leiser. Mein Vetter kam rasch zurück. Als die Polizei mich am nächsten Tag danach fragte, antwortete ich, er sei schätzungsweise drei Minuten weg gewesen. Auf keinen Fall länger.

»Großmama möchte dich sprechen«, sagte Paul ruhig.

Gemeinsam verließen wir den Salon und durchquerten die Halle. Wo meinen auf einmal fast übernatürlich geschärften Sinnen zweierlei auffiel. Eine Beobachtung teilte ich der Polizei mit, die andere behielt ich für mich. Von dem Weihnachtsstrauß am Sturz über der Bibliothekstür waren sechs Beeren abgefallen, die wie verstreute Perlen auf den gebohnerten Dielen lagen. Und am Fuß der Treppe breitete sich eine kleine Wasserlache aus. Meinem Blick folgend, zückte Paul sein Taschentuch und wischte sie auf.

»Ich sollte wahrhaftig imstande sein, Großmamas Nachttrunk raufzutragen, ohne ihn zu verschütten«, bemerkte er.

Meine Großmutter, die unter dem Baldachin ihres Himmelbetts in den Kissen lehnte, wirkte auf einmal nicht mehr furchterregend, sondern schwach und angegriffen, wie eine müde, sehr alte Frau. Ich sah voller Freude, dass sie in meinem Buch gelesen hatte. Es lag aufgeschlagen auf dem runden Nachttisch, neben der Tischlampe, ihrem Radio, der eleganten kleinen Uhr, der schlanken, halbgefüllten Wasserkaraffe mit dem übergestülpten Glas und einer Porzellanhand, die aus einer modellierten Rüschenmanschette aufragte und der sie ihre Ringe angesteckt hatte. Großmutter bot mir ihre Hand; ihre Finger waren schlaff und kalt, der matte Händedruck kein Vergleich mit dem zu meiner Begrüßung.

»Ich wollte dir nur eine gute Nacht wünschen, meine Liebe«, sagte sie. »Und dir für dein Kommen danken. Familienfehden sind ein Luxus, den wir uns in Kriegszeiten nicht mehr leisten können.«

Gerührt beugte ich mich hinunter und küsste sie auf die Stirn, deren Haut sich feucht anfühlte. Doch meine spontane Geste war ein Fehler. Was immer sie von mir wollte: Zuneigung war es nicht.

Zurück im Salon, erkundigte sich Paul, ob ich Whisky möge. Als ich verneinte, entnahm er dem Barschränkchen eine Flasche für sich sowie eine Karaffe Rotwein, griff dann wieder nach dem Kartenspiel und erbot sich, mir Poker beizubringen. Und so verbrachte ich die Nachtstunden von etwa zehn nach elf bis fast zwei Uhr morgens mit unzähligen Kartenrunden, beschallt von Wagner und Beethoven, horchte, während ich das Feuer in Gang hielt, auf das Knistern und Fauchen der brennenden Scheite und sah zu, wie mein Vetter einen Whisky nach dem anderen trank, bis die Flasche leer war. Nur weil ich nicht wie eine krittelige Gouvernante dabeisitzen wollte, ließ ich mir schließlich ein Glas Rotwein einschenken. Die Uhr auf dem Kaminsims hatte Viertel vor zwei geschlagen, als Paul sich endlich aufraffte.

»Verzeih, Cousine«, sagte er. »Hab ziemlich einen sitzen. Würdest du mir deine Schulter leihen? Und dann ab ins Bett: schlafen, vielleicht auch träumen …«

Langsam mühten wir uns die Treppe hinauf. Oben angekommen, lehnte er sich an die Wand, während ich ihm die Tür öffnete. Sein Atem roch nur ganz leicht nach Whisky. Auf mich gestützt, torkelte er ins Zimmer und fiel wie ein Stein ins Bett.

Am nächsten Morgen um acht brachte Mrs. Seddon mir den Tee und schaltete das elektrische Heizgerät ein, bevor sie sich mit einem ausdruckslosen »Guten Morgen, Madam« zurückzog. Als ich verschlafen den Arm ausstreckte, um mir die erste Tasse einzugießen, flog nach einem hastigen Klopfen die Tür auf, und Paul stürmte herein. Er war bereits angekleidet und wirkte zu meinem Erstaunen kein bisschen verkatert.

»Hast du Maybrick heute Morgen schon gesehen?«, fragte er.

»Ich bin eben erst aufgewacht.«

»Mrs. Seddon sagt, sein Bett sei unberührt gewesen. Ich habe das ganze Haus abgesucht, konnte ihn aber nirgends finden. Ach, und die Tür zur Bibliothek ist abgeschlossen.«

Pauls Erregung war ansteckend. Er half mir in den Morgenrock, und nach kurzem Besinnen entschied ich mich, statt in meine Pantoffeln zu schlüpfen, für die Straßenschuhe.

»Wo ist der Schlüssel zur Bibliothek?«, fragte ich.

»Steckt von innen. Wir haben nur den einen.«

In der Halle war es schummerig, selbst als Paul das Licht anknipste, und die abgefallenen Mistelbeeren von dem Strauß über der Bibliothekstür schimmerten immer noch milchweiß auf dem dunklen Holzfußboden. Ich drehte am Türknauf, bückte mich und spähte durchs Schlüsselloch. Paul hatte recht, der Schlüssel steckte.

»Wir können von der Terrasse aus rein«, sagte er. »Nur müssen wir vielleicht eine Scheibe einschlagen.«

Durch eine Tür im Nordflügel gelangten wir ins Freie. Die kalte Luft prickelte auf meinem Gesicht. In der Nacht hatte es Frost gegeben, und die dünne Schneedecke war noch frisch verharscht, bis auf die Stelle, wo Paul und ich am Vortag herumgetollt waren. Vor der Bibliothek erstreckte sich eine knapp zwei Meter breite Terrasse, von der aus man über einen Kiesweg in den Garten gelangte.

Die doppelte Fußspur war deutlich zu erkennen. Jemand war über die Terrasse in die Bibliothek eingedrungen und hatte sie auf demselben Weg wieder verlassen. Meiner

Schätzung nach stammten die großen, etwas unförmigen Fußabdrücke von einem Paar abgelaufener Gummistiefel. Die erste Spur war teilweise von der zweiten überlagert.

»Gib acht, dass du da nirgendwo reintrittst«, warnte Paul. »Wir halten uns am besten dicht an der Mauer.«

Die Terrassentür war zu, aber nicht abgeschlossen. Den Rücken an die Scheibe gepresst, tastete Paul sich vor, öffnete die Tür einen Spaltbreit und schlüpfte hinein. Ich folgte ihm durch den Schlitz in der Verdunkelung und dann durch den schweren Brokatvorhang, die er mir nacheinander aufhielt. Die einzige Lichtquelle im Raum war eine Leuchte mit grünem Schirm, die auf dem Schreibtisch stand. Mein Herz raste, während ich ungläubig und doch wie gebannt darauf zuschritt. Hinter mir schlug Paul laut raschelnd die doppelten Vorhänge zurück. Im jäh hereinflutenden hellen Morgenlicht, vor dem der grüne Lampenschein verblasste, wurde das, was da über die Tischplatte hingestreckt lag, erschreckend sichtbar.

Der Schlag, der Rowland Maybrick getötet hatte, war mit so ungeheuerer Kraft geführt worden, dass er ihm den Schädel gespalten hatte. Seine Arme ruhten, seitwärts ausgestreckt, auf dem Tisch. Die linke Schulter hing nach unten, als ob auch sie einen Schlag abbekommen hätte, und die Hand war nur mehr ein grässlicher Klumpen geborstener Knochen in einem Brei aus geronnenem Blut. Das Zifferblatt seiner schweren goldenen Armbanduhr war zertrümmert, und winzige Glassplitter funkelten wie Diamanten auf dem Tisch. Einige der Münzen waren auf den Teppich gerollt, und die übrigen lagen, von der Wucht der Schläge durcheinandergewirbelt, auf dem Schreibtisch verstreut. Ich hob den Blick und vergewisserte mich, dass der Schlüssel tatsächlich von innen steckte. Paul starrte auf die kaputte Armbanduhr.

»Halb elf«, sagte er. »Entweder ist das die Todeszeit, oder man will es uns glauben machen.«

Neben der Tür stand ein Telefon, und ich rührte mich nicht vom Fleck, während Paul sich mit der Polizei verbinden ließ. Anschließend sperrte er die Tür auf, und wir traten hinaus in die Halle. Paul schloss hinter uns ab, und als er den Schlüssel, der sich so geräuschlos gedreht hatte, als sei das Schloss frisch geölt gewesen, einsteckte, sah ich, dass wir ein paar der abgefallenen Mistelbeeren zertreten hatten.

Eine halbe Stunde später traf Inspector George Blandy ein. Er war unverkennbar ein Landmensch, kräftig gebaut und mit einem dichten Blondschopf, der wie ein Strohdach über seinem kantigen, wettergegerbten Gesicht saß. Es war nicht auszumachen, ob er sich immer so langsam bewegte und seine Worte so umständlich wählte oder ob er sich bloß noch nicht von der weihnachtlichen Völlerei erholt hatte. Kurz darauf erschien der Polizeichef der Grafschaft persönlich. Paul hatte mir schon von ihm erzählt. Sir Rouse Armstrong war ein ehemaliger Kolonialgouverneur, deutlich jenseits der Pensionsgrenze und einer der letzten Chief Constables alter Schule. Der hochgewachsene Mann mit dem grüblerischen Adlergesicht begrüßte als Erstes meine Großmutter, die er mit dem Vornamen anredete. Mit der ernsten, verschwörerischen Miene dessen, der in einer ebenso dringlichen wie heiklen Familienangelegenheit zu

Rate gezogen wird, folgte er ihr nach oben in ihren Privatsalon. Inspector Blandy wirkte in seiner Gegenwart etwas gehemmt, und mir war ziemlich klar, wer hier in Wahrheit die Ermittlungen leiten würde.

Wenn Sie das jetzt für Agatha Christie pur halten, kann ich Ihnen nur beipflichten; genauso ist es mir damals auch vorgekommen. Doch man vergisst leicht, wie viel (abgesehen von der Mordrate) das England meiner Mutter und Dame Agathas abgründige Idylle miteinander gemeinsam hatten. Auch dass die Leiche in der Bibliothek gefunden wurde, jenem verhängnisvollsten Schauplatz der britischen Unterhaltungsliteratur, scheint mir durchaus angemessen.

Der Tote konnte erst weggebracht werden, wenn der Polizeiarzt ihn untersucht hatte. Der aber wirkte als Laiendarsteller beim Weihnachtsmärchen in der nahen Kreisstadt mit, und es dauerte, ihn aufzuspüren. Dr. Bywaters war klein und rundlich, ein rothaariger und rotgesichtiger Wichtigtuer. Seine angeborene Reizbarkeit hätte sich wohl über kurz oder lang Bahn gebrochen, wäre es bei dem Verbrechen nicht um ein so gewichtiges wie Mord und bei dem Tatort um einen weniger distinguierten als Stutleigh Manor gegangen.

Paul und ich wurden taktvoll aus der Bibliothek hinauskomplimentiert, während Dr. Bywaters seine Untersuchung vornahm. Meine Großmutter hatte es ohnehin vorgezogen, oben in ihrem Zimmer zu bleiben. Obwohl die Seddons mit der Zubereitung und dem Servieren von Sandwiches und unzähligen Tassen Tee und Kaffee auf Trab gehalten wurden, schienen sie, gestärkt durch das Bewusstsein eines unanfechtbaren Alibis, gleichwohl zum ersten Mal guter Dinge. Rowlands Weihnachtsgaben fanden regen Zuspruch, woran er – um ihm Gerechtigkeit widerfahren zu lassen – gewiss seinen Spaß gehabt hätte. Schwere Schritte stapften in der Halle auf und ab, Autos kamen und fuhren wieder weg; es wurde viel telefoniert. Die Polizei vermaß, konferierte, fotografierte.

Paul und ich beobachteten vom Salonfenster aus, wie der verhüllte Leichnam schließlich auf einer Bahre in einen ominösen schwarzen Kleinlaster gehievt wurde. Zuvor hatte man unsere Fingerabdrücke genommen – um sie, wie die Polizei erklärte, von denen auszusondern, die auf dem Schreibtisch sichergestellt wurden. Es war ein merkwürdiges Gefühl, als der Beamte meine Fingerkuppen mit sanftem Druck auf eine Art Stempelkissen presste. Natürlich hatte man uns auch vernommen – einzeln und gemeinsam. Ich erinnere mich noch, wie ich Inspector Blandy im Salon gegenübersaß: Seine massige Gestalt in einen der Lehnsessel gezwängt, die stämmigen Beine in den Teppich gepflanzt, ging er gewissenhaft jedes Detail des ersten Weihnachtstages mit mir durch. Erst da wurde mir bewusst, dass ich fast jede Minute davon in Gesellschaft meines Vetters verbracht hatte.

Abends um halb acht war die Polizei immer noch im Haus. Paul lud den Chief Constable zum Essen ein, und wenn Sir Rouse ablehnte, dann wohl weniger aus Scheu davor, mit möglichen Verdächtigen das Brot zu brechen, sondern weil es ihn zurück zu seinen Enkelkindern zog. Bevor er ging, stattete er meiner Großmutter noch einen längeren Besuch ab und kam anschließend hinunter in den

Salon, um auch uns über die Ermittlungsergebnisse dieses ersten Tages in Kenntnis zu setzen. Ich fragte mich, ob er ebenso entgegenkommend gewesen wäre, wenn es sich bei dem Opfer um einen Landarbeiter und beim Tatort um die Dorfkneipe gehandelt hätte.

Er trug seinen Bericht im selbstzufriedenen Stakkato eines Mannes vor, der überzeugt ist, gute Arbeit geleistet zu haben.

»Werde Scotland Yard nicht hinzuziehen. Vor acht Jahren, bei unserem letzten Mord, hatte ich sie dabei. War ein großer Fehler. Haben nur die Bevölkerung aufgescheucht. Eindeutiger Fall, diesmal. Opfer wollte noch entkommen, wurde aber über den Schreibtisch hinweg durch einen einzigen, mit großer Kraft geführten Schlag getötet. Tatwaffe: ein schwerer, stumpfer Gegenstand. Schädeldecke ging zu Bruch, geringe Blutung – na, Sie haben's ja gesehen. Maybrick war eins fünfundachtzig, demnach dürfte unser Mörder ziemlich groß sein. Ist durch die Terrassentür eingedrungen und auf demselben Weg entflohen. Fußabdrücke geben nicht viel her, zu sehr verwischt, aber dass die eine Spur die andere überlagert, sieht man deutlich. Könnte sich um einen Gelegenheitsdieb handeln, einen Deserteur vielleicht, wir hatten da in letzter Zeit ein, zwei Fälle. Als Tatwerkzeug käme – nach Reichweite und Gewicht – ein Gewehrkolben in Frage. Tür von der Bibliothek zum Garten war möglicherweise offen. Ihre Großmutter hatte Seddon gesagt, sie würde selbst abschließen, bis auf die Bibliothek, das sollte Maybrick vor dem Zubettgehen übernehmen. Wegen der Verdunkelung konnte der Täter nicht erkennen, dass in der Bibliothek noch jemand war. Hat vermutlich sein Glück an der Tür versucht, kam rein, sah einen blinkenden Haufen Geld und tötete fast wie im Reflex.«

»Aber warum hat er die Münzen dann nicht mitgehen lassen?«, fragte Paul.

»Weil er gemerkt hat, dass es Sammlerstücke sind. Schwer loszuschlagen. Oder er hat Angst bekommen, vielleicht ein Geräusch gehört.«

»Und die verschlossene Tür zur Halle?«, forschte Paul weiter.

»Täter sah den Schlüssel und nutzte die Gelegenheit, damit niemand die Leiche entdeckte, bevor er außer Reichweite war.«

Der Chief Constable hielt inne, und seine Züge nahmen einen listigen Ausdruck an, der nicht so recht zu seinem etwas hochmütigen Adlergesicht passen wollte. »Andere Möglichkeit wäre, dass Maybrick sich selber eingeschlossen hat. Erwartete einen heimlichen Besucher und wollte nicht gestört werden. Dazu eine Frage, mein Junge. Ziemlich heikel. Wie gut kannten Sie Maybrick?«

»Nur flüchtig«, antwortete Paul. »Er ist ein Vetter zweiten Grades.«

»Sie haben ihm vertraut? Nichts für ungut, aber …«

»Wir hatten keinen Grund, ihm zu misstrauen. Andernfalls hätte meine Großmutter ihn nicht beauftragt, die Münzen für sie zu verkaufen. Rowland gehört zur Familie. Ein entfernter Verwandter, aber eben doch ein Familienmitglied.«

»Natürlich. Die Familie.« Der Chief Constable machte eine Pause, dann fuhr er fort: »Denkbar wäre auch, jemand hat den Überfall inszeniert und das Spiel zu weit getrieben.

Maybrick könnte den Diebstahl mit einem Komplizen zusammen geplant haben. Werde Scotland Yard veranlassen, sein Londoner Umfeld zu durchleuchten.«

Ich war versucht einzuwenden, ein vorgetäuschter Anschlag, bei dem das scheinbare Opfer mit zermatschtem Schädel auf der Strecke bleibt, wäre ja wohl maßlos übertrieben, aber ich schwieg. Der Chief Constable konnte mich zwar kaum aus dem Salon verweisen – schließlich war ich bei der Entdeckung der Leiche zugegen gewesen –, doch ich spürte seine Vorbehalte gegen meine unverhohlene Neugier. Eine junge Frau, die wusste, was sich gehört, wäre dem Beispiel meiner Großmutter gefolgt und hätte sich diskret zurückgezogen.

»Wundern Sie sich nicht über die zertrümmerte Uhr?«, forschte Paul weiter. »Der tödliche Hieb auf den Kopf wirkte so gezielt und präzise. Aber dann schlägt der Täter noch einmal zu und zerschmettert die Hand. Wollte er damit den genauen Todeszeitpunkt festhalten? Und wenn ja, warum? Oder hat er die Uhr verstellt, bevor er sie zerschlug? Könnte Maybrick auch später ermordet worden sein?«

Der Chief Constable begegnete diesen laienhaften Gedankenspielen mit Nachsicht. »Ein bisschen weit hergeholt, mein Junge. Ich glaube, wir können die Todeszeit ziemlich exakt bestimmen. Zwischen zehn und elf, hat Bywaters anhand der Leichenstarre ermittelt. Außerdem wissen wir ja nicht, in welcher Reihenfolge der Mörder zugeschlagen hat. Könnte auch erst Hand und Schulter getroffen haben und dann den Kopf. Oder er hat auf den Kopf gezielt, danach aber in wilder Panik um sich geschlagen. Wirklich schade, dass Sie nichts gehört haben.«

»Das Grammophon lief ziemlich laut«, sagte Paul, »und Wände und Türen hier im Haus sind sehr stabil. Und so ab halb zwölf hätte ich, ehrlich gestanden, ohnehin nicht mehr viel mitbekommen.«

Als Sir Rouse sich erhob und zum Gehen wandte, brachte Paul noch eine Bitte vor. »Ich würde die Bibliothek gern wieder nutzen, sofern Ihre Ermittlungen dort abgeschlossen sind. Oder möchten Sie die Tür versiegeln?«

»Nein, nicht nötig, mein Junge. Wir haben so weit alles. Außer Fingerabdrücke, womit auch nicht zu rechnen war. Auf der Tatwaffe sind bestimmt welche, es sei denn, der Mörder hätte Handschuhe getragen. Aber die Waffe hat er wohl mitgenommen.«

Das Haus wirkte sehr still, nachdem die Polizei abgezogen war. Meine Großmutter ließ sich ihr Abendessen oben auf ihrem Zimmer servieren, und Paul und ich begnügten uns, vielleicht aus Scheu vor dem leeren Stuhl im Esszimmer, mit Suppe und Sandwiches im Salon. Ich war erschöpft, ruhelos und auch ein bisschen verängstigt. Über den Mord zu sprechen hätte mir geholfen.

Doch Paul wehrte müde ab. »Lass es gut sein. Für einen Tag haben wir genug über den Tod geredet.«

Also saßen wir schweigend beieinander. Ab zwanzig vor acht kam ein Konzertprogramm im Radio: Billy Cotton und seine Band, das BBC Symphony Orchestra unter Adrian Boult. Nach den Neun-Uhr-Nachrichten meinte Paul, er wolle lieber mal nachsehen, ob Seddon abgeschlossen hätte.

Kaum war er gegangen, stand ich auf und begab mich, wie aus einer Eingebung heraus, durch die Halle zur Bibliothek. Behutsam, als fürchtete ich, Rowland säße immer noch am Schreibtisch und sortierte mit gierigen Fingern die Münzen, drehte ich den Türknauf und trat ein. Die Verdunkelungsvorhänge waren zugezogen; statt nach Blut roch es nach alten Büchern. Der leergeräumte Schreibtisch war nicht furchterregend, sondern ein ganz gewöhnliches Möbelstück, der Stuhl stand ordentlich an seinem Platz. Überzeugt, dass der Schlüssel zu dem Fall sich hier in diesem Raum befände, blieb ich einen Moment auf der Schwelle stehen. Dann trieb mich die Neugier an den Schreibtisch. Zu beiden Seiten befanden sich je eine tiefe Schublade mit zwei flacheren darüber. Links war das große Fach so vollgestopft mit Akten und Papieren, dass ich es kaum aufbekam. Das Pendant auf der rechten Seite war völlig leer. In der flachen Schublade darüber stapelten sich Rechnungen und Belege. Beim Durchblättern fand ich die Quittung eines Londoner Münzkontors, ausgestellt vor fünf Wochen, über einen Ankauf im Wert von 3200 Pfund.

Da ich sonst nichts Interessantes entdecken konnte, schloss ich die Schublade und machte mich daran, die Entfernung zwischen Schreibtisch und Terrassentür abzuschreiten. Während ich noch dabei war, öffnete sich fast lautlos die Tür, und ich sah meinen Vetter vor mir.

Er trat unbefangen näher und fragte leichthin: »Was machst du da? Soll das eine Art Exorzismus gegen das Grauen werden?«

»So was Ähnliches, ja«, erwiderte ich.

Einen Moment lang standen wir uns schweigend gegenüber. Dann ergriff Paul meine Hand und zog sie durch seinen Arm.

»Verzeih, Cousine, das war ein scheußlicher Tag für dich. Und dabei wollten wir dir doch nur ein friedliches Weihnachtsfest bereiten.«

Ich gab keine Antwort. Doch ich spürte seine Nähe, die Wärme seines Körpers, die Kraft, die von ihm ausging. Während wir uns gemeinsam zur Tür wandten, dachte ich, ohne es auszusprechen: »Ging es euch wirklich darum? Mir ein friedliches Weihnachtsfest zu bereiten? War das alles?«

Seit mein Mann gefallen war, litt ich an Schlafstörungen; und so lag ich auch jetzt mit steifen Gliedern unter dem Baldachin meines Himmelbetts, ließ diesen außergewöhnlichen Tag Revue passieren und versuchte, aus all den Ungereimtheiten, den kleinen Zwischenfällen und Indizien ein stimmiges Muster zusammenzufügen – kurz, aus Unordnung Ordnung zu schaffen. Das ist es, wie mir scheint, was ich mein Leben lang habe tun wollen. Jene Nacht in Stutleigh stellte die Weichen für meine gesamte Laufbahn.

Rowland war um halb elf durch einen einzigen Schlag über einen gut ein Meter breiten Schreibtisch hinweg getötet worden. Mein Vetter, den ich den ganzen Tag kaum aus den Augen verloren hatte, war auch abends um halb elf mit mir zusammen gewesen. Ich hatte ihm ein unanfechtbares Alibi geliefert. Aber war ich nicht eigens dafür eingeladen worden? Hatte man mich nicht mit dem Versprechen auf Frieden, Ruhe, gutes Essen und guten Wein – genau das, wovon eine frisch zu den Streitkräften eingezogene junge Witwe träumt – nach Stutleigh Manor gelockt?

Das Opfer war ebenfalls geködert worden, in seinem Fall mit der Aussicht, beim Verkauf einer wertvollen Münzsammlung eine stattliche Provision zu kassieren. Aber die Münzen, von denen man mir erzählt hatte, dass die Familie sie notgedrungen veräußern müsse, waren in Wirklichkeit erst vor fünf Wochen erstanden worden, fast unmittelbar nachdem ich die Einladung meiner Großmutter angenommen hatte. Ich überlegte kurz, wieso man die Quittung nicht vernichtet hatte, doch die Antwort war rasch gefunden. Man brauchte den Beleg, um die Münzen, die nun ihren Zweck erfüllt hatten, rückverkaufen und die 3200 Pfund wieder einbringen zu können. Im Übrigen hatte man nicht nur mich benutzt. Die Nacht vom ersten auf den zweiten Weihnachtstag war die einzige Nacht, die der Butler und die Köchin mit Sicherheit außer Haus verbrachten. Auch die Polizei würde die ihr zugewiesene Rolle verlässlich spielen: Der ehrliche und pflichtbewusste Inspektor, der indes keine Leuchte war und obendrein gehemmt in Gegenwart seines Vorgesetzten sowie durch den Respekt vor einer alteingesessenen Familie von Stand. Der Chief Constable, ein Mann jenseits des Pensionsalters und nur kriegsbedingt weiter im Dienst, in Mordfällen unerfahren, zudem ein Freund der Familie und der letzte, der den hiesigen Gutsherrn eines brutalen Mordes verdächtigt hätte. Das Muster nahm Gestalt an, fügte sich zu einem Bild, und dieses Bild hatte ein Gesicht. Im Geiste trat ich in die Fußstapfen eines Mörders. Und wie es sich für ein Verbrechen à la Agatha Christie gehört, nannte ich ihn X.

Irgendwann an Heiligabend hatte man die rechte Schublade des Schreibtischs in der Bibliothek ausgeräumt, den Inhalt in die linke Schublade verfrachtet und stattdessen die

Gummistiefel bereitgelegt. Die Waffe kam in ein Versteck, vielleicht in die Schublade zu den Stiefeln. Nein, korrigierte ich mich, das war unmöglich; ein Tatwerkzeug, das lang genug war, um über den Schreibtisch hinwegzureichen, hätte da nicht hineingepasst. Ich beschloss, die Frage nach der Waffe auf später zu verschieben.

Nun also zu dem verhängnisvollen Weihnachtstag. Abends um Viertel vor zehn holt meine Großmutter, die sich gleich darauf zurückzieht, die Münzen aus dem Safe, damit Rowland sie prüfen kann, bevor er am nächsten Morgen abreist. X kann sicher sein, dass Rowland um halb elf in der Bibliothek am Schreibtisch sitzen wird. Lautlos verschafft er sich Zutritt, nimmt den Schlüssel an sich und versperrt leise die Tür von innen. Die Waffe führt er bei sich oder hat sie in Reichweite irgendwo im Raum versteckt.

X tötet sein Opfer, zerschlägt die Uhr, um die Tatzeit festzuhalten, vertauscht seine Schuhe mit den Gummistiefeln, entriegelt die Terrassentür und öffnet sie so weit wie möglich. Dann nimmt er vom anderen Ende der Bibliothek her kräftig Anlauf und springt hinaus in die Dunkelheit. Um die ein Meter achtzig breite Schneefläche zu überwinden und auf dem Kiesweg zu landen, müsste X jung, gesund und sportlich sein; aber all das ist er ja. Fußspuren auf dem Kiesweg sind nicht zu befürchten; den Schnee dort haben wir bei unserer nachmittäglichen Tollerei gründlich zertrampelt. X legt eine erste Fußspur zur Terrassentür, und nachdem er diese geschlossen hat, markiert er die zweite Spur so, dass sie die erste teilweise überdeckt. Fingerabdrücke am Türknauf braucht er nicht zu scheuen; die seinen dürfen sich mit Fug und Recht darauf befinden. Anschließend gelangt er durch eine unverschlossene Seitentür ins Haus zurück, zieht seine Schuhe wieder an und stellt die Gummistiefel an ihren Platz unter dem Portal. Auf dem Weg durch die Halle hat sich ein Klümpchen Schnee von den Stiefeln gelöst und ist auf dem Fußboden geschmolzen. Wie sonst sollte die kleine Wasserlache dorthin gekommen sein? Die Behauptung meines Vetters, sie stamme aus Großmutters Wasserkaraffe, war jedenfalls eine glatte Lüge. Die Karaffe hatte halb voll, mit übergestülptem Glas, neben Großmutters Bett gestanden. Um daraus etwas zu verschütten, hätte der Überbringer schon stolpern und hinfallen müssen.

Und jetzt gab ich dem Mörder endlich einen Namen. Aber wenn mein Vetter Rowland getötet hatte, wie passte das in den zeitlichen Rahmen? Paul war nicht länger als drei Minuten weg gewesen, um unserer Großmutter gute Nacht zu sagen. Reichte das aus, um die Waffe zu holen, sich in die Bibliothek zu schleichen, Rowland umzubringen, die Fußspuren zu legen, die blutige Waffe zu säubern, sich ihrer zu entledigen und ganz gefasst in den Salon zurückzukehren, um mir auszurichten, ich werde oben verlangt?

Doch angenommen, Dr. Bywaters hätte sich geirrt, sich durch die geborstene Uhr zu einer übereilten Diagnose verleiten lassen? Angenommen, Paul hätte die Uhr verstellt, bevor er sie zerschlug, und der Mord wurde in Wahrheit viel später verübt? Aber nein, der medizinische Befund war eindeutig: Der Tod konnte nicht erst nachts um halb zwei eingetreten sein. Und wenn doch, wäre Paul da schon viel zu betrunken gewesen, um einen so gezielten Schlag zu führen. Aber war er tatsächlich betrunken, oder war auch das nur vorgespielt? Bevor er die Flasche holte, hatte er sich vergewissert, dass ich keinen Whisky trank, und ich erinnerte mich, dass sein Atem kaum nach Alkohol gerochen hatte. Trotzdem, an der Tatzeit war nicht zu rütteln. Paul konnte Rowland Maybrick unmöglich getötet haben.

Doch angenommen, er wäre nur der Anstifter gewesen und ein anderer hätte die Tat begangen? Vielleicht ein Offizierskamerad, den Paul heimlich hereingeschmuggelt und irgendwo in dem weitläufigen Haus versteckt hatte und der sich um halb elf herunterschlich und Maybrick umbrachte, während ich meinem Vetter sein Alibi verschaffte und die wogenden Wagnerklänge die Schläge in der Bibliothek übertönten. Nach vollbrachtem Mord verließ der Unbekannte den Tatort mitsamt der Waffe und verbarg den Schlüssel zwischen Stechpalmen und Misteln über der Tür, wobei unbemerkt ein paar Beeren abfielen und auf die Dielen kullerten. Dann war Paul gekommen, hatte, ohne die Beeren am Boden zu zertreten, den Schlüssel an sich genommen, die Bibliothekstür von innen versperrt, den Schlüssel steckenlassen und dann genauso, wie ich es mir zuvor ausgemalt hatte, die fingierten Spuren im Schnee gelegt.

Ein Szenario mit Paul als Komplizen des eigentlichen Mörders warf eine Reihe unbeantworteter Fragen auf, aber unmöglich war es nicht. Ein Armeegefährte würde über das nötige Geschick und den entsprechenden Wagemut verfügen. Vielleicht, dachte ich erbittert, hatten sie es wie eine Art Exerzierübung betrachtet. Als ich endlich versuchte, zur Ruhe zu kommen und einzuschlafen, hatte ich eine Entscheidung getroffen. Morgen würde ich das nachholen, was die Polizei bei ihrem flüchtigen Streifzug versäumt hatte. Ich würde die Tatwaffe suchen.

In der Rückschau kommt es mir so vor, als hätte ich keinen besonderen Abscheu gegen die Tat empfunden. Jedenfalls sah ich mich nicht genötigt, die Polizei einzuweihen. Was nicht nur daran lag, dass ich meinem Vetter zugetan war, Maybrick dagegen nicht ausstehen konnte. Nein, ich glaube, es hing eher mit dem Krieg zusammen. Solange überall auf der Welt anständige Menschen ihr Leben lassen mussten, verlor die Tatsache, dass hier dieser eine abstoßende Mann getötet worden war, irgendwie an Gewicht. Heute weiß ich, dass der Gedankengang falsch war. Mord sollte niemals entschuldigt oder billigend in Kauf genommen werden. Trotzdem bereue ich mein Verhalten nicht, denn es sollte auch kein Mensch durch den Strang sterben müssen.

Ich erwachte noch vor Tagesanbruch. Da es wenig Sinn hatte, bei künstlichem Licht auf die Suche zu gehen, und ich auch kein Aufsehen erregen wollte, fasste ich mich in Geduld. Ich blieb im Bett, bis Mrs. Seddon kam und mir den Tee brachte, nahm ein Bad, zog mich an und ging kurz vor neun zum Frühstück hinunter. Mein Vetter war nicht da. Mrs. Seddon sagte, er habe den Wagen zur Wartung ins Dorf gebracht. Das war die Gelegenheit, auf die ich gewartet hatte.

Mein Streifzug führte mich in eine kleine Rumpelkammer unterm Dach, die so vollgestopft war, dass ich über Schrankkoffer, Blechbehälter und alte Truhen klettern musste, um mit der Suche zu beginnen. In einer Lattenkiste fand sich eine Garnitur ramponierter Kricketschläger und Bälle – so verstaubt, dass sie seit dem letzten Dorfmatch der Enkelsöhne bestimmt nicht mehr benutzt worden waren.

Ich stieß an ein prachtvolles, aber traurig zugerichtetes Schaukelpferd, das sich ächzend in Bewegung setzte, verhedderte mich in den aufgestapelten Blechgleisen einer Modelleisenbahn, verknackste mir den Knöchel an einer großen Arche Noah. Vor dem einzigen Fenster stand ein länglicher Holzkasten. Als ich den Deckel öffnete, wirbelte Staub auf. Unter einer Lage braunen Packpapiers kamen sechs Krocketschläger nebst Bällen und Toren zum Vorschein. Mit seinem langen Griff wäre so ein Krocketschläger wohl als Waffe in Frage gekommen, nur waren die hier offensichtlich seit Jahren unberührt. Ich klappte den Deckel wieder zu und suchte weiter. In einer Ecke lehnten zwei Golftaschen, und als ich sie näher in Augenschein nahm, war ich am Ziel. Eins der Hölzer stach von den übrigen Schlägern ab: Sein Kopf war blitzblank.

Gleich darauf hörte ich Schritte, und als ich mich umwandte, stand mein Vetter in der Tür. Bestimmt konnte man mir das Schuldbewusstsein vom Gesicht ablesen, aber Paul wirkte völlig unbekümmert.

»Kann ich dir behilflich sein?«, fragte er.

»Nein«, sagte ich. »Nein, ich habe nur was gesucht.«

»Und, hast du's gefunden?«

»Ja«, erwiderte ich. »Ich glaube schon.«

Paul trat über die Schwelle, schloss die Tür, lehnte sich dagegen und fragte beiläufig: »Hast du Rowland Maybrick gemocht?«

»Nein«, sagte ich. »Nein, ich mochte ihn nicht. Aber ihn nicht zu mögen ist kein Grund, ihn umzubringen.«

»Nein, das ist kein Grund, nicht wahr?«, bestätigte er freimütig. »Aber es gibt da etwas, was du über ihn wissen solltest. Maybrick war schuld am Tod meines Bruders.«

»Du meinst, er hat ihn umgebracht?«

»Nicht so direkt, nein. Er hat ihn erpresst. Charles war homosexuell. Maybrick kam dahinter und ließ sich sein Schweigen bezahlen. Charles hat Selbstmord verübt, weil er es nicht ertragen konnte, sich ein Leben lang zu verstellen, Maybrick ausgeliefert zu sein, womöglich dieses Anwesen hier zu verlieren. Er hat einen würdigen Tod vorgezogen.«

In der Rückschau muss ich mir bewusst machen, wie sehr sich die gesellschaftlichen Ansichten in den vierziger Jahren des 20. Jahrhunderts von den heutigen unterscheiden. Inzwischen wäre es kaum vorstellbar, dass jemand aus solchen Beweggründen sein Leben opfert. Damals hörte ich Pauls Geschichte in der traurigen Gewissheit, dass er die Wahrheit sprach.

»Hat Großmutter gewusst, dass Charles homosexuell war?«, fragte ich.

»Aber ja! Frauen ihrer Generation kann man kaum etwas verheimlichen; früher oder später erraten sie's doch. Und Großmama liebte Charles über alles.«

»Verstehe. Danke für deine Offenheit.« Nach einer Pause setzte ich hinzu: »Ich nehme an, wenn du deinen ersten Einsatz angetreten hättest, solange Rowland Maybrick noch gesund und munter war, hätte dich draußen das Gefühl geplagt, etwas Wichtiges nicht zu Ende gebracht zu haben.«

»Wie klug du doch bist, Cousine«, erwiderte Paul. »Und wie gut du die Dinge auf den Punkt bringst. Genauso wäre es mir vorgekommen: als ob ich meine Aufgabe nicht zu Ende gebracht hätte.« Er hielt kurz inne und fragte dann: »Was hast du eigentlich hier gemacht?«

Ich zog mein Taschentuch heraus und blickte ihm ins Gesicht, dieses Gesicht, das dem meinen so verstörend ähnlich sah.

»Ich habe nur die Golfschläger abgestaubt«, sagte ich.

Zwei Tage später reiste ich ab. Wir sprachen nie wieder über Maybricks Tod. Die Ermittlungen verliefen im Sande. Ich hätte meinen Vetter fragen können, wie er es gemacht hatte, doch ich fragte nicht. Jahrelang glaubte ich, dass die ganze Wahrheit nie ans Licht kommen würde. Mein Vetter starb in Frankreich – Gott sei Dank nicht in den Verhörkellern der Gestapo, sondern durch einen Schuss aus dem Hinterhalt. Ich fragte mich, ob sein Komplize davongekommen oder ob er mit Paul gefallen war. Meine Großmutter lebte fortan allein auf Stutleigh Manor und vermachte das Anwesen, als sie im Alter von einundneunzig Jahren starb, einer Stiftung für bedürftige Damen von Stand, die es wahlweise als Wohnheim weiterführen oder zu Geld machen konnte. Niemals hätte ich gedacht, dass sie sich ausgerechnet eine solche Organisation als Erben aussuchen würde. Die Stiftung verkaufte.

Großmutters einzige Hinterlassenschaft an mich waren die Bücher in ihrer Bibliothek. Die meisten davon habe auch ich schließlich veräußert, aber zunächst einmal fuhr ich nach Stutleigh, um die Bestände zu sichten und zu entscheiden, was ich behalten wollte. Eingeklemmt zwischen zwei dicken Wälzern mit trockenen Predigttexten aus dem 19. Jahrhundert entdeckte ich ein Fotoalbum. Am selben Schreibtisch, an dem Rowland Maybrick ermordet worden war, schlug ich es auf und betrachtete lächelnd die Sepiaaufnahmen hochbusiger Damen mit geschnürter Taille und ausladenden, mit Blumen garnierten Hüten. Und dann, als ich eine der steifen Pappseiten umblätterte, sah ich plötzlich meine Großmutter als junge Frau vor mir. Soweit man es erkennen konnte, trug sie auf dem Kopf ein albernes kleines Käppchen im Jockeystil, und der Golfschläger in ihrer Hand wirkte so selbstverständlich wie ein Sonnenschirm. Neben der Fotografie stand in Schönschrift ihr Name und darunter der Vermerk: »Siegerin des County-Damen-Golfturniers 1898.«

VAL MCDERMID

Das Mädchen, das den Weihnachtsmann umbrachte

Es war am Abend vor dem Weihnachtstag nicht verwunderlich, dass Kelly Jane Davidson hellwach war, obwohl sie eigentlich gar nicht wach bleiben wollte. Schließlich glaubte sie nicht mehr an den Weihnachtsmann und erwartete nicht etwa, ihn im Wohnzimmer anzutreffen, nachdem er gerade durch den Schornstein in den gasbetriebenen künstlichen Kamin herabgestiegen war. Sie war ja schließlich fast acht Jahre alt.

Verächtlich dachte sie an das letzte Weihnachtsfest zurück, als sie praktisch noch ein Baby war – erst sechs – und wirklich noch geglaubt hatte, dass es in Lappland eine Fabrik gab, in der die Kobolde Spielzeug herstellten. Und dass es wirklich ein Rentiergespann gab, das mit Zauberkraft einen Schlitten über den Himmel zog und es irgendwie schaffte, allen Kindern der Welt ihre Säcke voller Geschenke zu bringen. Und dass sie wirklich dem Weihnachtsmann einen Brief schreiben könne, so dass er dann persönlich die Geschenke aussuchen und bei ihr abliefern würde.

Natürlich hatte sie vorher schon urlange gewusst, dass die dicken Männer mit den roten Anzügen und den falschen Bärten, die sie vor einem protzigen Höhlenszenario auf ihren Knien sitzen ließen, nicht die richtigen Weihnachtsmänner waren. Es waren einfach Männer in einem Kostüm, die als Boten des echten Weihnachtsmannes kamen, Kelly Janes Wünsche weiterleiteten und ihr eine Ahnung von dem gaben, was sie am Weihnachtsmorgen erwartete.

Sie hatte sowieso gewisse Zweifel an der ganzen Geschichte, und als Simon Sharp ihr auf dem Spielplatz erzählt hatte, es gäbe keinen Weihnachtsmann, war sie nicht schockiert oder verstört gewesen. Sie hatte nicht versucht, dagegen anzureden wie ihre beste Freundin Sarah, die einen ganz roten Kopf bekam und ausgesehen hatte, als würde sie in Tränen ausbrechen. Wenn man es sich überlegte, war es doch eigentlich klar. Ihre Mum jammerte immer, wenn sie Sachen aus den Katalogen bestellt hatte und das Falsche bekam. Wenn die Katalogleute nicht einmal eine einfache Bestellung richtig auf die Reihe kriegten, wie konnte da ein dicker alter Mann mit ein paar Kobolden den Kindern auf der ganzen Welt an einem einzigen Abend die richtigen Spielsachen bringen?

Deshalb nahm Kelly Jane ohne das geringste Bedauern vom Weihnachtsmann Abschied. Vielleicht hätte es sie mehr aufgeregt, wenn sie nicht das Geheimnis des Wäscheschranks entdeckt hätte.

Ihre Mum war nach unten gegangen, um Tee zu machen, und Kelly Jane brauchte einen Kissenbezug, weil sie für ihre Lieblingspuppe einen Schlafsack machen wollte. Sie hatte den Schrank geöffnet und dort im obersten Fach einen Stoß merkwürdig unförmiger Plastiktüten gesehen.

Es war zu hoch, um hinaufzureichen, aber als sie den Hals etwas verrenkte, sah sie in einer der Tüten die Ecke eines Pakets. Vor Aufregung fing ihr Herz heftig an zu klopfen, denn sie hatte sofort die Schachtel erkannt, die sie schon seit Wochen sehnsüchtig im Schaufenster des Spielzeuggeschäfts betrachtet hatte.

Leise hatte sie die Tür wieder geschlossen und war zu ihrem Zimmer zurückgeschlichen. Als sie sich die neue Barbiepuppe gewünscht hatte, hatte ihre Mum gesagt: »Warte mal ab, was der Weihnachtsmann dir bringt«, als ob sie noch ein dummes kleines Baby wäre. Und jetzt war die Puppe schon im Haus.

Als ihre Mum und ihr Dad später aus alter Gewohnheit im Wohnzimmer vor dem Fernseher saßen, kroch sie aus dem Bett und stieg auf einen Stuhl aus dem Kinderzimmer, um weitere Nachforschungen anzustellen. Danach war sie sehr zufrieden. Santa hin oder her, sie würde jedenfalls ein tolles Weihnachtsfest haben.

Und deswegen konnte sie auch nicht schlafen. Die Aussicht, mit ihren neuen Spielsachen spielen zu können, ganz zu schweigen davon, dass sie dann bei Sarah damit angeben konnte, war zu aufregend, als dass sie hätte einschlafen und sich in Träumen verlieren können. Unruhig stand sie auf und zog die Vorhänge zurück. Es war eine kalte, klare Nacht, und trotz des Lichtscheins von der Stadt konnte sie die Sterne und die dünne Mondsichel funkeln sehen, als hätte ein Messer sie aus dem dunklen blauen Nachthimmel geschnitten. Aber kein Schlitten, keine Rentiere.

Sie wusste nicht, wie viel Zeit vergangen war, als sie die Schritte hörte. Ein schweres, unregelmäßiges Trampeln auf der Treppe. Weder der leichtfüßige Schritt ihrer Mutter noch der gemessene Gang ihres Vaters. Es waren stolpernde, ungleichmäßige, unsichere Schritte, als bewege sich dieser Jemand auf unbekanntem Gebiet.

Plötzlich merkte Kelly Jane, wie kalt ihr geworden war. Sie hatte Gänsehaut an Armen und Beinen, und an den kurzen Nackenhärchen kribbelte es unbehaglich. Wer – oder was – war da draußen in ihrem Haus, mitten in der Nacht?

Sie hörte einen dumpfen Aufprall und ein gedämpftes Stöhnen, als hätte jemand Schmerzen. Aber es hörte sich nicht nach jemandem an, den sie kannte. Es klang nicht einmal wie von einem Menschen. Eher wie ein Tier. Oder irgendein Monster wie in den Geschichten, die sie an Halloween in der Schule gelesen hatten. Trolle, die kleine Kinder auffraßen. Diese Trolle waren ihr nicht aus dem Sinn gegangen und sie hatte auf dem Nachhauseweg wochenlang einen weiten Umweg gemacht, damit sie nicht über die Überführung gehen musste. Sie wusste, dass es eigentlich keine richtige Brücke war wie die, unter denen Trolle wohnen, aber sie wollte kein Risiko eingehen. Sarah fand das auch, obwohl Simon Sharp sie beide ausgelacht hatte. Es wäre ihm recht geschehen, wenn er am Weihnachtsabend einen Troll bei sich im Haus gehabt hätte. Es war nicht fair, dass einer in ihr Haus gekommen war, dachte Kelly Jane und versuchte sich in Wut zu reden, um die Angst zu vertreiben.

Aber es funktionierte nicht. Ihr Magen schmerzte. Sie hatte noch nie solche Angst gehabt, nicht einmal, als sie wegen einer Füllung zum Zahnarzt musste. Sie hätte sich am liebsten in ihrem Kleiderschrank versteckt, wusste aber, dass es dumm war, an einen Ort zu gehen, wo man so leicht zu fangen war. Außerdem musste sie wissen, was los war, wie schlimm es auch sein mochte. Auf Zehenspitzen schlich sie zur Tür und blinzelte heftig gegen ihre Tränen an. Vorsichtig drehte sie den Türgriff und machte ganz langsam die Tür ein paar Zentimeter auf. Das Licht auf dem Treppenabsatz war aus, aber sie konnte die schwachen Umrisse einer massigen Gestalt am Wäscheschrank sehen. Als sich ihre Augen an die tiefe Dunkelheit gewöhnt hatten, sah sie einen Arm, der sich zum oberen Fach hochreckte. Die Gestalt nahm die Päckchen und steckte sie in einen Sack. Ihre Päckchen! Ihre Weihnachtsgeschenke!

Mit schrecklicher Klarheit wusste Kelly Jane, dass dies hier kein Monster war. Es war ein Einbrecher, ganz einfach. Ein schlimmer Mann, der in ihr Haus eingebrochen war und ihre Weihnachtsgeschenke stahl! Empörung ergriff sie und verscheuchte im gleichen Augenblick alle Angst. Als die massige Gestalt das letzte Päckchen in den Sack steckte und sich wieder zur Treppe wandte, stürmte sie durch die Tür, raste zum Treppenabsatz und warf sich gerade, als er die erste Stufe hinuntergehen wollte, gegen die Beine des Einbrechers. »Hau ab, du böser Einbrecher«, schrie sie.

Er verlor das Gleichgewicht und stürzte kopfüber die Treppe hinunter. Ein überraschter Aufschrei durchschnitt die Stille der Nacht wie eine Axt ein Holzscheit. Kelly Jane prallte gegen das Geländer und fiel auf die oberste Stufe zurück, atemlos und begeistert. Sie hatte den Einbrecher aufgehalten! Sie war eine Heldin!

Aber wo waren ihre Eltern? Sie hatten doch sicher bei dem Krach nicht weitergeschlafen.

Sie machte die Schlafzimmertür auf und sah bestürzt, dass ihre Betten leer und die Vorhänge noch weit offen waren. Wo waren sie? Was war hier los? Und warum war der Alarm nicht losgegangen?

Wieder auf dem Treppenabsatz sah sie die Treppe hinunter und erblickte im Flur einen großen zusammengeknüllten Haufen. Er lag reglos da. Aufgeregt beschloss sie, selbst die Polizei zu rufen.

Ganz langsam ging sie die Treppe hinunter und ließ den Einbrecher nicht aus den Augen, für den Fall, dass er plötzlich aufspränge und sie verfolgte.

Einen vorsichtigen Schritt nach dem anderen näherte sie sich ihm.

Als sie drei Stufen vom Fuß der Treppe entfernt war, fiel gerade genug Licht durch die Glasscheiben der Haustür, dass Kelly Jane sehen konnte, was sie angerichtet hatte.

Dort mitten im Hausflur lag der Weihnachtsmann ausgestreckt auf dem Boden. Reglos. Sogar ohne zu atmen. Sie hatte Santa Claus umgebracht.

Simon Sharp hatte unrecht, und was Sarah gesagt hatte, stimmte. Und jetzt hatte Kelly Jane ihn umgebracht.

Mit einem unterdrückten Schrei drehte sie sich um, rannte in ihr Zimmer zurück und schlug die Tür hinter sich zu. Jetzt fröstelte sie tatsächlich und zitterte am ganzen Körper. Sie sprang ins Bett und zog sich die Steppdecke über den Kopf. Aber es half nichts. Sie fühlte sich, als hätte sich ihr Körper in Stein und ihr Blut in Eis verwandelt. Sie konnte nicht aufhören zu zittern, ihre Zähne klapperten und krachten wie Popkorn in einem Topf.

Sie hatte Santa Claus umgebracht.

Überall auf der ganzen Welt würden die Kinder morgen früh aufwachen und keine Weihnachtsgeschenke haben, weil Kelly Jane Davidson den Weihnachtsmann ermordet hatte. Und alle würden wissen, wer schuld war, weil seine Leiche unten in ihrem Hausflur lag. Bis zu ihrem Tod würden die Leute auf der Straße mit Fingern auf sie zeigen und sagen: »Das ist Kelly Jane Davidson, das Mädchen, das Weihnachten ruiniert hat.«

Wimmernd lag sie zusammengerollt unter ihrer Decke, und tiefe Reue erfüllte ihr Herz. Nie mehr würde sie schlafen können.

Aber irgendwie tat sie es doch. Als ihre Mum die Tür aufstieß und »Frohe Weihnachten!« rief, schlief Kelly Jane noch fest. Einen wunderbaren Augenblick lang hatte sie vergessen, was passiert war. Dann fiel ihr alles wieder ein, und sie spähte ängstlich unter dem Rand der Decke hervor zu ihrer Mum. Sie schien nicht bestürzt oder besorgt zu sein. Wie konnte sie die Leiche im Flur übersehen haben?

»Willst du deine Geschenke nicht haben?«, fragte ihre Mum. »Ich kann nicht glauben, dass du immer noch im Bett liegst. Es ist neun Uhr. Du hast am Weihnachtsmorgen noch nie so lange geschlafen. Komm, der Weihnachtsmann ist da gewesen!«

Niemand wusste das besser als Kelly Jane. Was war geschehen? Hatten die Rentiere die Elfen geholt, die dann den Weihnachtsmann mitgenommen und ihre Geschenke dagelassen hatten? Würde sie das einzige Kind sein, das dieses Jahr Weihnachtsgeschenke bekam? Zögernd kroch sie aus dem Bett und ging langsam hinter ihrer Mum die Treppe hinunter. Erstaunt und voller Sorge sah sie die leere Fläche auf dem Flurteppich.

Mit schleppenden Schritten ging sie ins Wohnzimmer.

Wie immer lag dort der Stoß bunt verpackter Geschenke unter dem Baum. Kelly Jane sah zu ihrer Mum hoch und runzelte angstvoll die Stirn. »Sind die alle für mich?«, fragte sie. Irgendwie fand sie es nicht richtig, noch belohnt zu werden, nachdem sie den Weihnachtsmann umgebracht hatte.

Ihre Mutter lächelte. »Alle für dich. Oh, und es war sogar eine Nachricht dabei.« Sie gab Kelly Jane eine Weihnachtskarte, auf der vorne ein Rentier abgebildet war.

Kelly Jane nahm sie behutsam und faltete sie auseinander. Innen stand in wackeligen Großbuchstaben: »Mach dir keine Sorgen. Du kannst mich nicht umbringen. Ich habe Zauberkräfte. Frohe Weihnachten, der Weihnachtsmann.«

Langsam erschien ein Lächeln auf ihrem Gesicht. Alles war in Ordnung! Sie hatte den Weihnachtsmann doch nicht umgebracht!

Bevor sie noch etwas sagen konnte, ging die Küchentür auf und ihr Dad kam herein. Er hatte das dickste blaue Auge, das Kelly Jane je gesehen hatte, sogar im Fernsehen. Die ganze eine Hälfte seines Gesichts hatte blaue Flecken und sein linker Arm war in Gips. »Was ist passiert, Dad?«, fragte sie und rannte zu ihm hin, um ihn in ihrer Bestürzung zu umarmen.

Er zuckte zusammen. »Achtung, Kelly, ich bin überall grün und blau.«

»Aber was ist denn passiert?«, fragte sie und trat etwas zurück.

»Dein Daddy hat gestern Abend bei der Weihnachtsparty im Büro ein bisschen zu viel getrunken«, sagte ihre Mutter hastig. »Er ist gestürzt.«

»Aber das geht wieder vorbei. Willst du nicht deine Geschenke aufmachen?«, fragte er und schob Kelly Jane sanft zum Baum hinüber.

Als sie anfing die Geschenke auszupacken, standen ihre Eltern da und sahen zu. »Das hab ich nun davon, dass ich dich am Abend vor Weihnachten allein im Haus gelassen habe«, sagte ihre Mum leise.

Ihr Dad versuchte zu lächeln, gab aber auf, als es zu wehtat. »Scheiß-Weihnachtsmannkostüm«, brummte er.

COLUM MCCANN

Sh'kol

Es war ihr erstes gemeinsames Weihnachten in Galway, Mutter und Sohn. Das Haus stand versteckt an der Atlantikküste mit blauen Fensterrahmen und Schieferdach, im Windschutz eines Ahornhains, dessen Zweige landeinwärts zeigten. Vom Meer wurde Gischt heraufgeweht und legte sich sanft auf die hohe Hecke, die den Garten umgab.

Tagsüber konnte Rebecca das rhythmische Heranrauschen und Donnern der Wellen hören. Nachts schienen die Geräusche doppelt so laut.

Selbst in der feuchten Kälte der Dezemberabende schlief sie bei offenem Fenster und lauschte auf das Grollen der Wellen, das über die niedrigen Klippen fegte und raspelnd über den von Mauern eingefassten Weg auf das Haus zurollte, wo es innezuhalten und einen Augenblick stillzustehen schien, bevor es sich brach.

Am Weihnachtsmorgen stellte sie sein Geschenk vor den Kamin. neben den kleinen Tannenbaum. In eine Schachtel verpackt, mit Geschenkpapier und einer roten Schleife. Tomas riss die Schachtel auf, und es fiel ihm als Bündel vor die Füße. Anfangs hatte er keine Ahnung, was es sein könnte: er hielt es an den Beinen hoch, dann an der Taille, er drehte es um und drückte es dunkel an die Brust.

Sie griff hinter den Baum und holte ein zweites Päckchen hervor: Neoprenstiefel und eine Kapuze. Tomas zog Hemd und Schuhe aus: Er war dünn, stark, blass. Als er aus der Hose stieg, wandte sie den Blick ab.

Der Nassanzug umhüllte ihn wie etwas Flüssiges: Sie hatte ihn ein paar Nummern zu groß gekauft, damit er hineinwachsen konnte. Er breitete die Arme aus und wirbelte im Zimmer herum: Seit Monaten hatte sie ihn nicht so glücklich gesehen.

Durch Gesten gab sie ihm zu verstehen, dass sie in ein paar Stunden hinunter zum Wasser gehen würden.

Dreizehn Jahre, und doch war in ihm schon eine ganze Geschichte. Sie hatte ihn in Wladiwostok adoptiert, als er sechs gewesen war. Beim Besuch des Waisenhauses hatte sie ihn unter einer Schaukel hocken sehen. Blondes Haar, die Augen von einem durchscheinenden Blau. Wunde Stellen am Hals. Lange, schmale Narben am unteren Rücken. Das Zahnfleisch weich und blutig. Er war von Geburt an gehörlos, doch er hatte sich rasch zu ihr umgedreht, als sie seinen Namen gerufen hatte, und das war ein Zeichen gewesen, dessen war sie sicher.

Bestimmte Scherben seiner Geschichte würden ihr für immer ein Rätsel bleiben: die frühen Jahre, die Eltern und Großeltern, über die sie nichts wusste, das Gerücht, er sei in der Nähe einer Müllkippe zur Welt gekommen. Das mögliche Erbe: Quecksilber, Strahlenkrankheit, Prügel.

Ihr war sehr bewusst, auf was sie sich einließ, doch damals war sie noch mit Alan zusammen. Sie wohnten in einem schäbigen Hotel mit Blick auf die Amurbucht. Tage voll Schmiergeld und Panik. Besorgte Telefonate spät in der Nacht. Lange Stunden im Wartezimmer. Die Diagnose »Fetales Alkoholsyndrom« ließ sie kurz zögern. Doch als sie sich sechs Wochen später auf die Rückreise machten, baumelte Tomas zwischen ihnen. Während des Aeroflot-Flugs lag der Kopf des Jungen an ihrer Schulter. In Dublin, am Einreiseschalter, zitterten ihre Hände beim Ausfüllen der Formulare. Sobald Alan unterschrieben hatte, bekamen sie die Stempel. Sie nahm Tomas' Hand und rannte lachend mit ihm durch die Ankunftshalle: Es war ihr einundvierzigster Geburtstag.

Das waren gute Tage: ein Haus mit vier Zimmern in Stepaside, eine Reihe von Beratern, Therapeuten, Logopäden, und sogar ihre Eltern kamen vorbei, um auszuhelfen.

Jetzt, sieben Jahre später, war sie geschieden und lebte im Westen, ihre Eltern waren tot, und ihre Aufgaben hatten sich verdoppelt. Die Ersparnisse gingen zur Neige. Rechnungen fielen durch den Briefschlitz, eine nach der anderen. Es gab Gerüchte, dass die Sonderschule in Galway vielleicht geschlossen werden würde. Dennoch, sie neigte nicht zu Bitterkeit oder lauten Beschwerden. Ihren Lebensunterhalt verdiente sie als Übersetzerin aus dem Hebräischen: Eheverträge, geschäftliche Übereinkünfte, Faltblätter zu Kulturveranstaltungen. Sie hatte auch ein, zwei Romane übersetzt, die ein linker Verlag in Tel Aviv herausgebracht hatte: Das Honorar war lachhaft, aber es gefiel ihr, in diese Andersheit einzutreten, und die Bücher waren ein Mittel gegen die Gleichgültigkeit.

Achtundvierzig, doch es war noch immer eine gewisse

Schönheit um sie – im dunklen Ton ihrer Haut, in den leicht schräg stehenden Augen, im kühnen Schwung der Nase. Ihr Haar war dunkel, ihr Körper schlank und geschmeidig. Sie passte gut in das kleine Dorf, auch wenn sie scharf von der auffallenden Blondheit ihres Sohns abstach. Die gälische Sprache, das wechselhafte Wetter, das harte Licht, der Wind, der vom Atlantik wehte – all das genoss sie. Eingemummt gegen die Kälte gingen sie am Pier entlang, vorbei an Hummerfallen, Taurollen und verrottenden Fischerbooten. Der Regen prasselte an die Fenster der geschlossenen Läden. Keine Touristen im Winter. Die Frauen im Supermarkt beobachteten sie oft: Mehr als einmal wurde Rebecca gefragt, ob sie die *bean cabhrach* sei, ein Wort, das ihr gefiel – das Hausmädchen, das Kindermädchen, die Hebamme.

In ihrer Liebe für ihn steckte ein grober Keil der Spannung. Die Gegenwart des Unbekannten. Das Verlassen der Kindheit. Der Schritt in ein zukünftiges Ich.

Manchmal nahm Tomas ihre Hand und legte den Kopf an ihre Schulter, wenn sie durch das Dorf nach Hause fuhren, vorbei an der ehemaligen Schule und den weißen Bungalows. Sie wollte sich um ihn schmiegen, ihn einhüllen, alles auffangen, was ihm begegnete. Am meisten aber wollte sie entdecken, was für ein Mann unter dieser sehr blassen Haut heranwuchs.

Den ganzen Morgen des Weihnachtstags trug Tomas den Nassanzug. Er lag auf dem Boden und spielte Videospiele, seine Finger perlten über die Tasten der Konsole. Über ihre Lesebrille hinweg sah Rebecca, wie der Streifen entlang des Ärmels sich bewegte. Sie wusste, es war ein Spiel, das sie ihm eigentlich nicht erlauben sollte – Panzer, Gräben, Tote. Leuchtspurmunition –, aber es war der Preis für eine Stunde Ruhe.

Dieses Weihnachten keine Wutausbrüche, keine Schlachten, keine Tränen.

Gegen Mittag gab sie ihm Zeichen, er solle sich fertig machen: Es würde früh dunkel werden. In ihrem Schrank waren zwei Nassanzüge, doch sie ließ sie hängen und entschied sich für Laufschuhe, einen Anorak und einen warmen Schal. An der Tür zog Tomas seinen Dufflecoat über den Neoprenanzug.

Nur kurz rein und wieder raus, sagte sie auf Irisch.

Es war unmöglich zu sagen, wie viel von irgendeiner Sprache Tomas verstand. Seine Gebärden waren rudimentär, doch aus seinem Gang, seinen Schultern und der Mundstellung vermochte sie auf das eine oder andere zu schließen. Am meisten konnte sie in seinen Augen lesen. Er sah auf eine schurkische Art gut aus: Die Augen waren klein, ja, aber flink. Er zeigte keine anderen Symptome eines fetalen Alkoholsyndroms, er hatte keine hohe Stirn, keine schmalen Lippen, kein flaches Philtrum.

Sie traten hinaus in einen Sonnenstrahl, so klar und hell wie ein Knochen. Bei der niedrigen Mauer zog eine der Wolken einen Vorhang vor, und das Licht wurde wieder grau. Ein paar Regentropfen trieben ihnen ins Gesicht.

Das war es, was sie am Westen Irlands so liebte: Das Wetter war das reinste Kino. Jederzeit konnte ein Schauer niedergehen, und wenige Augenblicke später gaben die jagenden grauen Wolken den blauen Himmel frei.

Eine der Mauern am unteren Feld war mit Stahlrohren verstärkt worden, dilettantisch und gegen alle regionalen Traditionen, aber der Wind strich über die offenen Enden der Rohre und ließ willkürliche Pfiffe ertönen.

Tomas fuhr mit den Händen über ein Rohr nach dem anderen und modulierte den Gesang der Mauer. Sie war sicher, dass er die Schwingungen des Metalls spüren konnte. Kleine Augenblicke wie dieser schlichen sich geräuschlos an und sprengten sie mit ihrer Freude auf.

Auf halbem Weg zum Wasser verfiel er plötzlich in einen Chaplin-Gang, kehrte die Füße nach außen und ließ ein imaginäres Stöckchen kreisen, während er sich gegen den Wind stemmte. Als er die Spitze des kleinen Hügels erreicht hatte und das Meer sehen konnte, stieß er einen Jubelschrei aus. Sie rief ihm zu, er solle auf sie warten – das war zur Gewohnheit geworden, auch wenn er ihr den Rücken kehrte. Er blieb an der Kante des Steilufers stehen, trat auf der Stelle und drehte die Hand. Eine beinahe perfekte Imitation. Wo hatte er Chaplin gesehen? In einem Videospiel vielleicht? In einer Fernsehshow? Es gab Zeiten, da dachte sie trotz allem, was die Ärzte gesagt hatten, er könnte eines Tages die unmöglichen Sehnsüchte erfüllen, die sie für ihn hegte.

Am Steilhang über der Felsnadel aus Granit blieben sie stehen. Die Wellen eilten dem Ufer entgegen. Lange, weiße Kritzelstriche. Sie gab ihm einen Klaps auf den Hintern, wo der Nassanzug sich beulte. Die Neoprenkapuze rahmte sein Gesicht ein. Das blonde Haar sah hervor.

Bleib im flachen Wasser. Versprich's mir.

Sie ließ sich hinter ihm auf dem Hosenboden hinunterrutschen. Das Gras unter ihren Händen war kalt. Ihre Füße glitten durch den Matsch und landeten auf dem groben Kies. Die Felsen waren mit Algen überzogen. Eine kleine Krabbe huschte in einen Gezeitentümpel.

Tomas stand bereits knietief in der Bucht.

Geh nicht weiter rein, rief sie.

Als Kind war sie eine Schwimmerin gewesen und sowohl für Dublin als auch für Leinster angetreten. In ihrem Zimmer hatten Reihen von Medaillen gehangen. Eine von einem Wettkampf in Brüssel. Die Möglichkeit eines Stipendiums von einer amerikanischen Universität, eine Schulterverletzung hatte sie zunichtegemacht.

Sie hatte Tomas im Sommer das Schwimmen beigebracht. Er kannte die Regeln: nicht tauchen, in der Bucht bleiben, nicht zu nah an die Felsnadel heran.

Zweimal sah es so aus, als wollte er um den dunklen Felsen herum in tieferes Wasser schwimmen: einmal, als er einen Windsurfer sah, das zweite Mal, als ein gelber Kajak rasch vorüberfuhr.

Sie winkte: Nicht weiter raus, okay?

Er kehrte zum Ufer zurück und fuhr, beide Arme in Chaplin-Rotation, mit den Händen durch das flache Wasser, dass es hoch aufspritzte.

Hör bitte auf, sagte Rebecca leise, du machst mich ganz nass.

Er ließ das Wasser noch einmal spritzen, drehte sich um, tauchte unter, für zehn Sekunden, vierzehn, fünfzehn, achtzehn, kam zehn Meter entfernt wieder hoch und schnappte nach Luft.

Komm jetzt bitte. Komm raus.

Tomas schwamm auf die Felsnadel zu, seine Füße waren im Wasser nicht zu sehen. Sie bemerkte, dass der Nassanzug Falten warf. Ein langer, schlanker Schatten.

Ein dichter Schwarm Seevögel flog wie zum Spott über den flachen Wellen dahin. Sie spannte sich an. Trat einen Schritt vor, wartete.

Ich habe, dachte sie, einen schrecklichen Fehler gemacht.

Sie zog den Anorak aus und sprang ins Wasser. Sofort strich betäubende Kälte von Kopf bis Fuß über ihre Haut.

Als sie an Land watete, fiel ihr ein, dass ihr Handy noch in der Hosentasche war. Sie entfernte den Akku und schüttelte das Wasser heraus.

Tomas lag auf dem Kiesstrand und sah in den Himmel. Die blauen Augen. Das gerötete Gesicht. Die geschwollenen Lippen. Es war nicht schwer gewesen, ihn aus dem Wasser zu holen. Er hatte sich nicht gewehrt. Sie war von hinten herangeschwommen, hatte die Arme unter seinen Achseln hindurchgeschoben, die Finger verschränkt und ihn zum Strand gezogen.

Sie strich sich das nasse Haar aus dem Gesicht und wandte sich zum Steilufer. Eine Welle der Erleichterung überlief sie wie ein Schauer, als sie zurückblickte und sah, dass er ihr folgte.

Das Haus erschien ihr ganz plötzlich abgelegen: die kleinen blauen Fenster, die helle Halbtür. Er stand mitten im Zimmer in einer Pfütze, seine Lippen zitterten.

Rebecca steckte das Handy in ein Säckchen voll Reis und schüttelte es. Kein Ersatzhandy. Kein Festnetzapparat. Weihnachten. Alan, dachte sie. Er hatte nicht mal angerufen. Vielleicht hatte er es früher versucht. Der Gedanke an ihn in Dublin, bei seiner neuen Familie mit ihrem aufgeräumten Haus, ihrer Weihnachtsdekoration, ihren Dramen. Ein schlichter Anruf, es hätte so leicht sein können.

Dein Vater hat nicht mal angerufen, sagte sie, als sie durch das Zimmer ging.

Sie fragte sich, ob er ihre Worte verstand und, falls ja, ob deren Sinn zu ihm durchdrang. *Dein Vater, d'athair, abba.* Was geschah da drinnen? Wie viel nahm er eigentlich auf? Die Experten in Galway sagten, sein Verständnis sei minimal, aber sicher waren sie nicht; niemand war imstande, seine Tiefe auszuloten.

Rebecca öffnete den Reißverschluss des Nassanzugs und schälte ihn aus dem Neopren. Seine Haut war kalt und straff. Er legte den Kopf an ihre Schulter. Er stieß ein Geräusch aus, ein leises Wimmern.

Sie spürte, dass etwas in ihr losließ, und nahm ihn in die Arme. Die Kälte seiner Wange an ihrem Schlüsselbein.

Du hast mir Angst gemacht, Schatz.

Als es dunkel wurde, setzten sie sich zum Essen: Pute, Kartoffeln und Plumpudding, alles in einem kleinen Laden in Galway gekauft. Als Kind in Dublin war sie mit den uralten Ritualen aufgewachsen. Sie war die Erste in ihrer Familie, die keinen Juden geheiratet hatte, aber ihre Ehern hatten das verstanden – es gab eben nur noch sehr wenige Juden in Irland. Manchmal spielte sie mit dem Gedanken, die alten Feiertagsrituale wiederzubeleben, doch alles, worauf sie zurückgreifen konnte, waren dunkle Erinnerungen an Abendspaziergänge durch die Rathgar Road, wo sie die

Menoras in den Fenstern gezählt hatten. Mit jedem Jahr waren es weniger gewesen.

Unterm Essen setzten sie die Partyhütchen aus Pappe auf, rissen an den Knallbonbons und lasen die Witze auf den zusammengefalteten Zetteln. Ein Glas Portwein für sie. Eine Orangenlimo für ihn. Eine Schachtel Karamellbonbons. Sie lagen auf dem Sofa, seine Wange an ihrer Schulter, eingehüllt in Stille.

Sie schlug ein altes, in blaues Leinen gebundenes Buch auf. Nadeschda Mandelstam.

Tomas drückte auf die Fernbedienung und griff nach dem Controller: die Fingerfertigkeit eines Pianisten. Sie fragte sich, ob seine Eltern vielleicht nicht nur trunksüchtig, sondern auch begabt gewesen waren, ob sie irgendwann einmal durch die hohen Fenster eines Konservatoriums hinausgeblickt, gewagte neue Bilder gemalt oder sich, gegen alle Widerstände, auf einem Gebiet der Lyrik behauptet hatten – es war sentimental, das wusste sie, doch es war das Wagnis wert, eine Hoffnung gegen alle Hoffnung, ein schwaches Glimmen im neuronalen Netzwerk.

Der Weihnachtsabend ging dahin. Graustufen vor den Fenstern.

Sie brachte ihn zu Bett und las ihm auf Gälisch aus einer Sammlung alter irischer Mythen vor. Die Mythen waren eine Art Musik. Seine Augenlider flatterten. Sie wartete. Sein Tumult. Seine Wut. Nächtliche Wutanfälle nannten es die Ärzte.

Sie strich ihm über das Haar, doch er zuckte mit der Schulter und riss den Arm herum. Der Ellbogen erwischte sie am Kinn. Sie tastete nach Blut. Auf ihren Fingern war ein dünner roter Film. Sie fuhr mit der Zunge über ihre Zähne – unversehrt. Halb so schlimm. Morgen vielleicht ein blauer Fleck. Den sie im Dorfladen würde erklären müssen. *Timpiste beag.* Nichts Schlimmes, nur ein kleiner Unfall. *Ná bac leis.*

Sie beugte sich über ihn und legte schützend die Arme um seinen Kopf, damit er ihn nicht gegen die Wand stoßen konnte.

Sein feines Haar bewegte sich im Rhythmus ihres Atems. Seine Haut war gesprenkelt mit kleinen dunklen Pickeln. Der Beginn der Pubertät. Was würde in den kommenden Jahren sein, wenn der Wille seines Körpers stärker war als der ihre? Wie sollte sie ihn bezwingen? Wie viel Disziplin würde sie brauchen, wie viel Zurückhaltung?

Sie rückte dichter an ihn heran, und sein Kopf rollte herum und streifte ihre Brust. Im selben Augenblick schlug er wieder um sich. Er riss die Augen auf. Er knirschte mit den Zähnen. Der Ausdruck auf seinem Gesicht: Manchmal dachte sie, dass aus Angst langsam Hass wurde.

Sie griff unter das Bett und zog eine rote Hutschachtel hervor. Darin lag ein weicher schwarzer Lederhelm. Sie nahm ihn heraus. *Kilmacud Crokes Forever!*, stand in silbriger Schrift auf der Seite. Alan hatte ihn getragen, als er noch Hurling gespielt hatte. Wenn Tomas noch einmal aufwachte und um sich schlug, würde der Helm seinen Kopf schützen.

Sie hob seinen Kopf an, setzte ihm den Helm auf, strich das Haar darunter und schob die Lasche in das kleine Schnappschloss unter dem Kinn. Behutsam öffnete sie seinen Mund und setzte die Kunststoffschiene ein, die verhinderte, dass er seine Zähne zerbiss.

Einmal hatte er sie im Schlaf in den Finger gebissen, und sie hatte die Wunde mit zwei Stichen nähen müssen – das hatte sie von ihrer Mutter gelernt. An ihrem linken Zeigefinger war noch immer die Narbe, eine kleine rote Sichel.

Sie schlief neben ihm auf dem schmalen Bett ein, wachte wenig später auf und wusste im ersten Moment nicht, wo sie war. Die roten Ziffern des Weckers leuchteten.

Das Handy, dachte Rebecca. Sie musste nach dem Handy sehen.

Sie nahm die Flasche Weißwein aus dem Kühlschrank, schürte das Kaminfeuer in ihrem Schlafzimmer, legte eine Aufnahme von Richter auf, rückte die Kissen zurecht, zog die Decke bis zum Kinn, öffnete die Flasche und schenkte ein. Der Wein plätscherte im Glas, eine erste Vorbereitung auf den Schlaf.

Am nächsten Morgen war Tomas fort.

Sie erwachte, zunächst noch ganz umfangen vom Schlaf, und verkroch sich tiefer unter die Decke. Durch die kahlen Bäume fiel Licht ins Zimmer. Sie drehte das Kissen um, sodass die kühle Seite oben war. Die Uhrzeit überraschte sie: neun. Sie hatte den Nachgeschmack des Weins auf der Zunge, auf dem Nachttisch stand die leere grüne Flasche – irgendwie kam sie sich vor wie eine Sünderin. Sie lauschte. Kein Videospiel, kein Fernseher. Eine Zugluft ging durchs Haus, vielleicht stand irgendwo ein Fenster offen. Sie stand auf und legte sich die Bettdecke um. Die Kälte des Bodens biss in ihre nackten Füße. Sie schaltete das Handy ein. Das Display flackerte und erlosch mit einem Piepton.

Im Wohnzimmer war niemand. Sie öffnete die Tür zu

seinem Zimmer und sah den herabhängenden Zipfel der Bettdecke und den Helm, der auf dem Boden lag. Sie ließ die Decke fallen, warf einen Blick unter das Bett, riss den Kleiderschrank auf.

Der Haken im Wohnzimmer, an dem der Nassanzug gehangen hatte, war leer.

Die obere Hälfte der Tür war noch verriegelt, die untere schwang im Wind panisch hin und her. Geduckt ging sie hinaus. Sie hatte nur ihr Nachthemd an. Das Gras war spröde vom nächtlichen Frost. Ihre Zehen sanken in die Kälte ein. Die Baumwipfel warfen seinen Namen zu ihr zurück.

Die Grashalme schlugen hart an ihre Schienbeine. Der Wind spielte sein Lied auf den Rohren. Sie entdeckte eine flüchtige Bewegung an der Kante des Steilhangs, eine geduckte Gestalt, die den Hang hinunter davonrannte. Sekunden später erschien sie wieder, als wäre sie aus dem Meer gekommen. Ein Widder mit spiralig gedrehten spitzen Hörnern. Er lief durch eine Lücke in der Mauer über die Felder davon.

Rebecca sah hinunter in die Bucht. Keine Schuhe auf den Felsen. Kein Dufflecoat. Nichts. Vielleicht war er gar nicht hierhergegangen. Herrgott, dieser Nassanzug. Sie hätte ihn nie kaufen sollen. Zwei Nummern zu groß, nur um ein bisschen Geld zu sparen.

Sie rannte an der Kante entlang und spähte an der Felsnadel vorbei. Der Wind wehte kräftig. Das Meer war silbrig und schwarz, ein uralter fleckiger Spiegel. Wer war dort draußen? Die Küstenwache musste unterwegs sein, ein frühmorgendlicher Kajakfahrer, irgendein Fischerboot.

Der Wind brauste über den Atlantik heran. In ihrem Kopf Alans Stimme: *Was hast du ihm geschenkt? Einen Nassanzug? Aber warum, um Gottes willen?* Wie weit konnte er schwimmen? Da draußen gab es Netze. Er konnte sich darin verfangen.

To-mas! To-mas!

Vielleicht konnte er sie hören. Vielleicht als ein leises Klingen in den Ohren, als Schwingung des Wassers, die sein Trommelfell zum Leben erweckte. Sie suchte die Wellen ab. Pass auf jetzt. Reiß dich zusammen, verdammt.

Als sie zum Haus zurückkehrte, konnte sie sich beinahe aus der Vogelperspektive sehen: das Nachthemd, die nackten Füße, das zerzauste Haar, der feuchte Wind, der an ihr zerrte. Kein Telefon, verdammt, kein Telefon. Sie würde mit dem Wagen in die Stadt fahren müssen. Die Polizei verständigen. Wo war überhaupt die Station? Warum wusste sie das nicht? Welche ihrer Nachbarn waren zu Hause? Was hast du ihm geschenkt? Was für eine Mutter würde so was tun? Wie viel Wein hast du getrunken? Fetales Alkoholsyndrom.

Der Wind beugte die Grashalme. Sie stolperte voran. kletterte über die niedrige Mauer in den Garten. Ein stechender Schmerz im Knöchel. Hinter dem Haus knicksten die Bäume. Die Zweige sprenkelten die Wände mit Schatten. Die Halbtür schwang hin und her. Sie duckte sich und ging ins Haus, in sein Schlafzimmer. *Kilmacud Crokes Forever.* Das Handy funktionierte noch immer nicht.

Sie schaltete den Computer ein, der auf der Küchentheke stand. Der Bildschirm leuchtete auf: Tomas mit sechs in Glendalough – blondes Haar, rote Shorts, flatternde

Hemdsärmel, er rannte durch das hohe Gras zum See. Sie rief Skype auf und wählte die einzige Nummer, die sie auswendig wusste. Alan nahm beim vierten Klingelton ab. Herrgott. Was hatte sie getan? Hatte sie den Verstand verloren? Er würde die Polizei anrufen, auch die Küstenwache, aber für die Fahrt von Dublin würde er drei bis vier Stunden brauchen. Ruf mich an, wenn du ihn findest. Beeil dich. Finde ihn. Als er auflegte, herrschte eine plötzliche, heftige Stille.

Rebecca legte den Kopf auf die Theke. Als sie das Programm schloss, erschien wieder das Foto von Tomas.

Sie rannte ins Schlafzimmer und zwängte sich in ihren alten Nassanzug. Er fühlte sich rau an, spannte über der Brust, kratzte im Genick.

Draußen hingen drohende Wolken. Sie suchte den Horizont ab. Die fernen Inseln, urtümliche Buckel. Die gekrümmte Küste der Landzunge. Grauer Himmel, graues Meer. Höchstwahrscheinlich war er nach Norden geschwommen, der Strömung folgend. Im Sommer hatten sie diese Richtung eingeschlagen. Sich immer dicht an der Küste gehalten. Das Wasser gelesen. Gesehen, wo es schäumend gegen Felsen anrannte und im Bogen zurückgeworfen wurde.

Ein kleines Fischerboot fuhr an der gegenüberliegenden Seite der Bucht entlang. Sie winkte mit beiden Armen – lächerlich, das wusste sie – und kletterte den Steilhang hinunter. Ihre Füße rutschten auf dem matschigen Pfad.

Auf halbem Weg zum Spülsaum blieb sie stehen: Da lagen Tomas' Turnschuhe, ordentlich nebeneinander und zum Meer ausgerichtet. Wie hatte sie die vorhin nur übersehen können? Sie würde diesen Augenblick nie vergessen, das wusste sie: Sie drehte die Schuhe herum, als könnte er jeden Moment kommen, sie anziehen und in das warme Haus zurückkehren.

Keine Fußspuren, dazu war der Kies zu grob. Auch keine Jacke. Hatte er den Dufflecoat zurückgelassen? Unterkühlung. Manchmal dauerte es nur wenige Minuten. Sie hatte den Anzug zu groß gekauft. Daher war er der Kälte vermutlich stärker ausgesetzt. Wie weit würde er kommen? Wie lange war er schon fort? Sie war so spät aufgewacht. Wein. Sie hatte so viel Wein getrunken.

Sie zog eine Badekappe fest über den Kopf und schloss den Reißverschluss ihres Anzugs. Die Zähne waren widerspenstig.

Rebecca watete ins Wasser und tauchte ein. Die Kälte durchbohrte sie. Ihre Arme hoben und senkten, hoben und senkten sich. Sie hielt inne, sah zurück und schwamm weiter. Die Schulter schmerzte.

Bei jedem Zug sah sie sein Gesicht: die dunkle Kapuze, das blonde Haar, die blauen Augen.

Sobald sie an der Felsnadel vorbei war, schwamm sie an der Küste entlang, in den Ohren das Rauschen der Wellen, das nur eine andere Art von Taubheit war. Ihr Blut zog sich aus den Fingern, den Zehen, dem Kopf zurück.

Vor acht Monaten hatte der Verleger in Tel Aviv ihr einen kleinen Roman geschickt, eine wunderschön geschriebene Geschichte von einem israelischen Palästinenser aus Nazareth, ein bedeutendes Werk, wie sie fand.

Sie hatte sogleich mit der Übersetzung begonnen. In der

Geschichte ging es um ein Paar in mittleren Jahren, das seine beiden Kinder verloren hatte. Das Wort *sh'kol* war aufgetaucht, und sie hatte nach einer passenden Übersetzung gesucht, aber keine gefunden. Es gab natürlich die Worte *Witwe, Witwer* und *Waise*, aber keines, weder Substantiv noch Adjektiv, für ein Elternteil, das sein Kind verloren hatte. Auch nicht im Irischen. Sie hatte russische, französische, deutsche Wörterbücher konsultiert, auch die anderer Sprachen, Analogien aber nur im Sanskrit – *vilomah* – und im Arabischen – *thakla* für die Mutter, *malhkool* für den Vater – gefunden. Im Englischen: nichts. Es hatte sie tagelang beschäftigt. Sie wollte dem Text treu bleiben, das Unsichtbare benennen: *aufgerissen, mittendurch gerissen, beraubt.* Letztlich hatte sie sich mit dem formellen *hinterblieben* begnügt, das nicht annähernd akkurat genug war, wie sie fand, das kein Geheimnis barg, keinen Klang hatte und eigentlich kaum eine richtige Übersetzung war. Hinterblieben.

Als man sie beim Kragen des Nassanzugs aus dem Wasser zog, war es beinahe Mittag. Ein Boot der Küstenwache. Vier Mann an Bord. Bäuchlings und keuchend fiel sie aufs Deck. Sie trugen sie hinunter in die Kabine. Beugten sich über sie. Eine Maske. Schläuche. Ihre Gesichter waren unscharf, verschwommen. Ihre Stimmen. Sauerstoff. Eine Hand auf ihrer Stirn. Ein Finger an ihrem Handgelenk. Das Gewicht des Wassers lag noch immer auf ihr. Ihre Zähne klapperten. Sie wollte aufstehen.

Lasst mich, rief sie.

In ihr brannte die Kälte. Die Schulter fühlte sich an, als wäre der Arm aus dem Gelenk gerissen worden.

Setzen Sie sich, alles wird gut. Nicht bewegen.

Sie legten ihr Decken aus Silberfolie um, massierten ihre Finger und Zehen, schlugen ihr zweimal ins Gesicht, sanft, wie um sie zu wecken.

Mrs. Barrington? Können Sie mich verstehen?

Im Blau der Augen des Kapitäns sah sie Tomas. Sie berührte sein Gesicht und spürte raue Bartstoppeln.

Der Kapitän sprach sie auf Englisch an, dann auf Irisch, sein Ton war scharf. War sie sicher, dass Tomas schwimmen gegangen war? Gab es irgendeinen anderen Ort, wo er sein könnte? Hatte er so etwas schon mal gemacht? Was hatte er an? Hatte er ein Handy? Irgendwelche Freunde?

Wieder wollte sie aufstehen, doch der Kapitän hinderte sie.

Der Wind drückte gegen die Fenster der Kabine und setzte den Wellen weiße Kronen auf. Ein paar Möwen schossen akrobatisch über dem Wasser dahin. Rebecca warf einen Blick auf die Seekarten an der Wand, weite, farbige Flächen, von Linien durchzogen. Kummer wallte heiß in ihr auf. Sie blickte über das Heck des Boots auf das sich breitende Kielwasser. Das Funkgerät knarzte: ein Dutzend verschiedene Stimmen.

Sie wusste, dass sie klang wie ein Tier.

Das Boot wurde plötzlich langsamer und legte an. Gischt prickelte auf ihrem Gesicht. Diesen Ort kannte sie nicht. Eine Lampe leuchtete am helllichten Tag: ein schwaches Schimmern, eine Verheißung von Dunkelheit. Schaulustige kauerten in ihren Wagen und zeigten auf sie. Rote und blaue Blitze stachen auf die Baumwipfel ein. Sie spürte eine Hand auf der Schulter. Der Kapitän führte sie den Pier entlang.

Eine der Decken fiel zu Boden. Sogleich war ihr bewusst, dass sie den Nassanzug trug: eng, dunkel, kalt. Getuschel. Die immense Stille machte sie benommen. Es ging kein Windhauch. *Sh'kol.*

Sie fuhr herum, riss sich los und rannte.

Als man sie zum zweiten Mal aus dem Wasser holte, eilte ein Mann hinzu, der sie, den Arm ausgestreckt, mit seinem Handy anvisierte und auf das Display starrte, während sie aus den flachen grauen Wellen gezogen wurde: Sie wusste, dass sie in wenigen Stunden in den Nachrichten sein würde.

Tomas, flüsterte sie, Tomas.

Ein Beruhigungsmittel benebelte sie. In der Ecke saß eine Polizistin, schweigend, aufmerksam. Untertasse und Teetasse in der Hand. Durch das große Fenster sah Rebecca Leute umhergehen und neugierige Blicke werfen. Einer machte sich anscheinend Notizen.

Die Polizisten hatten sich im Wohnzimmer eingerichtet. Ständig läutete irgendein Telefon. Wagen wendeten auf der schmalen Straße vor dem Haus, die Reifen knirschten auf dem Kies der Einfahrt.

Draußen rauchte jemand, der Geruch zog durch das Haus. Sie stand auf und schloss das Schlafzimmerfenster.

Etwas ist vorbei, dachte sie. Etwas ist zu Ende. Sie konnte den Ursprung dieses Gefühls nicht finden.

Sie ging zur Tür. Die Polizistin entkreuzte die übereinandergeschlagenen Beine, stand aber nicht aus dem Korbsessel auf. Rebecca ging hinaus. Im Wohnzimmer trat Stille ein, nur das Funkgerät rauschte. Auf dem Tisch eine Weinflasche. Ein Partyhütchen. Das schmutzige Geschirr stapelte sich in der Spüle, in der kaltes Wasser stand.

Ich will bei der Suche dabei sein.

Es ist am besten, wenn Sie hierbleiben.

Er kann die Trillerpfeifen nicht hören, er ist taub.

Bleiben Sie hier im Haus, Mrs. Barrington.

Der plötzliche kalte Schmerz fühlte sich an, als hätte sie auf ein Stück Aluminium gebissen.

Marcus. Ich heiße Marcus. Rebecca Marcus.

Sie stieß die Tür zu Tomas' Zimmer auf. Zwei Polizisten in Zivil wühlten in Schubladen. Auf dem Bett lag ein kleiner, mit Zahlen beschrifteter Plastikbeutel, darin ein paar Haare. Dünn und blond. Die beiden sahen sie an.

Ich will seinen Schlafanzug holen, sagte sie.

Tut mir leid, Miss. Sie dürfen nichts mitnehmen.

Ich will doch nur seinen Schlafanzug.

Eine Frage – wenn Sie nichts dagegen haben.

Einer der beiden trat auf sie zu. Ein Zimtgeruch, irgendwas Weihnachtliches. Er stellte die Frage scharf, als würde er ein Streichholz anreißen.

Woher haben Sie die Prellung da?

Ihre Hand flog zu ihrem Gesicht. Sie fühlte sich, als hätte man ihr irgendetwas Scharfkantiges aus dem Schlund gezogen und dabei den Gaumen aufgerissen.

Draußen hatte die frühe Abenddämmerung alles beschlagnahmt.

Keine Ahnung, sagte sie.

Eine Frau und ein Junge, allein in einem Haus an der Westküste. Leere Weinflaschen. Sie sah über die Schulter: Die Polizisten im Wohnzimmer musterten sie. Im Badezimmer wurden Pillenfläschchen geschüttelt. Eine Inventur der Medikamente. Ein anderer Beamter hatte sich ihr Bücherregal vorgenommen. *Die eisernen Berge, Natürliche Ernährung, Kaddisch, Das schöne Haus, Was vom Tage übrig blieb.* Sie stand also unter Verdacht. Plötzlich fühlte sie sich abgeschnitten. Sie straffte die Schultern und ging zurück ins Wohnzimmer.

Würden Sie dem Mann da draußen bitte sagen, dass er hier nicht rauchen soll?, sagte sie.

Er hielt vor der Einfahrt, hupte, ließ das Fenster herunter und winkte den Polizisten heran. *Ich bin der Vater.*

Den vom gelegentlichen Trinken herrührenden Ansatz von Hängebacken hatte Alan verloren. Die Schmalheit ließ ihn streng wirken. Sie forschte nach Resten seines alten Ichs, aber er war glatt rasiert, und es war etwas durch und durch Affektiertes um ihn: das Tweedjackett, die schmale, hoch sitzende Krawatte, die Bügelfalte in der Hose. Er sah aus, als hätte er sich in die dritte Person gekleidet.

An der Tür vergrub er sein Gesicht in Tomas' Dufflecoat und sank theatralisch auf die Knie, wischte sich aber sorgfältig die Hose ab, als er sich erhob und ihr ins Schlafzimmer folgte.

Die Polizistin in der Ecke stand auf und lächelte nervös. Rebecca sah sich einen Augenblick im Spiegel: verquollen, zerzaust.

Ich würde gern mit meiner Frau allein sein, sagte Alan.

Rebecca hob den Kopf. *Frau:* Es war wie ein Wort auf einem Stück Papier, das längst in die Finsternis geworfen worden war.

Alan rückte den Korbsessel zurecht und stieß einen tiefen Seufzer aus. Es war offensichtlich, dass der Kummer ihn erhöhte. Er brauchte den Verlust, er wollte sich mit ihm verbinden. Warum war sie nicht aufgewacht?, wollte er wissen. War ihre Schlafzimmertür offen oder geschlossen gewesen? Hatte sie den Wecker überhört? Hatte Tomas irgendwas gefrühstückt? Wie weit konnte er schwimmen? Warum hast du ihm keinen Anzug gekauft, der ihm passt? Warum hast du ihn nicht versteckt? Hast du ihm Grenzen gesetzt? Du weißt, dass er Grenzen braucht.

Sie dachte an dieses längst vergangene Leben in den Hügeln bei Dublin, an die blitzende Küche, die weißen Haushaltsgeräte, die deutschen Wagen in der gekiesten Einfahrt, die gestutzten Hecken, die Alarmanlage, die Kameras, die *Grenzen*, ja, sie dachte an die Grenzen und daran, wie weit man dieses Wort dehnen konnte, bevor es zerriss.

Hatte er seine Handschuhe an?

Hör auf, bitte, Alan.

Ich muss es wissen.

Die roten Ziffern des Weckers leuchteten. Zwölf Stunden waren vergangen. Sie legte sich auf das Bett.

Nein, er hat keine Handschuhe mitgenommen, Alan.

Sie brachte diese israelische Geschichte nicht aus dem Kopf. Ein palästinensisches Paar hatte im Verlauf von fünf Jahren beide Kinder durch Krankheit verloren: eines durch eine Lungenentzündung, das andere durch eine Blutkrankheit. Es war eine einfache Geschichte – kurz, intim, ohne große Ambitionen. Der Vater war Kranführer im Hafen von Haifa, die Mutter Sekretärin in einer Firma, die Wellpappe herstellte. Ihr Leben war auf den Kopf gestellt.

Der Vater packte alles, was seinen Kindern gehört hatte, in einen Container, den er mit seinem Kran täglich an eine andere Stelle am Meer stellte, wo er ihn, leuchtend gelb und verschlossen, behutsam absetzte.

Er fühlt sich unbesiegbar, nicht?

Herrgott, Alan.

Die Suchmannschaften waren entlang des Kliffs ausgeschwärmt. Man hörte das hoffnungslose Schrillen ihrer Pfeifen, der Wind warf den Namen ihres Sohns zurück. Sie öffnete die Schiebetür zur Veranda. Der Himmel war mit roten Streifen durchsetzt. Ein Ahornzweig streiften ihre Wange. Sie hob den Arm. Ein heftiger Schmerz im Schulterblatt.

Zigarettenrauch hing in der Luft. Sie ging zur Rückseite des Hauses. Eine Frau. In Zivil. Die Pfiffe ertönten noch immer, kurz und scharf.

Ein Verlust hatte sich in ihr festgesetzt. Rebecca bat mit einer Geste um die Zigarette und nahm einen langen, tiefen Zug. Er schmeckte übel und schwer. Sie hatte seit Jahren nicht mehr geraucht.

Er ist taub, sagte sie und blies den Rauch zur Seite.

Eine Zärtlichkeit trat in den Blick der Polizistin. Rebecca kehrte zurück ins Haus, zog den Mantel an und ging zur Vordertür hinaus und in Richtung Kliff.

Ein Hubschrauber tauchte am dunklen Horizont auf, schwebte eine Weile über dem Haus und richtete den Suchscheinwerfer auf die Mauern, bevor er abrupt abdrehte und weiter an der Küste entlangflog.

Sie gingen in Dreiergruppen und hielten sich an den Händen. Das Land war hügelig, steinig, voller Löcher. Hin und wieder hörte sie ein Keuchen von einer der benachbarten Gruppen, wenn einer über einen losen Stein, eine halb verrottete Hummerfalle, einen Müllbeutel stolperte.

Die Mauern fühlten sich kalt an. Der Wind fuhr unter eine weggeworfene Plastikplane. Am Stacheldraht hingen winzige Flöckchen Schafwolle: ein Muster aus Rot und Blau.

Im letzten Abendlicht suchten im Zickzack fahrende Boote die entfernteren Strände ab, Dutzende schoben sich entlang der Küste durch die Wellen. Die Glocken auf den alten Booten läuteten. Ein Hooker fuhr mit geblähten weißen Segeln vorbei. Eine Flotte von Kajaks kehrte dicht unter Land nach Hause zurück.

Der Mond ging rot auf: Seine Schönheit erschien ihr roh und kränkend. Sie wandte sich landeinwärts. Die beiden Detectives gingen neben ihr, sie fühlte sich, als würde sie von ihnen in der Schwebe gehalten. Bleiche Lichtkegel von Handlampen strichen durch die sich verdichtende Dunkelheit.

Bei einem verlassenen, von einem gewaltigen Rhododendron bedrängten Haus ohne Dach erhielten sie über Funk die Nachricht, man habe einen Nassanzug gefunden, over. Der eine Detective hielt einen Finger in die Luft, als wollte er die Windrichtung feststellen. Nein, keinen Nassanzug, sagte die Stimme, Achtung, nein, eine Bewegung, Achtung, Moment, Moment, etwas Lebendiges, eine Bewegung auf den Wellen, Achtung, ja, ein Körper, sie hatten einen Körper gefunden, over.

Der Detective wendete sich ab, trat in den überwucherten Eingang des Hauses, schirmte das Funkgerät mit der Hand ab und stand im Sternenlicht ganz still, bis die Korrektur kam: negativ, negativ, ein Seehund, wiederhole, negativ, nur ein Seehund, over.

Rebecca kannte die Legenden über Selkies – mythische Wesen, halb Mensch, halb Seehund. Sie stellte sich vor, wie Tomas durch das Wasser glitt, gestreckt, dunkel, verborgen.

Die Polizistin flüsterte ins Funkgerät: Verdammt, passt auf, was ihr sagt, wir haben die Mutter hier.

Das Wort lag ihr jetzt auf der Zunge: *Mutter, máthair, em.* Sie stapften weiter durch das ungeknickte Gras in die Tunnel ihrer Lampen.

Alans Kleider lagen zusammengefaltet auf dem Korbsessel. Er hatte die Knie angezogen. Aus dem Weiß seiner Kehle kam ein leises Keuchen. Auf ihrem Kissen lag ein Zettel; *Sie wollten mich nicht in Tomas' Zimmer schlafen lassen, weck mich, wenn du wieder da bist.* Darunter ein gekritzeltes *Bitte.*

Man hatte die Suche bis zum Morgen unterbrochen, doch sie hörte die Signale der Fischerboote entlang der Küste.

Rebecca zog ihre Schuhe aus und stellte sie vor den Kamin, in dem nur noch ein wenig Glut war, ein schwacher roter Schein. Die Säume ihrer Jeans waren nass und schwer von Schlamm. Sie zog sie nicht aus.

Sie legte sich auf das Bett, deckte sich mit einer Wolldecke zu und kehrte Alan den Rücken. Sie sah aus dem Fenster und wartete auf den Streifen Licht, der die Finsternis zerteilte. Eine Lampe, getragen von einer fahlen

Gestalt. Vielleicht gab es neue Nachrichten. Am Steilhang hatte er das imaginäre Stöckchen kreisen lassen. Wo hatte er den Chaplin-Gang gelernt? Die schiere Überraschung. Das Unvorhersehbare. Kaspern an der Kante.

Aus dem Wohnzimmer drang immer wieder das Rauschen des Funkgeräts. Beinahe achtzehn Stunden.

Rebecca drückte das Gesicht tiefer ins Kissen. Alan bewegte sich unter der Bettdecke. Sein Arm legte sich auf ihre Schulter. Sie lag ganz still. Schlief er, oder war er wach? Wie konnte er schlafen? Sein Arm spannte sich an. Die Hand wanderte zu ihrem Haar, seine Finger strichen über ihren Hals, der Daumen lag an ihrem Schlüsselbein.

Das war nicht Schlaf. Das war ganz und gar nicht Schlaf.

Sanft schob sie seinen Arm weg.

Eine zweite Lampe hüpfte am Fenster vorbei. Rebecca stand auf. Auf dem Frisiertisch lag eine Bürste mit goldglänzendem Rücken. In den Borsten hingen viele lange dunkle Haare. Sie bürstete nur eine Seite. Die nassen Hosensäume lagen kalt auf ihren nackten Füßen. Sie ging zum Korbsessel, deckte sich zu und starrte hinaus in die Dunkelheit der frühen Morgenstunden.

Als der Tag anbrach, wurde die Tür ein wenig geöffnet, und die Polizistin streckte den Kopf herein. Es war eine Wärme in dem, was zwischen ihnen hin und her flog. Alans bleiche Gestalt regte sich. Er murmelte etwas, das wie eine Entschuldigung klang. Sein Gesicht. Sein schütteres Haar. Er wirkte so zerbrechlich auf sie. Als könnte er sich jeden Moment auflösen.

In der Küche pfiff bereits der Wasserkessel. Auf der Theke stand eine Reihe Teetassen. Die Polizistin trat zu ihr und legte ihr die Hand auf den Arm. Ihre Blicke begegneten sich, ein kurzer Moment der Übereinstimmung.

Ich hoffe, Sie haben nichts dagegen. Wir waren so frei. Es gibt noch nichts Neues.

Das Wort *noch* ließ sie innerlich zusammenzucken. Irgendwann würde es etwas Neues geben. Es war unvermeidlich.

Wir haben eins von Tomas' Hemden aus dem Wäschebehälter genommen.

Warum?, fragte Rebecca.

Für die Hunde, sagte die Polizistin.

Plötzlich wollte Rebecca das Hemd in Händen halten, seinen Geruch einatmen. Sie griff nach dem Wasserkessel, um das Zittern ihrer Hände zu überspielen. Dann würden später also Hunde die Landzunge absuchen. Nach ihrem Sohn. Sie warf einen Blick auf ihr Spiegelbild in der Fensterscheibe und sah nur ihn. Sein Gesicht war jetzt doppelt und dreifach gerahmt. Er war überall. Er rannte über die Landzunge, die Hunde hinterher, er war ein Widder, ein Falke, ein Reiher. Sie spürte eine Leichtigkeit. Sie flog eine Kurve. Ging in den Sturzflug. Ihre Hände packten den Rand der Theke. Der stete seidigglatte Sog des Meers. Die dunkelnde Unterwasserwelt. Ein Leichentuch aus Kälte. Der Leichenbeschauer, das Beerdigungsinstitut, die Kränze, die Grabstelle, die Beerdigung. Sie spürte, dass sie schwankte. Etwas brach an die Oberfläche. Ein Selkie, er schnappte nach Luft. Man führte sie zu einem Stuhl am Tisch. Sie wollte sich vorbeugen, um Tee einzuschenken. Ringsum dröhnten Stimmen. Ihre Hände zitterten. Es gab keine Zukunft, über die man sich flüsternd hätte unterhalten können. Plötzlich kam ihr der Gedanke, es könnte kein Zucker im Haus sein. Sie brauchten doch Zucker für den Tee. Sie würde später mit Tomas zum Laden gehen. Und zum Zeitungsgeschäft. Ja, das würde sie. Landeinwärts auf der schmalen, kurvigen Straße. An dem weißen Bungalow vorbei. Über die Kreuzung mit der einzigen Verkehrsampel. Sie würde mit ihm am Metzgerladen vorübergehen, an dem Schild, auf dem Ausflüge zu den Inseln angeboten wurden, an dem Buchmacher, dem geschlossenen Hotel, der Gasse mit den silbernen Fässern bis zum Zeitungsgeschäft. Das Klingeln des ankerförmigen Glöckchens. Der schwarz-weiße Linoleumboden. Am Regal entlang. Der stechende Geruch von Paraffin. Vorbei an dem auf Hummerfallen stehenden Zeitungsständer. An den Fallen hingen noch kurze blaue und orangerote Seile. Relikte des Meers. Sie würde an den Nachrichten über sein Verschwinden vorbeigehen. Brot, Kekse. Suppe. Zu dem Regal, wo die gelben Zuckerpakete lagen. Wir brauchen unbedingt Zucker, Tomas, auf dem zweiten Brett von oben, glaub mir, sei ein guter Junge und hol ihn, geh nur, nimm ihn.

Sie war sich nicht sicher, ob sie laut gesprochen hatte oder nicht, doch als sie den Kopf hob, stand die Polizistin da, mit feuchten Augen, und hielt eins von Tomas' Hemden hoch. Die Knöpfe waren kalt: Rebecca drückte sie an ihre Wange.

Von der Straße kam das Geräusch schabender Zweige. Lieferwagentüren wurden geöffnet und zugeschlagen. Sie hörte ein Winseln und das Kratzen von Pfoten auf dem Kies.

Es war der zweite Morgen, den sie draußen verbrachte. Säulen aus Licht lagen über dem Meer. Das Gras am Kliff wellte sich in einem leichten Wind. Unter ihrem eigenen Hemd trug sie das von Tomas, eng und warm.

So viele Suchmannschaften an den Stränden. Lehrer. Bauern. Schulkinder, die sich an den Händen hielten. Die Zahl der Boote hatte sich verdreifacht.

Gegen Mittag war sie so erschöpft, dass man sie nach Hause brachte. Eine Stille ganz neuer Art hatte sich über das Haus gelegt. Die Polizisten kamen und gingen, als hätten sie es lange geübt. Sie schienen miteinander zu verschmelzen: fast als könnten sie die Gesichter tauschen. Es gelang ihr irgendwie, sie an der Art, wie sie Tee tranken, zu unterscheiden. Essen war abgegeben worden, mit Kärtchen von den Nachbarn. Obstschalen. Lasagne. Teebeutel und Kekse. Ein Korb voll Ballons mit einem von Kinderhand geschriebenen Gebet an den heiligen Christophorus.

Alan setzte sich neben sie auf das Sofa. Er legte seine Hand auf ihre. Er sagte, er werde sich um die Interviews kümmern. Sie brauche sich deswegen keine Sorgen zu machen.

Sie hörte das ferne Donnern der Brandung. Das Brummen eines auf der Straße geparkten Übertragungswagens sickerte ins Haus.

Eine Sonntagszeitung rief an und bot Geld für ein Foto. Alan ging in eine Zimmerecke, schirmte das Telefon mit der Hand ab und flüsterte. Sie glaubte, ihn weinen zu hören.

Die Blätter des israelischen Manuskripts lagen verstreut auf ihrem Schreibtisch, daneben aufgeschlagen Mandelstams Erinnerungen, zu etwa einem Viertel gelesen. Russland, dachte sie. Sie würde die Leute in Wladiwostok benachrichtigen müssen, berichten, was geschehen war, Formulare ausfüllen. Das Waisenhaus. Die geborstenen Stufen. Die hohen Fenster. Die ockergelben Wände. Das große Bild in der Eingangshalle: die Amurbucht im Sommer, auf dem Wasser ein Segelboot, Wasser, immer Wasser. Sie würde die Mutter und den Vater ausfindig machen und ihnen erklären, dass ihr Sohn beim Schwimmen vor der Westküste Irlands verschwunden war. Eine kleine Wohnung im Zentrum, ein niedriger Couchtisch, ein voller Aschenbecher, die Mutter bleich und verschlossen, der Vater feist, ein Schlägertyp. Meine Schuld. Ich habe ihm einen Nassanzug geschenkt. Alles nur meine Schuld. Vergebt mir.

Sie wollte den Tag zurückspulen, die Helligkeit des Morgens zurückgewinnen, seine Möglichkeiten, das Ritual des Tee-Einschenkens, doch sie war nicht überrascht, als sich die Dämmerung herabsenkte. Beinahe zwei Tage jetzt.

Alan saß in der Ecke und schmiegte sich um sein Handy. Sie empfand beinahe Trauer um ihn – das geflüsterte *Schatz*, die eindringlichen Erklärungen, die Diskussionen mit seinen kleinen Kindern.

Als sie in der Nacht neben ihm lag, ließ sie es zu, dass er seinen Arm um ihre Taille legte. Der schlichte Trost, der darin lag. Wieder murmelte er ihren Namen, doch sie drehte sich nicht um.

Bei Tagesanbruch zählte sie die Stunden zusammen: achtundvierzig.

Rebecca stand auf und trat hinaus in den Morgen, der Tau durchnässte ihre Turnschuhe. Auf der Straße, außer Sicht, summte der Übertragungswagen. Sie ging über den Viehrost und spürte die Stahlrohre unter den Fußsohlen. Ein matschiger Feldweg führte den Hügel hinauf. Das Gras in der Mitte war grün und unberührt. Auf den Feldsteinmauern lag dick das Moos.

In einer hohen Hecke hatte sich ein Plastikfetzen verfangen. Sie reckte sich, zog ihn heraus und steckte ihn in die Tasche, sie hätte nicht sagen können, warum.

Von den Zweigen der nahen Bäume tropfte es. Ein paar Vögel markierten ihr Revier mit morgendlichem Gesang. Auf diesem Teil des Wegs war sie erst einmal gefahren. Früher einmal war es einer der Hungerwege gewesen, die zu den Auswandererschiffen führten.

Rebecca blieb eine Weile stehen: Das Summen des Übertragungswagens schien den Rhythmus der Brandung auszulöschen.

Vorgebeugt marschierte sie den steilen Hügel hinauf, öffnete das rote Gatter und stakste durch den Schlamm. Der Riegel schnappte exakt ein. Sie ging auf dem grasbewachsenen Mittelstreifen und um die zweite Biegung, wo der Übertragungswagen mit laufendem Motor neben einer Hecke geparkt war. Drinnen saßen, durch die durchsichtigen Gardinen als Silhouetten zu erkennen, drei Gestalten und spielten Karten. Die Gardinen bewegten sich, die Gestalten waren reglos. Auf dem Vordersitz saß zusammengesunken ein Mann und schlief.

Ein paar Teenager standen hinter dem Wagen und teilten sich eine Zigarette, ihr Atem trieb in Form weißer Wölkchen durch die Luft. Als sie näher kam, stießen sie einander an.

Entgeistert blieb sie stehen. Allein, lässig schlendernd, erschien er hinter den Teenagern, von diesen unbemerkt. Ein brauner Jagdanorak hing über seinen Schultern. Darunter trug er ein Sweatshirt mit Kapuze. Er hatte die Hosenbeine hochgekrempelt. Seine Stiefel waren offen, die Zungen hingen seitlich heraus. Dampf stieg von ihm auf, als wäre er schon lange unterwegs.

Sein Mund war leicht geöffnet, die Lippen waren feucht. Dreck und Blätter im Haar. Unter dem rechten Arm ein großes Bündel. Es wollte ihm entgleiten, er musste nachfassen. Ein langer grauer Streifen. Der Nassanzug. Er trug den Nassanzug unter dem Arm.

Er hatte sie noch nicht bemerkt. Sein Körper schien seinen Schatten hinter sich herzuziehen: Der folgte ihm langsam, widerwillig, aber scharf umrissen. *Sh'kol.* In diesem Augenblick fiel ihr die richtige Übersetzung ein. *Umschattet.*

Hinter ihr wurde die Tür des Übertragungswagens geöffnet. Man rief ihren Namen. Mrs. Barrington. Sie drehte sich nicht um. Sie fühlte sich, als säße sie in einem schleudernden Wagen.

Hinter ihr war Bewegung: Zwei, drei, vier Leute stiegen aus dem Wagen. Die Unmöglichkeit, seinen Namen auszusprechen. Tomas. Bist du das? Hier, Tomas. Einer der Teenager schrie auf. Seht doch, da. Sie hohen die Handys hervor. Tomas! Tomas! Hier, Tomas.

Das Mikrophon wurde über ihren Kopf geschwenkt und senkte sich vor ihr Gesicht, doch sie schob es beiseite. Ein Kameramann rempelte sie an. Noch ein Schrei. Sie setzte sich in Bewegung. Ihre Füße glitten im Matsch aus.

Tomas wandte sich um. Eine Woge der Freude durchlief sie, als sie ihn in die Arme schloss.

Sie hielt sein Gesicht in beiden Händen. Wie blass, wie weiß seine Augen waren. Sein Blick gehörte einem anderen: einem Jungen, der eine andere Erfahrung gemacht hatte.

Er gab ihr den Anzug. Er war kalt und trocken.

Die Nachricht war ihnen vorausgeeilt. Als sie in den Garten traten, ertönten Jubelschreie. Alan kam im Pyjama aus dem Haus gerannt, blieb, als er die Kameras sah, wie angewurzelt stehen und legte die Hände über den offenen Hosenschlitz.

Rebecca schob Tomas durch die sich bildende Gasse. Sie hatte einen Arm fest um seine Schultern gelegt und führte ihn zur Tür.

Drinnen lag ein Lichtschein auf dem Boden. In der Mitte des Wohnzimmers stand eine Polizistin in Zivil. Ihr Namensschildchen funkelte. Detective Harnon. Rebecca wurde mit einem Mal bewusst, dass sie Dinge wieder benennen konnte: Menschen, Worte, Ideen. Eine Wärme breitete sich auf ihrem Rücken aus.

Tomas' Kleider verströmten einen Geruch nach Torfrauch. Es war, wie ihr später klarwurde, einer der wenigen Hinweise.

Hinter ihr drängten Leute herein. Am großen Fenster erschien ein Fotograf. Überall läuteten Handys. Der Kessel auf dem Herd pfiff. Tomas war ängstlich und angespannt. Sie musste mit ihm allein sein. Der Fotograf hielt seine Kamera ans Fenster. Als der Blitz aufflammte, riss sie Tomas herum.

Das Morgenlicht drückte seinen Stempel in kleinen Rechtecken auf den Boden des Schlafzimmers. Rebecca schloss die Jalousie. Der Helm lag noch auf dem Bett. Sein Pyjama ordentlich zusammengefaltet auf dem Stuhl. Sie ignorierte das Klopfen an der Tür. Er zitterte jetzt. Sie hielt sein Gesicht. Küsste ihn.

Die Tür wurde zögernd geöffnet.

Lassen Sie uns bitte allein. Bitte.

Sie strich ihm über die Wange. Nahm die braune Jacke von seinen Schultern. Eine Jagdjacke. Sie durchsuchte die Taschen. Ein paar Fussel. Verfilzte Haare. Ein nasses Streichholzbriefchen. Er hob die Arme. Sie zog ihm das Sweatshirt aus. Seine Haut war kalt und straff.

Ein Stück von einem Blatt löste sich aus seinen Haaren und fiel zu Boden. Sie drehte ihn um, musterte Rücken, Nacken. Schulterblätter. Nichts. Kein Schnitt, kein Kratzer.

Sie betrachtete seine Hose. Eine Jeans. Viel zu groß. Eine Männergröße. Gehalten von einem alten roten Gürtel mit goldener Schnalle. Etwas aus einer anderen Zeit. Auffällig. Alt. Ein kalter Schauer überlief sie.

Nein, sagte sie. Bitte nicht.

Sie streckte die Hand nach ihm aus, aber er schob sie fort. Wieder wurde die Tür geöffnet. Sie drehte sich um und sah Alan: die Anspannung in seinem Gesicht, die kleinen braunen Augen.

Wir brauchen eine Beamtin, sagte sie. Sofort.

Im Krankenhaus war es noch immer heller Morgen, und in den niedrigen Korridoren stand die Luft, und überall waren Fußspuren, und die gelben Wände beengten sie, und der stechende Geruch nach Desinfektionsmitteln zwang sie, zum Fenster zu gehen, und die Bäume draußen standen reglos, und die Möwen schwebten schreiend über den Dächern, und sie stand da, in Erwartung des Unvorstellbaren, einem Gewirr aus Hörensagen, Indizien und Tatsachen, und wartete auf die Ärzte, und die Minuten schleppten sich dahin, und Schwestern gingen vorbei, und Rollbahren ratterten, und Pfleger schoben schwere Wagen, und der nie versiegende Strom menschlichen Elends wälzte sich durch den Wartebereich, jede Geschichte, jede Nuance, jeder Pulsschlag der Stadt hämmerte gegen die drahtarmierten Fensterscheiben.

Das Wasser strömte klar und in dickem Strahl aus dem Hahn. Sie prüfte die Temperatur mit dem Handgelenk. Tomas kam ins Badezimmer, ließ den roten Pullover fallen und stieg aus der khakibraunen Hose. In seinem weißen Hemd stand er da und fummelte an den Knöpfen herum.

Sie wollte ihm helfen, aber er wich zurück und machte Gebärden, sie solle hinausgehen, während er sich die Badehose anzog. Die wollte er jetzt also tragen, wenn sie ihn wusch. Warum nicht?, dachte sie.

Im Haus war wieder Stille eingekehrt. Nur noch das Geräusch der Brandung. Sie schaltete ihr neues Handy ein. Ein Dutzend Nachrichten. Sie würde sich später darum kümmern.

Nach einer Weile öffnete sie die Tür des Badezimmers und hielt sich dabei mit einer Hand die Augen zu.

Ta-daa!, sagte sie.

Blass und dünn stand er vor ihr. Die Badehose war ihm

viel zu eng. Auf seinem flachen Bauch sah sie eine Linie winziger, feiner Haare, die bis zum Nabel verlief. Er trat von einem Bein aufs andere und hielt die Hände vor der Hose gefaltet.

Er war unversehrt. Das hatte Detective Harnon gesagt. Er war leicht dehydriert, aber im Übrigen unversehrt. Kein Missbrauch. Keine Verletzungen. Sie hatten alle möglichen Untersuchungen vorgenommen. Später hatte die Polizei im Dorf herumgefragt. Es war nichts dabei herausgekommen. Keine weiteren Hinweise.

Nächste Woche sollte noch eine Untersuchung stattfinden. Durch einen Psychologen, hatten sie gesagt. Durch jemand, der vielleicht imstande war das Geschehene zu rekonstruieren. Doch Rebecca wusste, dass man nie eine Antwort finden würde. Auch mit einer Vielzahl von Untersuchungen würde man dieses Rätsel nicht lösen. Nicht mit Fotos, mit Landkarten, mit Spaziergängen entlang der Küste. Bald würde sie wieder mit ihm schwimmen gehen. Sie würden langsam ins Meer waten. Sie würde zusehen, wie er vorsichtig die Felsnadel umrundete. Sie würde ihm zeigen, wo die Strömung verlief. Vielleicht würde sie irgendwann einmal auf etwas Erhellendes stoßen, doch ihr war bewusst, dass sie es letztlich nie begreifen würde.

Der simple Segen seiner Rückkehr reichte ihr. *Ich lebe, ich atme, ich gehe, ich kehre zurück, ich bin jetzt hier.* Sonst nichts.

Erneut prüfte Rebecca die Wassertemperatur. Sie half Tomas, in die Wanne zu steigen. Er hatte eine Gänsehaut. Unter der blassen Haut zeichneten sich seine Rippen scharf ab. Er verlor das Gleichgewicht und musste sich auf sie stützen. Auf ihren nackten Füßen fühlte sich das Wasser, das von seinen Zehen spritzte, kalt an. Sie legte ihm ein Handtuch um die Schultern, damit er nicht fror, und half ihm abermals. Schließlich stand er mit beiden Füßen im Wasser und ließ die Wärme in seinem Körper aufsteigen. Wieder faltete er die Hände vor der Hose. Sie legte ihm die Hand auf die Schulter und brachte ihn mit sanfter Beharrlichkeit dazu, sich hinzuknien.

Er beugte sich vornüber ins Wasser.

Sehr gut, sagte sie auf Hebräisch. Dann werde ich diesen Jungen jetzt mal waschen.

Sie setzte sich auf den Wannenrand, massierte seine Schultern, fuhr mit dem Bimsstein über seinen Rücken und wusch ihm die Haare. Seine Haut war so durchscheinend. Die Luft in seinen Lungen weitete seinen Rücken. Sie gab eine Spülung auf sein Haar. Es war dick und lang. Sie würde es demnächst schneiden müssen.

Tomas grunzte, beugte sich vor und drückte die Hände in den Schoß. Seine Schultern spannten sich an. Erst da begriff sie. Er beugte sich vor, weil er sich verbergen wollte. Rebecca stand auf, wandte den Blick ab und reichte ihm Seife und Schwamm.

Man kann nicht immer ein Kind bleiben. Eine Mutter schon.

Das musst du jetzt selbst machen, sagte sie.

Sie ging hinaus, schloss die Tür, stand im Flur und lauschte auf das heftige Atmen und das unaufhörliche Plätschern des Wassers, auf den Rhythmus, der das leise Donnern der Brandung auslöschte.

LUCA VENTURA

Der heilige Stefano von Capri

Es war Mittwoch, der achtzehnte Dezember, die Temperatur lag bei achtzehn Grad. Enrico Rizzi patrouillierte durch die Stadt, während seine Kollegin, Antonia Cirillo, dankenswerterweise die Büroschicht übernommen hatte, um bis zum Feierabend das Protokoll zusammenzuschustern. Am Morgen hatten sie Lello Umile erwischt, der mit einem prallgefüllten Seesack das 9.15-Uhr-Aliscafo nach Neapel nehmen wollte, um seine Beute – rund zehn Dutzend Granatäpfel aus den Privatgärten an der Via Marucella – auf dem Festland zu verticken.

Rizzi hatte sich Lello zur Brust genommen und ihm ins Gewissen geredet, und wenn der Bengel schlau war und sich bei Fabrizio, dem Hauptgeschädigten, und allen anderen an der Via Marucella entschuldigte, und die vielleicht ihre Anzeige zurückzogen, käme er am Ende möglicherweise mit einem blauen Auge davon.

Gläserne Eiszapfen baumelten in Durchgängen und Torbögen, schaukelten im warmen Wind und reflektierten das Sonnenlicht. Über der Piazzetta spannte sich ein tiefblauer Himmel, und eine Woche vor dem Fest hatte auch der Apotheker, Alessio Buono, der alte Atheist, angefangen, seine Apotheke weihnachtlich zu schmücken, obwohl ihm der Budenzauber, wie er jedes Jahr brummte, »gewaltig auf den

Zwirn« ging. Marco Sasso nebenan machte dagegen keine halben Sachen und hatte nun auch das letzte Lebensmittelregal in seinem winzigen Supermarkt mit Lichterketten behängt und den Laden in eine wahre Weihnachtshölle verwandelt.

Bemerkenswert war die Verwandlung, die mit Fortunata Parisi vor sich gegangen war, seit der heilige Stefano mit der gestrigen Prozession bei ihr zu Hause Einzug gehalten hatte. Die alte Schreckschraube war plötzlich von einer Aura umgeben, voller Nächstenliebe und bei der Arbeit in ihrem Kassenhäuschen nicht wiederzuerkennen. Leute, die sie sonst kaum eines Blickes würdigte, begrüßte sie mit Namen und flötete, wenn sie den Fahrschein für die *funicolare* rüberreichte: »Bitteschön, mein Lieber.« Und Federico Cristiani am Kiosk nebenan behauptete sogar, mit eigenen Ohren gehört zu haben, wie sie ihrer verhassten Ex-Schwiegertochter Angelina, die ihrem Giuseppe zwei Jahre lang das Leben schwergemacht und kein einziges Kind geschenkt hatte, das Wechselgeld mit den Worten aushändigte: »Für dich, meine Süße.«

Rizzi beendete seine Schicht mit dem Gefühl, dass alles in Ordnung war. Die Normalität war zurückgekehrt, nach einem Jahr, in dem auf der Insel, dem Land und der ganzen Welt nichts mehr normal gewesen war, und nichts deutete darauf hin, dass sich etwas anbahnte, was die vorweihnachtliche Ruhe stören könnte.

Ispettore Luigi Lombardi war bereits in den Feierabend entschwunden, und auch Teresa Villa hatte ihre Sekretariatsarbeit erledigt und war gegangen. Nur Antonia Cirillo saß vornübergebeugt im Licht ihrer Schreibtischlampe und telefonierte – dem gedämpften Ton nach zu urteilen ein Privatgespräch. Auch nach einem halben Jahr, in dem sie hier auf Capri ihren Dienst angetreten hatte, wusste Rizzi immer noch verblüffend wenig über seine norditalienische Kollegin.

Er schloss seine Pistole weg, nahm seine Mütze und wollte verschwinden, als sie sich zu ihm umdrehte. »Bevor ich es vergesse«, sagte sie, eine Hand über den Hörer gelegt, »dieser Verrückte war hier, der Straßenkehrer. Wie heißt er noch mal?«

»Salvatore?«

»Er wollte dich sprechen.«

»Wegen heute Abend?«

»Ob er mit dir rechnen kann.«

»Kann er. Das habe ich ihm heute mindestens schon drei Mal gesagt.« Rizzi klapperte mit dem Schlüssel. »Sonst noch was?«

»Und wobei, wenn ich fragen darf, kann er mit dir rechnen?« Cirillo lehnte sich zurück.

Rizzi trat einen Schritt näher. »Sag nicht, dass du es noch nicht mitbekommen hast.«

»Was?«

»Dass der heilige Stefano heute Abend zu Salvatore geht.«

»Schon wieder eine Prozession?«, schnaubte Cirillo. »Hört das denn nie auf?«

»Das geht so bis Weihnachten.«

»Und dann?«

»Kehrt der heilige Stefano in seine Kirche zurück.«

»Tut mir leid.« Cirillo schüttelte den Kopf. »Ich kann

mit dem Theater nichts anfangen.« Sie wandte sich wieder ihrem Gesprächspartner am Telefon zu.

Als Rizzi sich auf der Via Provinciale in den Serpentinen unterhalb des Monte Barbarossa in die Kurven legte, tauchte die Abendsonne den Himmel in ein tiefes Orange, und die Wolken am Horizont schienen in Flammen zu stehen. Auf der gekräuselten Wasseroberfläche, dem Golf von Neapel, tanzten Millionen Lichter wie Kerzen, während auf dem Festland die rauhen Gesteinsflächen des Vesuv in Rot- und Rosétönen schimmerten, als würde der Vulkan von innen heraus leuchten. In solchen Momenten, in denen die Natur so verschwenderisch ihre Schönheit verströmte, wusste Rizzi, warum er nur hier und an keinem anderen Ort der Welt leben wollte.

Francesca stand, wie verabredet, mit ihrer roten Pudelmütze und dem Schulranzen an der Piazza Vittoria vor dem Denkmal. Rizzi bremste, sie kletterte hinter ihm auf den Sattel und rief: »Gib Gas, wir kommen zu spät.«

Fünfzehn Minuten später parkte er die Vespa an der Via Roma und verstaute die Helme im Sattel. Die restliche Strecke durch die Gassen mussten sie zu Fuß gehen, bogen im Laufschritt von der Via Longano in die Via Listrieri, schlüpften hinterm Telefonladen durch die Pforte, stapften die schmalen Stufen hinauf, gelangten durch eine zweite Pforte über einen Laubengang zur nächsten Treppe, stiegen ein paar Stufen hinunter und hielten sich rechts.

Die mit Tannenzweigen und roten Kugeln geschmückte Tür zu Fortunatas Wohnung war nur angelehnt. Die Leute, die bis in den Flur standen, machten bereitwillig Platz, damit Francesca sich einen Weg ins Wohnzimmer bahnen konnte. Der heilige Stefano, eine schmale Statue aus Holz in weiß angemalter Kutte mit türkisfarbenem Umhang, stand im Zentrum von Fortunatas Anrichte und war umgeben von künstlichen Blumen und Kerzen. An seinem Heiligenschein klemmte ein batteriebetriebenes Lämpchen, das sein fein geschnitztes Gesicht und das milde Lächeln beleuchtete, mit dem der heilige Stefano auf Fortunatas Familienfotos, Häkeldeckchen und gläserne Nippes herunterschaute.

»Im Namen des Vaters, des Sohnes und des Heiligen Geistes. Amen.« Padre Ivano im goldbestickten Talar verteilte den Segen über Stühle, Sofa und alle Anwesenden.

»Amen«, antworteten die Leute im Chor.

Mit seiner tiefen, sonoren Stimme begann der Pfarrer seinen Singsang, streckte die Arme aus, hob den heiligen Stefano von der Anrichte und übergab ihn auf einem Kissen mit goldenen Troddeln feierlich den beiden Jungs, dem pausbäckigen Ciro und dem zierlichen Diego, die ihn mit hochroten Köpfen in Empfang nahmen. Flankiert von zwei Messdienern, die die Megaphone trugen, setzte sich die Prozession vom Wohnzimmer über den Flur in Bewegung. Vierundzwanzig Stunden nach dem Einzug des heiligen Stefano bei Fortunata begann nun sein Auszug.

Der Weg ging durch weihrauchgeschwängerte Luft über Treppen und Ecken auf die Gasse hinaus, wo die Leute standen, Ladenbesitzer, Anwohner und Touristen mit erwartungsvollen Gesichtern, die sich an die Hauswände quetschten, sich bekreuzigten und hinter dem heiligen Stefano, Messdienern und Padre Ivano mit seinem nasalen, durch das Megaphon verstärkten Gesang einen langen Zug bildeten. Auch Rizzi und Francesca schlossen sich an, ließen sich mitziehen und waren Teil von etwas, das für Rizzi, so lange er denken konnte, zur Vorweihnachtszeit gehörte wie Panettone, Struffoli und das Gezänk seiner Schwestern, und er hoffte, dass Francesca wenigstens für kurze Zeit von dem Ärger abgelenkt war, den ihr Vater zurzeit wieder machte.

»Was genau tut ein Heiliger eigentlich?«, fragte Francesca und fasste nach Rizzis Hand, während sie im Strom der Leute von der Gasse auf die Piazzetta drängten.

»Er erinnert uns an das Gute im Menschen«, erklärte Rizzi vage, »und sorgt dafür, dass es weniger Leid auf der Welt gibt.«

»Und wie macht er das?«

Rizzi überlegte. »Da gibt es, glaube ich, verschiedene Möglichkeiten. Manche Heilige können, zum Beispiel, Wunder vollbringen. Blinde können plötzlich wieder sehen, Kranke werden gesund. Solche Sachen.«

»Kann er auch machen, dass Mamma und Papà aufhören, wegen Weihnachten zu streiten?«

»Vielleicht«, meinte Rizzi, und der hoffnungsvolle Blick, mit dem sie ihn anschaute, tat ihm in der Seele weh. »Doch, ganz bestimmt. Man muss nur fest daran glauben.«

Francesca hielt seine Hand fest umklammert, während sie die Augen zusammenpresste und lautlos die Lippen bewegte. In diesem Moment wünschte Rizzi, er könnte alle Sorgen einfach von ihr nehmen und hätte gestern Abend nicht noch Öl ins Feuer gegossen. Aber als es darum ging, wo Francesca das erste Weihnachten nach der Trennung ihrer Eltern feierte, bei ihrer Mutter Gina und demzufolge bei Rizzi mit seinen Eltern, Schwestern und angeschlossenen Familien – oder bei Carlo, dem gewalttätigen Vater, und Gina ganz aufgelöst war, hatte Rizzi aus der verfahrenen Situation für sich das Recht abgeleitet, sich Carlo mal vorzunehmen – und hatte dadurch alles nur noch schlimmer gemacht. Und wo die Erwachsenen alle miteinander so gründlich versagten, fürchtete er, würde wohl auch der heilige Stefano nichts ausrichten können.

»Und woher weiß ich jetzt, dass er mich gehört hat?«, fragte Francesca.

»Du musst Geduld haben«, sagte Rizzi, »und aufmerksam sein. Vielleicht gibt er dir irgendwann ein Zeichen.«

In diesem Moment erlosch über der Piazzetta die Weihnachtsbeleuchtung, ein elektrischer Sternenhimmel. Von einer Sekunde auf die andere herrschte Finsternis, bis auf die letzten Spuren des Sonnenuntergangs, die sich in einem pflaumenfarbenen Nachthimmel auflösten. Ein Raunen ging durch die Menge. Dann flackerten die Glühlampen wieder auf, und Padre Ivano setzte die Prozession ohne Unterbrechung über die Via Madre Serafina fort, die Stufen hinauf zu den Wohnungen hinter der Kirche.

Salvatore stand wie ein Gespenst am Ende des Weges und starrte der Prozession mit einem Gesichtsausdruck entgegen, als würde er dem Leibhaftigen begegnen.

Padre Ivano segnete Salvatore, segnete die Tür zu Salvatores Wohnung, die aus einer Zelle bestand, in der Spüle, Herd und Klosett durch einen Vorhang vom schmalen Bett abgetrennt waren. Seine Tüten und sonstigen Habseligkeiten hatte er in eine Ecke geräumt und vorausschauend den Tisch unter dem kleinen Fenster frei gemacht.

Von den Menschen, die der Prozession folgten, waren nur noch wenige übrig geblieben, keine zehn Leute, von denen die wenigsten ins Zimmer passten, das mit den Messdienern, Padre Ivano und den beiden Jungs, Ciro und Diego, schon übervoll war. Padre Ivano nahm feierlich den heiligen Stefano, stellte ihn auf den Tisch, sprach ein Gebet und trat einen Schritt zurück.

In der weihrauchgeschwängerten Luft war eine Veränderung vor sich gegangen, als gäbe es mit der kleinen Statue auf dem Tisch und der Lampe am Heiligenschein plötzlich eine Schönheit in diesem Raum und einen Sinn. Hier, bei Salvatore, wo nichts war, konnte auch nichts ablenken und der heilige Stefano seine ganze Wirkung entfalten.

Padre Ivano segnete Tisch, Bett und alle Anwesenden und zog sich mit seinem Gefolge zurück. Salvatore stand dem Heiligen mit hängenden Schultern gegenüber, wie vor einer Aufgabe, von der er nicht wusste, wie er sie lösen sollte. Vierundzwanzig Stunden lang würde er die Ehre haben, den Heiligen in seiner Wohnung beherbergen zu dürfen, und musste mit ihm zurechtkommen, bis Padre Ivano mit seinen Messdienern und Gehilfen morgen wieder anrückte, um die Figur abzuholen und weiterzutragen – als Nächstes in das Haus von Silvana, die mit ihrem vierten Kind vom dritten Mann kurz vor der Niederkunft stand.

Rizzi legte dem Straßenkehrer eine Hand auf die Schulter. »Keine Angst, Salvatore«, sagte er. »Alles wird gut.«

***

Als Rizzi am nächsten Morgen in die Roxy Bar kam, führte Edoardo Caruso, pensionierter Finanzbeamter und Erbsenzähler vom Dienst, das große Wort und rechnete seinem Publikum vor, was die diesjährige Weihnachtsbeleuchtung den Steuerzahler kostete und wie teuer es war, wenn die Gemeinde sich einen Bürgermeister leistete, der das Geld zum Fenster rauswarf, um sich bei seinen Wählern mit einem Lichter-Brimborium beliebt zu machen, wie die Insel es noch nicht gesehen hatte. Und das in einem Jahr, wo alle Verluste gemacht hatten, die Steuereinnahmen nicht mehr sprudelten und für die wirklich wichtigen Dinge bald kein Geld mehr da war.

Alberto, die schwarze Krawatte des Barista zwischen die Knöpfe seines weißen Hemdes gesteckt, hantierte an der Espressomaschine und widersprach. Nach einem so rabenschwarzen Jahr, wie alle Menschen auf der Welt es erlebt hatten, sei es seiner Ansicht nach genau richtig, es in der Weihnachtszeit krachen zu lassen, und sei es nur mit ein paar zusätzlichen Lichtern und Glühbirnen.

Während jetzt die Diskussion losging, legte Gina ein duftendes, mit Aprikosenmarmelade gefülltes und Puderzucker bestäubtes Cornetto auf einen Teller und stellte es vor Rizzi hin.

»Hast du das Theater heute Morgen mitbekommen?«, fragte sie.

»Nur am Rande.« Rizzi legte seine Mütze ab, beugte sich über den Tresen und gab Gina einen Kuss. »Was war denn los?«

»Erst habe ich Francesca nicht wachgekriegt, dann wollte die Signorina partout nicht aufstehen, und als ich gesagt habe, heute sei doch der gute Tag, die Doppelstunde Sport, meinte sie, sie wolle trotzdem zu Hause bleiben, sie müsse in Ruhe nachdenken.«

Rizzi nahm das Cornetto vom Teller. Es war noch warm. »Ich finde, du hättest es ihr ruhig durchgehen lassen können. Ein fauler Tag, was soll's?«

Gina servierte ihm den Espresso und schaute ihn prüfend an. »Hast du ihr gestern irgendeinen Floh ins Ohr gesetzt?«

»Nicht, dass ich wüsste.«

Während Edoardo Caruso das Geld, das seit der Krise im Inselhaushalt fehlte, zu einer schwindelerregenden Summe hochrechnete, fragte Gina: »Zieht deine Schwester die Sache jetzt eigentlich wirklich durch?«

»Abwarten.« Rizzi trank seinen Espresso aus. »Aber ich spiele zwischen ihr und Mamma ganz bestimmt nicht den Vermittler.«

»Auf wessen Seite stehst du eigentlich?«, fragte Gina.

»Sagen wir so.« Rizzi tupfte mit dem Finger die Krümel vom Teller. »Ich kann verstehen, dass Mamma die Neue von Barbara nicht zur engeren Familie zählt.«

Gina schüttelte den Kopf. »Die beiden sind seit sechs Monaten zusammen. Zoe ist Barbaras große Liebe.«

»Glaub mir«, Rizzi nahm seine Mütze, »alle Frauen in Barbaras Leben waren ihre große Liebe, bis wir irgendwann aufgehört haben, sie zu zählen.«

»Wo ist denn Salvatore?«, rief Marco Sasso, als er hereinkam. »Er ist nicht auf der Piazzetta, und in den Gassen ist er mir auch nicht begegnet.«

»Vielleicht nutzt er heute die Gelegenheit und geht mal

in sich.« Rizzi ging zur Tür. »Jetzt, wo er den heiligen Stefano bei sich hat.«

Aber als Rizzi um kurz nach neun Uhr in den Polizeiposten kam, seine Uniformjacke über den Stuhl hängte und sich an den Schreibtisch setzte, versuchte er vergeblich, sich auf Cirillos Protokoll zum Granatapfel-Diebstahl zu konzentrieren. Immer wieder wanderten seine Gedanken zu Salvatore. So lange er denken konnte, fegte der Mann morgens zwischen acht und neun die Treppen an der Piazzetta, vor der Kirche Santo Stefano, schwatzte mit den Leuten, die von der *funicolare* kamen, und dieser Schwatz, auch wenn er über ein *»tutto bene«* meistens kaum hinausging, bedeutete Salvatore alles. Rizzi setzte einen Haken unter das Protokoll und griff zum Telefon.

Er erreichte Cirillo an der Via Sopramonte auf Patrouille. Sie erklärte, Salvatore sei ihr heute noch nicht über den Weg gelaufen.

»Wir treffen uns in zehn Minuten an der Via Madre Serafina«, ordnete Rizzi an. »Ich glaube, da stimmt etwas nicht.«

Er legte auf, nahm seine Mütze und sagte zu Teresa Villa, die ihm mit einem Adventsgesteck entgegenkam: »Ich bin mal kurz weg.«

»Und was soll ich dem Ispettore sagen?«, rief sie ihm hinterher.

In der Gasse war das Gehupe der Motorräder und Busse auf der Via Roma weit weg. Im Innenhof, im verwilderten Garten, zwitscherten Vögel, leuchteten Amaryllis zwischen vermoosten Steinen, und es duftete nach Lorbeer. Cirillo erklärte verwundert, dass sie hier schon tausendmal vorbeigelaufen war, ohne diese kleine Oase jemals bemerkt zu haben. Am Ende der Gasse, an der letzten Tür, blieben sie stehen. Rizzi klopfte.

»Salvatore?«, rief er und lauschte. Niemand antwortete. Er klopfte noch einmal, dann drückte er die Klinke hinunter.

Der Raum lag im Halbdunkel, und ein Geruch schlug ihnen entgegen, wie Rizzi ihn zur Genüge aus der Arrestzelle kannte, wenn er morgens die Gestalten herausholte, die dort ihren Rausch ausgeschlafen hatten. Die Decke auf Salvatores Bett war zerwühlt, und leere Flaschen lagen auf dem Boden.

»Ausgeflogen«, stellte Cirillo fest und wandte sich zum Gehen, als ein Geräusch zu hören war, ein Röcheln.

Rizzi machte einen Schritt und riss mit einer Handbewegung den geblümten Vorhang beiseite.

Salvatore lag unter dem Waschbecken, die Beine wie ein v von sich gestreckt, den Hinterkopf an die Wand gelehnt und zur Seite abgeknickt. Seine Augen waren geschlossen, der Mund war halb geöffnet und unterhalb des Jochbeins leuchtete eine Gesichtshälfte wie nach einer Schlägerei in Blau- und Lilatönen.

Rizzi fluchte, nahm Salvatores Handgelenk und fühlte seinen Puls. Oberhalb seiner Schläfe klebte Blut.

»Schnell, den Notarzt«, rief er Cirillo zu, »und einen kalten Lappen. Salvatore, hörst du mich?« Er schlug mit der flachen Hand gegen seine Wangen, rechts und links, immer wieder, bis der Mann endlich das Gesicht verzog, lallte und versuchte, sich wegzudrehen.

»Was ist passiert?«, rief Rizzi. »Hast du dich geprügelt?«

Cirillo reichte Rizzi den Lappen und fragte: »Wo ist denn der Heilige?«

Alarmiert schaute Rizzi hoch. Der Platz auf dem Tisch war leer. »Verdammt«, rief er. »Salvatore, was ist hier los? Wo ist der heilige Stefano?« Er klatschte dem Straßenkehrer den nassen Lappen ins Gesicht.

Salvatore prustete und schnappte nach Luft. Rizzi packte ihn bei den Schultern und wiederholte: »Wo ist der heilige Stefano?«

Salvatore blinzelte und schaute Rizzi verblüfft an. »Rizzi«, sagte er mit schwerer Zunge und lächelte verwundert. »Wo kommst du denn her?«

»Ist jemand reingekommen und hat Ihnen eins übergezogen?«, fragte Cirillo.

Unsicher schaute Salvatore von Cirillo über Bett, Tisch, Flaschen zu Rizzi und nuschelte: »Was wollt ihr von mir?«

»Hör mir zu.« Rizzi inspizierte die Tüten in der Ecke und schaute unter dem Bett. »Der heilige Stefano ist verschwunden, und wenn du nicht weißt, wo er ist, haben wir ein Problem.«

»Ich habe nichts gemacht, ehrlich.«

Rizzi ging neben Salvatore in die Hocke. »Gestern Abend haben Padre Ivano und die ganze Gemeinde den heiligen Stefano hierher in deine Obhut gegeben. Erinnerst du dich? Sie haben ihn hier auf den Tisch gestellt.«

»Ich wollte das nicht!«, jammerte Salvatore. »Ich war von Anfang an dagegen. So viel Ehre und die ganze Aufmerksamkeit. Aber ich konnte nichts machen. Ich weiß, Gottes Wille, aber es war ein verdammter Fehler.«

Rizzi hielt ihm eine der leeren Flaschen vor die Nase.

»Hattest du Besuch, oder hast du die alle allein leer gemacht?«

»Ich war allein«, beteuerte Salvatore, »habe mich ganz still hier in die Ecke verzogen.«

»Warum?«, fragte Cirillo.

»Weil ich in Ruhe ein Fläschchen Maraschino aufmachen wollte.« Salvatore wurde laut. »Er hat mir Angst gemacht.«

»Der heilige Stefano? Wieso?«

»Weil er mich so angeschaut hat. Als ob er alles wüsste, all meine Sünden.«

Cirillo trat näher. »Und da haben Sie ihn genommen, den heiligen Stefano, und kurzerhand vor die Tür gestellt.«

»Antworte, Salvatore!«, sagte Rizzi.

»Ich habe den heiligen Stefano nicht angerührt«, beteuerte Salvatore.

»Warum schließen Sie Ihre Tür nicht ab?«, fragte Cirillo.

»Wozu?« Salvatore schrie. »Ich schließe nie ab! Warum sollte ich mich freiwillig einsperren?«

»Beruhige dich.« Rizzi schob sich die Mütze aus der Stirn. »Noch mal von vorne. Du hast dich hinter den Vorhang verzogen und die Flasche aufgemacht. Und dann? Was ist dann passiert?«

»Ich weiß es nicht.« Salvatore schaute Rizzi verzweifelt an. »Du musst mir helfen. Die Leute werden böse auf mich sein und mich verfluchen, und Padre Ivano …« Salvatore schlug die Hände vors Gesicht.

»Haben Sie gehört, wie jemand hereinkam?«, fragte Cirillo.

Salvatore schüttelte den Kopf.

»Und die Verletzung?« Cirillo trat näher. »Woher kommt die? Vom Heiligen Geist?«

»So kommen wir nicht weiter.« Rizzi betrachtete den Straßenkehrer. Er stank nach Schweiß, Fusel und Pisse. »Steh bitte mal auf«, sagte Rizzi. »Los, komm. Versuch's.«

Salvatore gehorchte, kam hoch und stieß mit dem Schädel gegen das Waschbecken. Stöhnend sackte er zurück.

»Vielleicht hast du dich selbst außer Gefecht gesetzt«, überlegte Rizzi. »Und als der Dieb reinkam, brauchte er nur noch die Statue nehmen und damit verschwinden.«

Der Notarzt kam, schüttelte Rizzi die Hand, stellte seine Tasche ab und begann mit der Untersuchung der Wunde, des Blutdrucks und der Reflexe, während Cirillo sich am Tisch Notizen machte und Rizzi vor die Tür ging, um Teresa Villa am Polizeiposten telefonisch über den Stand der Dinge zu informieren.

Als er wieder auflegte, trat Cirillo zu ihm und sagte, während sie in ihren Notizen blätterte: »Weißt du, was ich glaube? Der Typ war so sternhagelvoll, dass er sich einfach nicht mehr erinnern kann, wie er den heiligen Stefano hochkant aus der Wohnung geworfen hat – vielleicht, weil er den prüfenden Blick nicht mehr ertragen hat? Was meinst du?«

Doch eine Durchsuchung des Gartenstücks brachte neben dem üblichen Unrat nur ein altes Transistorgerät zutage, eine Barbiepuppe und einen schmutzigen BH. Die Nachbarn erklärten ausnahmslos, tief und fest geschlafen zu haben. Der einzige Anhaltspunkt, war die Aussage der alten Lucia Vassallo, die schräg gegenüber von Salvatore wohnte und seit dem Tod ihres Mannes an Schlaflosigkeit litt. Sie gab an, gegen zwei Uhr morgens (es könnte auch halb drei gewesen sein) eine gebückte Gestalt gesehen zu haben, die im Laufschritt über die Gasse verschwunden war. Ob es sich um einen Mann oder eine Frau gehandelt hatte und ob die Person etwas unter dem Arm trug, habe sie nicht erkennen können, zumal ihr die ganze Szene ganz unwirklich vorgekommen sei.

»Warum?«, fragte Cirillo.

Die alte Lucia bekreuzigte sich und fügte flüsternd hinzu, so klein und schmächtig sei die Gestalt gewesen, dass sie ihr wie ein Fabelwesen vorgekommen sei.

Cirillo steckte ihr Notizbuch weg, bedankte sich bei der alten Frau und sagte zu Rizzi, während sie sich entfernten: »Der Fall wird immer bizarrer.«

Am Polizeiposten klingelten die Telefone. Teresa Villa, im Zentrum des Büros, erklärte, den Hörer zwischen Ohr und Schulter geklemmt: »Von einer Pressemitteilung kann keine Rede sein. Wie bitte?« Sie machte Rizzi und Cirillo ein Zeichen. »Nein, es gibt auch keine Pressekonferenz.«

Sie legte auf, und berichtete, während ihr Telefon wieder zu läuten begann, irgendjemand, wahrscheinlich einer der Anwohner, hätte wohl beim *Mattino* angerufen, und der schicke nun zwei Journalisten aus Neapel. Und auch der Korrespondent des *Corriere della Sera* interessiere sich plötzlich für den heiligen Stefano von Capri. Als sie wieder zum Hörer griff, sagte sie mit einer Kopfbewegung: »Bevor ich es vergesse, ihr sollt hoch zum Chef. Alle beide.«

Ispettore Lombardi saß wie versteinert an seinem Schreibtisch, umrahmt vom großen Fenster mit dem Panoramablick aufs Meer und die Ausläufer des Festlands.

Über seinem Kopf kräuselten sich weiße Wölkchen, und wie beim Vesuv erhoben sich auch auf seiner Schädeldecke zwei ungleiche Höcker.

»Setzt euch«, sagte er und strich die Haare über seiner Glatze zurecht. »Padre Ivano lässt ausrichten, er sei tief erschüttert, und ich muss sagen: Ich bin es auch. Wie konnte das passieren?« Er streckte die Arme zum Himmel und deklamierte: »In was für einer Welt leben wir eigentlich? Ist den Menschen denn nichts mehr heilig?«

»Ich habe mir erlaubt, die Kollegen Savio und Gatti anzuweisen, regelmäßig bei Salvatore vorbeizuschauen und zu gucken, ob alles in Ordnung ist«, informierte Rizzi. »Ich befürchte, dass die Leute am Ende ihn und seine Sauferei dafür verantwortlich machen, dass der heilige Stefano verschwunden ist.«

»Womit sie ja auch nicht ganz unrecht hätten«, seufzte Lombardi. »Zu den Fakten. Was haben wir?«

Rizzi fasste das Wenige zusammen, das sie wussten, also fast nichts, und Lombardi setzte eine düstere Miene auf. »Wir müssen Neapel einschalten«, erklärte der Ispettore. »Ich sehe keine andere Möglichkeit. Es geht hier um einen Kunstraub, da waren Profis am Werk. Das ist nicht unsere Kragenweite.«

»Entschuldigen Sie«, meldete sich Cirillo von ihrem Stehplatz am Fenster. »Ich bin keine Expertin – aber ist der heilige Stefano nicht bloß eine angemalte Holzfigur und für den Kunstmarkt relativ wertlos?«

»Was wollen Sie damit sagen?«, fragte Lombardi scharf.

»Dass es hier gar nicht um den heiligen Stefano, sondern um etwas ganz anderes geht.«

»Und worum?«

»Um Salvatore. Könnte es sein, dass ihm jemand eine Lektion erteilen will?«

»Wie kommen Sie darauf?« Lombardi trommelte mit den Fingern auf der Tischplatte.

»Der heilige Stefano ist nur für die Leute auf Capri so bedeutsam«, erklärte Cirillo. »Abend für Abend finden diese Prozessionen statt, und die halbe Insel nimmt daran Anteil. Aber außerhalb Capris spricht niemand darüber.« Cirillo trat näher. »Vielleicht ist jemand eifersüchtig, dass der heilige Stefano ausgerechnet bei Salvatore, dem Straßenkehrer und Säufer, gelandet ist. Ausgerechnet ihm wird eine solche Ehre zuteil, während ein anderer leer ausgeht – jemand, der hier redlich sein Leben führt und von der Kirche einfach übergangen wurde.«

»Denkst du an jemand Bestimmtes?«, fragte Rizzi.

Cirillo schüttelte den Kopf. »So gut kenne ich die Leute noch nicht.«

»Eben«, erklärte Rizzi. »Nimm es mir nicht übel, aber du weißt einfach nicht, wie das hier läuft. Was die Prozessionen angeht, stehen jedes Jahr andere Leute auf der Liste, und diese Auswahl, die Padre Ivano in Übereinstimmung mit dem Kirchenrat trifft, wird respektiert und von niemandem in Frage gestellt. Zumal man weiß, irgendwann kommt jeder mal dran.«

Cirillo ließ sich nicht beirren. »Vielleicht kam jemand am Abend oder in der Nacht zu Salvatore«, sagte sie, »um nach dem Rechten zu sehen oder mit Salvatore zu beten. Wäre das nicht möglich?«

»Selbstverständlich«, nickte Lombardi.

»Und das Bild«, fuhr Cirillo fort, »das sich dem Besucher bot – Salvatore, lallend hinter dem Vorhang – diese Respektlosigkeit gegenüber dem Heiligen, hat diese Person veranlasst, den heiligen Stefano einfach mitzunehmen, gewissermaßen seine Ehre und die Ordnung wiederherzustellen.«

»Interessante Theorie«, erklärte Lombardi. »Was meinen Sie, Rizzi?«

Rizzi verschränkte die Arme vor der Brust. »Statt Verschwörungstheorien zu spinnen und die Leute gegeneinander auszuspielen, sollten wir lieber bei den Fakten bleiben. Ich schlage vor, wir konzentrieren uns auf die Zeugenaussage der alten Lucia.«

»Und fahnden nach einem Fabelwesen?«, spottete Cirillo.

»Allerdings«, antwortete Rizzi. »Nach einer kleinen, zierlichen Gestalt. Andere Anhaltspunkte haben wir nicht.«

»Mein Vorschlag«, entgegnete Cirillo: »Sobald Salvatore wieder nüchtern ist und sich beruhigt hat, sollten wir ihn uns noch einmal vornehmen und herausfinden, welche Leichen er im Keller hat, wenn er schon von seinen Sünden redet.«

»Mir gefällt Ihre Herangehensweise, Agente Cirillo«, bemerkte Lombardi. »Sie haben diesen offenen, unvoreingenommenen Blick, den wir alten Capreser nicht haben, und das sollten wir nutzen.«

»Danke, Ispettore«, sagte Cirillo. »Heißt das, ich habe freie Hand?«

»Sie kümmern sich um Salvatore und nehmen ihn mal richtig in die Mangel.« Lombardi machte eine Notiz in seiner Schreibmappe. »Wer weiß, vielleicht kommen Dinge ans Licht, von denen wir gar keine Ahnung haben. Und Sie, Agente Rizzi, nutzen derweil die Zeit und nehmen sich noch einmal den Kiwi-Diebstahl vor.«

»Wie bitte?« Rizzi schaute auf. »Sie entbinden mich von der Suche nach dem heiligen Stefano?«

»Ich will nur wissen, ob es zwischen dem Granatapfel-Diebstahl von Lello Umile und dem ungeklärten Kiwi-Raub vom vergangenen Monat Parallelen gibt, nicht mehr und nicht weniger«, entgegnete Lombardi gereizt.

»Der Kiwi-Raub ist eine völlig andere Größenordnung, das wissen Sie genau. Da war eine Bande am Werk. Neapel sieht das genauso.«

»Keine Widerrede.« Lombardi schlug mit der flachen Hand auf den Tisch. »An die Arbeit. Bis morgen will ich Ergebnisse sehen.«

Kurz darauf ließ Rizzi sich auf seinen Schreibtischstuhl fallen, während Cirillo ihre Pistole einsteckte, sich verabschiedete und ging.

Teresa legte Rizzi die Akte mit den gestohlenen Kiwis auf den Tisch, aber Rizzi kannte die Details auswendig, die Bilder mit den Fußspuren, die Tabellen mit den Namen der Geschädigten entlang der Via Fenicia. Lello Umile für einen solchen Raub verantwortlich zu machen war absurd, Teresa sah es genauso. Die Sache war klar: Damit Ispettore Lombardi am Jahresende schöne Statistiken vorlegen konnte, sollte Rizzi einen Dreh finden und Lello, der noch nicht strafmündig war, den Kiwi-Diebstahl in die Schuhe schieben.

»Hast du gesehen, wie Lello aus der Kirche geschlichen

ist?«, fragte Rizzi. »Wie ein geprügelter Hund. Weil Padre Ivano nichts Besseres zu tun hatte, als noch einmal nachzutreten.«

»Lello hat an der Via Marucella die Granatäpfel geklaut, das ist eine Tatsache. Er missachtet die Gesetze, und Padre Ivano hat, wie immer, die richtigen Worte dafür gefunden«, entgegnete Teresa. »Mir und vielen anderen hat er jedenfalls aus dem Herzen gesprochen.«

Rizzi stand auf und nahm seine Mütze.

»So ist es«, rief Teresa ihm hinterher, »und wenn du jetzt wegrennst, wirst du es dadurch auch nicht ändern.«

Loretta Volo, seit zwei Jahren mit Giorgio Umile, Lellos Vater, verheiratet, stand auf der Terrasse ihres Wohnhauses und war dabei, Teppiche auszuklopfen, als Rizzi mit der Vespa vor ihrer Pforte hielt und, ohne den Motor auszustellen, nach Lello fragte.

»Ich habe keine Ahnung«, antwortete Loretta und drosch wütend auf den Teppich ein. »Hört das denn nie auf?«

»Wann hast du ihn zuletzt gesehen?«, fragte Rizzi.

»Das kann ich dir genau sagen: Gestern Abend. Als ich gesagt habe: Mach das Licht aus.«

»Wie spät war es?«

»Kurz vor zwölf. Er wollte gerade losziehen. Frag mich nicht, wohin, ich habe keine Ahnung, und es interessiert mich auch nicht.«

»Hat er gesagt, wann er zurückkommt?«

»Die Zeiten sind vorbei, wo er uns sagt, wo er hingeht, oder wann er zurückkommt.« Loretta ließ den Teppichklopfer sinken und trat an die Brüstung, während Marco Sasso nebenan mit seinem Handwagen anhielt. »Ich weiß nicht mehr, was wir noch tun sollen«, sagte sie. »Der Junge macht, was er will, tanzt uns auf der Nase herum und bringt uns nur Schande. Du hättest ihn wegen der Granatäpfel einsperren sollen. Stattdessen kommt er wieder mal mit einem blauen Auge davon.«

»Wo könnte er sein«, fragte Rizzi. »Bitte denk nach.«

»Ich weiß es nicht. In Salerno bei seiner Mamma? Aber die wird sich bedanken. Noch ein Lümmel mehr und ein hungriges Maul, das zu stopfen ist.«

»Er ist am Hafen.« Marco Sasso wuchtete eine Kiste Mineralwasser von seinem Handwagen. »Ich habe ihn gesehen. Mit seinem Seesack. Er schifft sich nach Neapel ein.«

»Und warum sagt er uns nichts?«, empörte sich Loretta. »Er wird uns alle noch ins Grab bringen.«

»Danke, Marco.« Rizzi kuppelte und gab Gas.

Das Aliscafo lag noch an der Mole, aber die Motoren liefen schon. Rizzi fuhr an der Kaimauer entlang und bremste neben Fabio, der dabei war, die Stopper an den Rollen der Gangway zu lösen – die Kabinentür des Aliscafo war bereits verriegelt.

»Ist Lello an Bord?«, fragte Rizzi, hob die Hand und machte Antonio auf der Kapitänsbrücke ein Zeichen.

»Hast du Lello gesehen?«, schrie Fabio dem Typen zu, der dabei war, das Schiffstau vom Poller zu lösen.

Die Motoren wurden gedrosselt, die Tür zur Kabine ging wieder auf, und Rizzi eilte über die Gangway.

Dass Lello leicht zu übersehen war, lag an seiner schmächtigen Statur, aber in Luft auflösen konnte er sich nicht. Er saß ganz hinten in der letzten Reihe, trug Ohrenstöpsel und war so tief in den Sessel gerutscht, dass der prallgefüllte

Seesack neben ihm noch größer aussah. Trotzig starrte der Junge auf sein Smartphone und fuhr erschrocken hoch, als Rizzi den Seesack nahm.

»Komm mit«, sagte er. »Die Reise ist zu Ende.«

»Was soll das?«, schrie Lello und versuchte sich loszumachen, als Rizzi ihn am Arm packte und vor sich her zum Ausgang stieß.

Kaum waren sie an Land, drehten die Motoren auf, eine schwarze Dieselwolke stieg in den Himmel, das Wasser im Hafenbecken schäumte, und die Kabinentür klappte zu. Rizzi grüßte zur Brücke hinauf, während Fabio die Gangway beiseiteschob.

Möglicherweise war er für einen Moment durch die junge Frau abgelenkt, die vorbeischlenderte. Sofort nutzte der Junge die Gelegenheit und riss sich los. Rizzi fluchte, ließ den Seesack fallen und rannte hinterher.

Lello war schnell, schien die Mole hinunterzufliegen, über Poller und Koffer hinweg, als wäre er aus Papier, aber als er versuchte, Rizzi einen Gepäckwagen als Hindernis in den Weg zu schieben, verlor er wertvolle Sekunden.

Rizzi machte einen Sprung und bekam Lello zu fassen.

»Ich habe nichts gemacht!«, schrie Lello. »Das ist Freiheitsberaubung.«

»Jetzt zeig mal, was du in deinem Seesack hast.« Rizzi zerrte den zappelnden Jungen über die Mole zurück zum Gepäckstück und befahl: »Los, pack aus.«

Widerstrebend gehorchte der Junge und zog den Reißverschluss auf.

Obenauf lag weiße Wolle, darunter roter Stoff, der sorgfältig um einen Gegenstand in Schutzfolie gewickelt war.

»Was ist das?«, fragte Rizzi.

»Mein Kostüm«, antwortete Lello.

»Du willst den Weihnachtsmann spielen?«, spottete Rizzi.

»Und wenn?«

»Red keinen Blödsinn«, sagte Rizzi. »Wir wissen beide, dass du da drin den heiligen Stefano hast. Die Gelegenheit war günstig, da konntest du nicht widerstehen. Willst du die Figur verschachern? Oder ist es bloß deine Rache an Padre Ivano, weil er dich in der Kirche vor der versammelten Gemeinde vorgeführt hat?«

»Padre Ivano ist mir scheißegal«, schrie Lello. »Du kannst mich mal. Ihr alle könnt mich mal.«

»Zeig her«, befahl Rizzi. »Wird's bald?«

Widerwillig zog Lello den roten Stoff aus dem Seesack, einen Umhang, einen weißen Bart und – in Luftpolsterfolie gehüllt – ein Bündel.

»Was soll das sein?«, fragte Rizzi verblüfft.

»Die Rute«, sagte Lello. »Damit es vollständig ist, mein Kostüm als Weihnachtsmann.«

***

Ein Duft nach gebratener Pancetta und Knoblauch zog aus der Küche, als Rizzi im Flur seine Stiefel auszog und die Uniformjacke über den Stuhl warf.

Gina stand barfuß an der Spüle, schälte Kartoffeln, und die Strahlen der Abendsonne fielen schräg durch die Terrassentür auf ihre nackten Füße.

»Es gibt Neuigkeiten«, sagte sie.

Rizzi gab ihr einen Kuss. Im Topf schmorten Kapern und Fenchel. »Mir reicht's für heute«, sagte er und hob den Deckel vom Topf. »Heute ist alles schiefgegangen.« Er legte seine Hände um Ginas Taille und vergrub sein Gesicht in ihren Haaren. »Sag mir, wann wir heiraten.«

Sie streute frischen Salbei über die Kartoffeln und berichtete, ihr sei etwas klar geworden. Es sei ihre Aufgabe, den Streit wegen Weihnachten beizulegen, und nicht Carlos. Das könne sie von diesem Mann nicht erwarten. Aber er sei nun mal Francescas Vater, und nur darum gehe es. Deshalb habe sie ihn an Weihnachten zum Essen eingeladen. »Und weißt du was?« Sie gab eine ordentliche Portion Mascarpone zur Pancetta. »Er hat schon zugesagt.«

»Na, wunderbar.« Rizzi nahm ihr den Löffel aus der Hand. »Dann sind wir alle zusammen bei Mamma und Papà. Mit Valentina und ihrer Familie und Barbara und ihrer neuen Lebensgefährtin.«

»Hat deine Mutter es sich überlegt?«, fragte Gina überrascht.

Rizzi zuckte die Achseln. »Sie ist plötzlich ganz auf Harmonie gebürstet.«

»Es tut mir leid.« Francesca stand in der Tür und hatte Tränen in den Augen. »Ich wollte das nicht.«

»Süße«, Rizzi stellte sein Glas ab. »Mach dir keine Sorgen. Es ist alles bestens. Dein Vater und wir alle sind Weihnachten zusammen – wie du es dir gewünscht hast. Freu dich!«

Francesca brach in Tränen aus.

Gina nahm sie in den Arm. »Was ist los?«, fragte sie.

»Ich wollte ihn nicht stehlen«, schluchzte Francesca,

»ganz bestimmt. Nur kurz mitnehmen und gleich wieder zurückbringen.« Sie schniefte. »Und dann habe ich verschlafen, und als ich aufgewacht bin, war es zu spät. Alle waren schon ganz aufgeregt und böse.«

Gina strich ihrer Tochter eine Strähne aus dem Gesicht. »Jetzt mal der Reihe nach«, sagte sie. »Was ist passiert?«

Während Francesca stockend berichtete, wie sie in der vergangenen Nacht nicht schlafen konnte und beschloss, den heiligen Stefano aufzusuchen und ihn noch einmal um einen Gefallen zu bitten, und Gina ihre Tochter in die Arme schloss, verließ Rizzi die Küche und ging hinüber in Francescas Zimmer.

Von gelegentlichen Schluchzern unterbrochen, erzählte das Mädchen von ihrem guten Draht zum heiligen Stefano und wie er ihr auf der Piazzetta ein Zeichen gegeben hatte, als er die Weihnachtsbeleuchtung flackern ließ.

Rizzi legte sich bäuchlings auf den Boden. Da lag er: unter Francescas Bett, zwischen Spielesammlung, Malblock und anderem Krempel – der heilige Stefano.

Er holte die Holzfigur hervor, stellte sie hin, richtete die Lampe am Heiligenschein, knipste sie an, und das Licht erhellte das türkisfarbene Gewand, das milde Lächeln und den Blick nach schräg unten.

Vielleicht war es, wie Cirillo gesagt hatte, und der heilige Stefano war bloß eine angemalte, etwas kitschige, für den Kunstmarkt wertlose Holzfigur. Aber eines hatte der Heilige vielleicht schon bewirkt: Dass sich heute in seiner Familie alle ein Stück bewegt und Platz gemacht hatten für Menschen, von denen man bisher dachte, sie würden eigentlich nicht dazugehören.

Vermutlich würden Gina und Carlo an Weihnachten wieder streiten, Rizzi würde dazwischengehen und alles nur noch schlimmer machen. Barbara würde sich nach dem Fest wieder von ihrer großen Liebe trennen, aber an Weihnachten würden sie alle friedlich zusammen um einen Tisch herum sitzen, würden essen, trinken, durcheinanderschreien und irgendwann singen, und das war wunderbar.

Francesca erzählte, wie der heilige Stefano ganz allein, von niemandem beachtet, bei Salvatore auf dem Tisch gestanden hatte, und wie sie dachte, es würde schon niemand bemerken, wenn sie ihn kurz auslieh, damit er hier bei ihnen ein bisschen von seiner Heiligkeit und seinen Wunderkräften verströmte, und sie ihn später wieder zurückbringen wollte.

»Das war eine gute Idee«, sagte Rizzi, »dass du mit dem heiligen Stefano ein bisschen nachgeholfen hast.«

»Wir müssen Padre Ivano Bescheid sagen«, mahnte Gina.

»Was macht eigentlich Salvatore zu Weihnachten?«, fragte Francesca. »Ist er ganz allein?«

Rizzi seufzte. »Ich weiß es nicht.« Er nahm den heiligen Stefano, um ihn in die Küche zu tragen, als die Lampe am Heiligenschein zu flackern begann.

»Ich sag's dir gleich.« Rizzi blieb stehen. »Das ist bloß ein Wackelkontakt.«

Nachweis

Der Verlag dankt folgenden Rechteinhabern für die Genehmigung zum Abdruck:

Hemingway, Ernest (1899, Oak Park, Illinois–1961, Ketchum, Idaho)

Schnee überm Land. Aus: ders., *Die Nick Adams Stories.* Copyright © 1973, Rowohlt Verlag GmbH, Hamburg. Aus dem Amerikanischen von Annemarie Horschitz-Horst.

Herron, Mick (*1963, Newcastle-upon-Tyne)

Die üblichen Weihnachtsmänner. In dieser Anthologie erstmals auf Deutsch. Aus: *The Usual Santas.* Soho Press Inc., New York, 2017. Copyright © 2007 by Mick Herron. Copyright der deutschsprachigen Übersetzung © 2020, Diogenes Verlag AG Zürich. Aus dem Englischen von Anna-Nina Kroll.

James, P.D. (1920, Oxford–2014, ebd.)

Der Mistelzweigmord. Aus der gleichnamigen Erzählsammlung. Copyright © 2016 by the Estate of P.D. James. Erschienen beim Droemer Verlag, einem Imprint der Verlagsgruppe Droemer Knaur GmbH & Co. KG, München. Copyright der deutschsprachigen Übersetzung © 2007, Diogenes Verlag AG Zürich. Aus dem Englischen von Christa E. Seibicke.

Knellwolf, Ulrich (*1942, Niederbipp)

Tod in Sils Maria. Aus der gleichnamigen Erzählsammlung. Copyright © 2004 Nagel & Kimche in der MG Medien-Verlags GmbH, Haar.

Larsson, Åsa (*1966, Uppsala)

Die Postkutsche. Erschienen in: John-Henri Holmberg (Hrsg.), *Kalte Schatten. Erzählungen von Schwedens berühmtesten Spannungsautoren.* Copyright © Åsa Larsson 2014. Published by agreement with Ahlander Agency. Die Rechte an der deutschen Übersetzung von Gabriele Haefs liegen beim Wilhelm Goldmann Verlag, München, in der Verlagsgruppe Random House GmbH. Aus dem Schwedischen von Gabriele Haefs.

McCann, Colum (*1965, Dublin)

Sh'kol. Aus: ders., *Wie spät ist es jetzt dort, wo du bist?* Copyright © 2017, Rowohlt Verlag GmbH, Hamburg. Aus dem Englischen von Dirk van Gunsteren.

McDermid, Val (*1955, Kirkcaldy)

Das Mädchen, das den Weihnachtsmann umbrachte. Aus: dies., *Abgekupfert. Crime Stories.* Copyright © Val McDermid, 2000, with permission from David Higham Associates Ltd. Copyright der deutschsprachigen Ausgabe © 2002 Droemersche Verlagsanstalt Th. Knaur Nachf., München, mit freundlicher Genehmigung. Aus dem Englischen von Doris Styron.

Rankin, Ian (*1960, Cardenden)

Auld Lang Syne. Aus: ders., REBUS. *Alle Inspector-Rebus-Stories.* Copyright © 2017 Wilhelm Goldmann Verlag, München, in der Verlagsgruppe Random House GmbH. Aus dem Englischen von Giovanni Bandini, Ditte Bandini und Conny Lösch.

Slesar, Henry (1927, New York–2002, ebd.)

Der Mann, der Weihnachten liebte. Aus: ders., *Das tödliche Telefon. Die besten Krimistorys.* Copyright © by Henry Slesar. Copyright der deutschsprachigen Ausgabe © 2012, Diogenes Verlag AG Zürich. Aus dem Amerikanischen von Barbara Rojahn-Deyk.

Sten, Viveca (*1959, Stockholm)

Weihnachtsmord auf Sandhamn. Erschienen unter dem Titel

Ein Mord unter Kollegen in: dies., *Weihnachtsmord auf Sandhamn. Zwei Kurzkrimis.* Copyright © Viveca Sten. Copyright der deutschsprachigen Ausgabe © 2012, Verlag Kiepenheuer & Witsch GmbH & Co. KG, Köln. Aus dem Schwedischen von Dagmar Lendt.

Suter, Martin (*1948, Zürich)

Weihnachten ignorieren. Aus: ders., *Business Class. Neue Geschichten aus der Welt des Managements.* Copyright © 2002, Diogenes Verlag AG Zürich.

Ventura, Luca

Der heilige Stefano von Capri. Originalbeitrag für diese Anthologie. Mit freundlicher Genehmigung des Autors. Copyright © 2020 by Luca Ventura.